BIOGRAFISMO

FUNDAÇÃO EDITORA DA UNESP

Presidente do Conselho Curador
Mário Sérgio Vasconcelos

Diretor-Presidente
José Castilho Marques Neto

Editor-Executivo
Jézio Hernani Bomfim Gutierre

Superintendente Administrativo e Financeiro
William de Souza Agostinho

Assessores Editoriais
João Luís Ceccantini
Maria Candida Soares Del Masso

Conselho Editorial Acadêmico
Áureo Busetto
Carlos Magno Castelo Branco Fortaleza
Elisabete Maniglia
Henrique Nunes de Oliveira
João Francisco Galera Monico
José Leonardo do Nascimento
Lourenço Chacon Jurado Filho
Maria de Lourdes Ortiz Gandini Baldan
Paula da Cruz Landim
Rogério Rosenfeld

Editores-Assistentes
Anderson Nobara
Jorge Pereira Filho
Leandro Rodrigues

SERGIO VILAS-BOAS

BIOGRAFISMO
REFLEXÕES SOBRE AS ESCRITAS DA VIDA

editora
unesp

© 2007 Editora Unesp

Direitos de publicação reservados à:
Fundação Editora da Unesp (FEU)

Praça da Sé, 108
01001-900 – São Paulo – SP
Tel.: (0xx11) 3242-7171
Fax: (0xx11) 3242-7172
www.editoraunesp.com.br
www.livrariaunesp.com.br
feu@editora.unesp.br

CIP – Brasil. Catalogação na Publicação
Sindicato Nacional dos Editores de Livros, RJ

V752b
   Vilas-Boas, Sergio
     Biografismo: reflexões sobre as escritas da vida / Sergio Vilas-Boas. – 2. ed. – São Paulo: Editora Unesp, 2014.

   ISBN 978-85-393-0526-1

   1. Dines, Alberto, 1932-. 2. Biografia como forma literária. 3. Jornalismo. I. Título.

14-11898
                                  CDD: 920.71
                                  CDU: 929-055.1

Editora afiliada:

*A todas as vidas
que se entrecruzam
com a minha
na geração desta.*

E para Patrícia, sempre.

A vida de qualquer pessoa
dá uma biografia.
Ana Miranda

Biógrafos estão comprometidos com mentiras,
dissimulação, hipocrisia, disfarces, bajulação.
Sigmund Freud

Biógrafo e biografado mantêm
um relacionamento ficcional, imaginário.
Richard Holmes

Em vez de biologia,
biografia
James Hillman

Se depois de eu morrer, quiserem escrever a minha biografia,
Não há nada mais simples
Tem só duas datas – a da minha nascença e a da minha morte
Entre uma e outra coisa todos os dias são meus.
Sou fácil de definir...
Fernando Pessoa

O biógrafo deve conhecer a si mesmo
antes de tentar conhecer o outro.
Leon Edel

O pássaro é um vento orquestrado.
O pouso pesa o que foi voado.
Fabrício Carpinejar

Outro dos grandes problemas
é o manejo do tempo
Paul Murray Kendall

não é a vida em si, mas uma
reconstrução, uma simulação,
uma ilusão.
Barbara Tuchman

Se está convencido de que
seu sujeito fala por si mesmo,
melhor você ir editar cartas.
Leon Edel

também as melhores não serão
as que encerram maior número
de documentos e citações
Luis Viana Filho

Biógrafos têm de tomar decisões
difíceis sobre o tamanho do livro
Steve Weinberg

Não é verdade que a obra dispensa
o biográfico: ela gostaria que ele
desaparecesse para sempre
José Maria Cançado

Se te pareço noturna e imperfeita
Olha-me de novo
Olha-me de novo. Com menos altivez.
E mais atento.
Hilda Hilst

Poeta não tem biografia
tem poesia
Manoel de Barros

Resenhistas e críticos aprenderam a
julgar peças, poemas, romances,
mas se revelam inúteis diante da biografia.
Leon Edel

Sumário

Pontos críticos	**11**
Paraíso biográfico	**13**
Metabiografia	**19**
1 Descendência	43
2 Fatalismo	85
3 Extraordinariedade	121
4 Verdade	153
5 Transparência	179
6 Tempo	211
Referências bibliográficas	247

PONTOS CRÍTICOS

Este livro é a minha tese de doutorado (defendida na ECA/USP em 2006), suavemente retocada. As reflexões sobre narrativas biográficas giram em torno de seis tópicos, e cada tópico é um capítulo. Assim:

1. *Descendência*, em que relativizo a ideia de uma herança familiar explicativa do ser (biografado);
2. *Fatalismo*, em que considero fictício qualquer personagem real visto como predestinado vencedor;
3. *Extraordinariedade*, em que critico os preconceitos decorrentes da crença em uma genialidade inata;
4. *Verdade*, em que desmistifico a biografia como a verdade, somente a verdade, nada mais que a verdade sobre uma pessoa;
5. *Transparência*, em que proponho que os biógrafos também se revelem ao longo de seus textos; e
6. *Tempo*, em que mostro por que a narração biográfica linear-cronológica é uma limitação tanto filosófica quanto narrativa.

Em cada capítulo há trechos elucidativos extraídos das biografias *JK, o artista do impossível*, de Cláudio Bojunga; *O anjo pornográfico, a vida de Nelson Rodrigues* e *Estrela Solitária, um brasileiro chamado Garrincha*, de Ruy Castro; *Chatô, o rei do Brasil*, de Fernando Morais; *Mauá, empresário do Império*, de Jorge Caldeira; *Morte no paraíso:* a tragédia de Stefan Zweig, de Alberto Dines; e *Fidel Castro, uma biografia consentida* (dois tomos), de Cláudia Furiati.

Busquei lastro teórico e inspirações em diversos campos: História, Filosofia, Antropologia, Sociologia, Psicologia, Mitologia, Literatura de ficção, História da Arte, Física Quântica, Cinema Documental e Jornalismo Literário. Para não ficar só no "problema", em cada capítulo aponto algumas alternativas para tornar o conteúdo e a forma da biografia mais vívidos e reflexivos.

Note-se que ao longo do ensaio entremeei narrações minhas sobre a faceta biógrafo do jornalista Alberto Dines, autor de vários livros, entre eles a biografia *Morte no paraíso*: a tragédia de Stefan Zweig. (O escritor austríaco Stefan Zweig, aliás, também foi biógrafo.) Demarcadas com outro tipo de letra, essas narrações se baseiam majoritariamente nas conversações que mantive com Dines entre novembro de 2005 e maio de 2006.

Outros esclarecimentos: 1. exceto quando especificado, todos os trechos entre aspas na narração sobre "o biógrafo Alberto Dines" foram extraídos de *Morte no paraíso:* a tragédia de Stefan Zweig (1981, e/ou 3.ed., 2004); 2. traduzi eu mesmo as citações em destaque extraídas de obras originalmente em inglês e espanhol; e 3. são propositais as sobreposições dos discursos meu e de Dines nos trechos narrativos. É como se um falasse em nome do outro, de maneira coexistencial, sem a clássica separação entre "quem fala" e "quem escreve".

S.V.B.

Paraíso biográfico

ALBERTO DINES RECEBE CONVITE para apresentar suas pesquisas para a biografia (em fase de redação, na época) do escritor austríaco Stefan Zweig (1881-1942). O simpósio na State University of New York (Suny) encaixava-se nas celebrações do ano do centenário de nascimento de Zweig. A indicação do nome de Dines para o evento de quatro dias – de 30 de março a 2 de abril de 1981 – partira do inglês Donald Prater, autor de *European of yesterday: a biography of Stefan Zweig*. (Oxford University Press, 1972)

Diplomata, professor, músico, militar em Cingapura durante a Segunda Guerra Mundial, Donald Arthur Prater (1918-2001) foi o primeiro a biografar Stefan Zweig, que se suicidou em sua casa em Petrópolis (RJ), com sua segunda mulher, Charlotte, em fevereiro de 1942. Dines correspondeu-se com Prater enquanto trabalhava seu *Morte no paraíso: a tragédia de Stefan Zweig*, biografia que teve, até 2006, três edições: duas pela Editora Nova Fronteira (1981 e 1982) e uma pela Editora Rocco (2004).

No aprazível câmpus da Suny em Fredonia, uma pequena vila a oitenta quilômetros de Buffalo, estado de Nova York, ainda soprava um vento frio de primavera, típico da região de fronteira com o Canadá. Em 30 de março de 1981, dia em que Dines desembarcou no aeroporto internacional de Buffalo, vindo da cidade de Nova York, o pulmão do então presidente norte-americano Ronald Reagan era perfurado por uma das balas disparadas contra ele em uma tentativa de assassinato em Washington, a um quilômetro e meio da Casa Branca.

Eu mesmo tive de me virar para chegar a Fredonia. Consegui uma passagem grátis para Miami via Lima. Uma loucura. Viajei São Paulo-Rio-Lima-Miami-Nova York. Quase 24 horas de viagem. Dormi em Nova York e, no dia seguinte, tomei um avião desses pequenos para mais ou menos uma hora de voo até Buffalo. Até aquela data, eu já havia participado de vários seminários internacionais, mas todos sobre jornalismo. Nenhum sobre literatura. Ir ao evento de quatro dias em Fredonia era uma grande oportunidade de testar minhas descobertas sobre SZ.

Na verdade, ninguém conhecia ainda o projeto de Dines, nem o livro estava pronto. Pedro Paulo Sena Madureira, na época editor da Nova Fronteira, um grande editor, diga-se, me apoiava inteiramente. Na volta, passei uns dois dias em Nova York e comprei livros excelentes (e caros) sobre SZ, obras que me foram utilíssimas e me estimularam a reescrever várias passagens.

Reescrever não era fácil. Não havia computador. Um dia você vai poder examinar os originais que doei à Biblioteca Nacional. Você vai ver que fiz duas versões datilografadas da biografia. Há folhas com dois metros de comprimento. Eu ia recortando e colando as partes pra poder fazer as inserções, numerar os rodapés etc. Recortava, colava com fita Durex. Sim, intercalei tudo fisicamente.

Dines fala do evento em Fredonia como algo significativo em sua carreira. Encontrei a fina flor dos especialistas em Zweig de várias partes do mundo: norte-americanos e alemães, principalmente. E o campus é muito bonito. Conheci o professor-doutor Randolph J. Klawiter, da Universidade Notre Dame (Indiana, Estados Unidos). Randolph tornou-se "Randy". Sua monumental bibliografia, posteriormente acrescida de um adendo, era ferramenta de trabalho preciosa.

Mas a alegria de Randy em atender aos insistentes pedidos de informação foi o que propiciou a Dines uma acolhedora sensação de estar trabalhando em rede em uma época em que a internet era apenas uma promessa. Incisivo, Randy sugeriu a Dines um mapeamento sobre "a extraordinária recepção dos livros de Stefan Zweig no Brasil ao longo de sete décadas consecutivas".

BIOGRAFISMO 15

Um dos livros que Dines adquiriu em Nova York, na volta de Fredonia, abriu-lhe novas perspectivas: *Viena fin-de-siècle*, política e cultura, de Carl. E. Schorske, publicado em português na década de 1990 pela Companhia das Letras. Esse cara me forneceu um panorama decisivo sobre Viena. Quando *Morte no paraíso* saiu pela Nova Fronteira, encontrei por acaso o José Guilherme Merchior, sujeito cultíssimo. Ele parabenizou: "Você é o primeiro brasileiro a citar o Schorske". Merchior era muito antenado, sabia tudo o que estava sendo lançado no Brasil e no exterior.

Dines não estava associado a uma universidade norte-americana com uma superbiblioteca à disposição. Eu tinha toda a obra de Stefan Zeig, mas pouquíssima coisa sobre ele. Por isso incluí na lista de agradecimentos da terceira edição o Jonathan Beard, então bibliotecário da Escola de Jornalismo da Universidade Columbia, em Nova York. Jonathan era um jovem que adorava o Brasil, e me abasteceu com farto material das bibliotecas e arquivos norte-americanos. Paguei a ele para me enviar duas teses de doutorado importantes, talvez inéditas até hoje.

Estamos falando de uma época (recente) em que computadores eram raros e os fac-símiles, precários. Vinte e cinco anos atrás, era mais difícil pesquisar, segundo Dines. Eu estava no Brasil, tendo de escrever a biografia em um ano e meio, dois anos, no máximo, e muito calcado nas memórias do Zweig, nas de sua primeira mulher, Friderike, e na biografia escrita por Prater, que não foi ao evento em Fredonia porque se envolvera em outros projetos, um deles exatamente uma fotobiografia de Stefan Zweig. Prater achou interessante nossa troca de cartas e acreditava que "um brasileiro poderia trazer enriquecimento ao simpósio em Fredonia".

Dines estava *free lance*, na época, e não recebeu nenhum adiantamento para escrever. Acabara de sair da *Folha*. Fiz o seguinte: apliquei minhas reservas e o dinheiro da minha rescisão no mercado futuro, confiando em um corretor que me aconselhou a adquirir títulos da Petrobras. Durante algum tempo, a estratégia deu certo. Consegui sobreviver e ainda enfrentei a doença e a morte de meu pai em 1980. Não fosse o agravamento da guerra entre o Irã e o Iraque, meu tempo de "literatura à luz do dia" teria sido maior. (*Risos.*)

Com o livro já pronto e impresso, Dines compareceu também à Academia Brasileira de Letras (ABL) para uma conferência em novembro de

16 SERGIO VILAS-BOAS

1981. Horas antes de sair para o prédio da ABL, que fica na avenida Presidente Wilson, no Rio, seu corretor telefonara, enfático: "Estamos ferrados". Eu estava comprado no mercado futuro. Era um jogo arriscado, mas eu vinha ganhando. O corretor era competente, sabia o que fazia, mas a situação no Golfo estava fora de controle, complicando os preços do petróleo. Em suma: entrei no prédio da ABL já sem um tostão. Tinha perdido praticamente tudo. Se o dinheiro tivesse durado mais, talvez Dines não viesse para São Paulo, quando a Editora Abril o convidou para consultorias uma vez por semana, primeiro na revista *Nova*.

Se, se, se... A fase de redação (o teclar da máquina de escrever) de *Morte no paraíso* transcorreu entre 1980 e 1981. Dines fez duas versões. Quando fui a Fredonia, tinha a estrutura do livro em português pronta. Faltava contexto histórico, algo mais sobre a família e preencher umas lacunas. Era o que eu achava, pelo menos. Estava sob pressão da editora. Havíamos combinado que o livro sairia em novembro de 1981, data do centenário de nascimento de Zweig. A importância do período em que Stefan Zweig viveu no Brasil ainda não havia sido detalhada por ninguém. Nem mesmo por Prater, o primeiro biógrafo, que é um homem seríssimo. E foi o relato dessa passagem da vida de Stefan Zweig o que causou boa impressão em Fredonia.

Dines acha que, na época, era um pouco mais desinibido em inglês. De vez em quando, parava de ler seu *paper* e falava de improviso. Sem ponderar, em um dado momento falei *summer of forty-two* – Verão de 42 (coincidentemente, o título de um filme bastante conhecido nos Estados Unidos, dirigido por Robert Mulligan). As pessoas ficaram intrigadas. Stefan Zweig matou-se em Petrópolis em fevereiro de 1942, mas o verão no Hemisfério Norte só viria alguns meses depois. Esclareci tudo dizendo que, no Brasil, estamos *upside down*. Todo mundo riu. Era, na verdade, uma dupla metáfora. (*Risos.*)

O riso, aliás, deu a tônica do final da apresentação de Dines em Fredonia. À medida que descrevia as desventuras do refinado vienense no Éden brasileiro, Dines percebeu na sisuda audiência germano-americana primeiro alguns sorrisos, depois risos mal-disfarçados e afinal escancarados em gargalhadas. Ao terminar sua apresentação, estava intrigado com aquela descontração toda. Por que o riso? O desfecho da história de Stefan Zweig havia sido uma tragédia ou o quê? O fato é que muitos congressistas acharam patéticas as ilusões de Zweig, um vienense que inventou um paraíso nos trópicos e nele se matou; o mesmo homem que escreveu o idílico *Brasil, país do futuro* não viu futuro em seu próprio destino. Uma brasilianista comentou: "Há sempre um brasileiro pra ver as coisas de maneira diferente...".

Dines e eu estamos nos sobrepondo nesses pequenos trechos de memórias escavadas em diálogos, depoimentos de terceiros e documentos escritos e audiovisuais. Muitas vezes não se sabe exatamente quem está realmente ao microfone – se eu, se Dines, se nós dois em uníssono. Proposital é a ideia de que um fale em nome do outro de maneira coexistencial; que um e outro se complementem, sem que desapareça aquilo que estou tentando ser – o narrador –, posto que autor e narrador não podem, rigorosamente falando, ser a mesma pessoa em uma biografia...

METABIOGRAFIA

Infelizmente, estudos sobre biografias ainda são ocasionais. Iniciativas isoladas tangem essa modalidade apenas como parcela secundária ou complementar de pesquisas, sem se deterem, por exemplo, nos milhões de leitores interessados no gênero, nos méritos e nas fraquezas dos biógrafos, nas interpretações conflitantes dadas a uma mesma pessoa, nos limites e nas possibilidades desse campo vasto e extraordinário. Uma história da biografia também está para ser contada.

Alguns literatos, acadêmicos ou não, refletiram sobre a biografia como gênero – investigando sua autenticidade, sua veracidade, estilos de época, simbioses romanescas etc. Muitos historiadores também se ocuparam da biografia como uma espécie de subproduto da História, um meio para o historicismo ou amostra para reflexões historiográficas.

Autores de resenhas, críticas, prefácios e posfácios em geral se atêm ao personagem biografado e como ele viveu, às informações reveladoras, às vezes até sensacionalistas sobre o sujeito, suas obras, seus familiares e seus amigos e inimigos. Persiste a crença de que o biógrafo sobrevive pelo que revela, não pelo modo como revela. O mais importante, sempre, é o biografado, em geral uma personalidade mais ou menos conhecida e sobre a qual se supõem coisas.

20 SERGIO VILAS-BOAS

Em meu livro *Biografias & biógrafos* abordei aspectos básicos da arte de biografar e afirmei que "biografia é o biografado segundo o biógrafo". Para não me precipitar, admiti que biografia é um gênero literário de não ficção; e sublinhei que um exame histórico detalhado talvez apontasse um estilo de época também para a biografia: romântica, naturalista, moderna, pós-moderna etc. Mais: a narração biográfica promove um intercâmbio de saberes diversos.

Há uns cinquenta anos Luis Viana Filho delimitou o assunto assim:

> chame-se romanceada, moderna, literária ou histórica, a biografia – e isso se nos afigura essencial – terá de subordinar-se às limitações impostas por aquelas características de submissão à verdade, à exatidão, ao sentimento de justiça, que lhe são inerentes, sob pena de deixar de ser biografia. (Viana Filho, 1945, p.15)

Para este livro, entretanto, sinto necessidade de dialogar a respeito de uma possível definição para biografia, porque, como lembra Viana Filho,

> ora chamamos biografia a simples enumeração cronológica de fatos relativos à vida de alguém; ora usamos a mesma expressão para trabalhos de crítica nos quais a vida do biografado surge apenas incidentalmente; ora a empregamos em relação a estudos históricos em que as informações sobre certa época se sobrepõem às que se referem ao próprio biografado; ora a emprestamos às chamadas biografias modernas ou romanceadas. E até obras em que a fantasia constitui o elemento essencial da narrativa aparecem com rótulo idêntico. (ibidem, p.11)

Viana Filho classificou os trabalhos biográficos das décadas de 1930 e 1940 em quatro grupos: a) simples relação cronológica de fatos relativos a alguém; b) trabalhos nos quais, ao par duma vida, se estuda determinada época; c) trabalhos nos quais à descrição duma existência se conjugam apreciações críticas sobre a obra do biografado; e d) trabalhos em que a narração da vida constitui o objetivo primacial. (ibidem, p.13)

O sociólogo Norman Denzin oferece conceitos sucintos para biografia, autobiografia, histórias de vida, narrativa de vida, história oral, história pessoal e muitos outros nomes que tanto podem ser coincidentes quanto conflitantes, conforme o contexto em que são empregados. Todo esse grupo de variados métodos (ou atitudes, ou visões de mundo) da pesquisa biográfica e autobiográfica em Ciências Sociais está sujeito a convenções que estruturam a maneira como vidas têm sido escritas.

Algumas dessas convenções e pressupostos "ocidentais", segundo Denzin: 1. textos biográficos devem ser escritos tendo-se "outros" textos biográficos em mente; 2. dar importância às influências de gênero e de classe; 3. estabelecer origens familiares como "o ponto zero" da história da pessoa em foco; 4. o autor deve interpretar a história da pessoa; 5. demarcar "momentos" da vida em questão a fim de atingir uma "coerência"; e 6. pessoas são reais e possuem vidas reais, que podem ser "mapeadas e significadas". (Denzin, 1989, p.17-9)

Em meio a tantas indefinições, outros autores, acompanhando Denzin em sua postura autocrítica, também tentam clarear alguns termos. Cole e Knowles, por exemplo, definem biografia como "...uma estruturada trajetória de vida escrita por outra, normalmente de acordo com convenções literárias". (Cole e Knowles, 2001, p.16) Não vejo razão para hermetizarmos ou glorificarmos essa definição, evidentemente. Até porque esses mesmos autores não o fazem.

Todas as formas apontadas por Denzin e por Viana Filho são lícitas, mas concordo que cada qual ter de ser avaliada com um compasso diferente. Primeiro ponto urgente que se insinua é: uma biografia deve nos proporcionar descrição detalhada de uma existência. Meu *feeling*, até o momento, é o de que biografia é a vida de uma pessoa (acima de tudo) narrada com arte por outra pessoa. Incluo o "acima de tudo" porque há muitas obras de caráter biográfico em que a *bio* é a parcela menos importante.

PERGUNTO A DINES O QUE ELE ACHA desse esboço de definição... Só acho que o "com arte" é dispensável. Biografia não é ciência, então, só pode ser arte. A vida de alguém narrada por outra pessoa? Sim. Fica melhor. Sabe, uma palavra que me vem sempre à mente é pan-óptico. Dines abre seu dicionário *Houaiss* eletrônico com um duplo clique no mouse. Como duas crianças curiosas, olhos fixos na tela do computador, encontramos dois significados para pan-óptico: 1. que permite a visão de todas as partes ou elementos; 2. que leva em consideração todas as partes ou elementos.

Pan-óptico não seria mais ou menos o que o biógrafo Stefan Zweig fazia? Acho que não. Zweig escreveu alguns trípticos temáticos. Meio supersticioso, tinha predileção pelo número três: *Três poetas de sua vida* é sobre Casanova, Stendhal e Tolstói; *A cura pelo espírito* aborda Mesmer, S.Freud e Mary Baker Eddy; *A luta contra o demônio* perfila Hölderin, Kleist e Nietzsche; *Os construtores do mundo* tem Dickens, Balzac e Dostoiévski... (Em língua portuguesa, algumas dessas tríades biográficas foram desmembradas em livros sobre um só personagem, em geral os mais conhecidos.)

Stefan Zweig me colocou em contato com pessoas que nem passavam pela minha cabeça. A galeria de figuras ilustres que ele fez é muito interessante: Maria Antonieta, Joseph Fouché, Maria Stuart... Nos anos 1930 e 1940, a classe média brasileira culta possuía e lia a obra de Zweig, que foi publicada em português em capa dura – ao todo, são vinte volumes, incluindo as biografias que ele escreveu.

Depois do suicídio, o editor dele no Brasil, Abraão Koogan, continuou a publicá-lo. Lembro que meu pai me deu de presente os quatro últimos volumes das obras completas quando fiz doze anos: havia dedicatórias esmeradas e relacionadas aos respectivos títulos. No volume *Brasil, país do futuro*, meu pai me deseja felicidades na terra natal, o Rio de Janeiro; em *Os caminhos da verdade*, há uma convocação de minha mãe para eu jamais abandoná-los.

Dines acredita dever a Stefan Zweig, escritor de sucesso mundial tanto por seus romances quanto por suas numerosas biografias, partes essenciais de seu *Bildungsroman* – ou seja, seu "romance de formação". Importante é o seguinte: como biógrafo, você não pode se fechar somente no seu personagem central. Acredito em multibiografias. Isso está no prólogo de *Morte no paraíso*:

BIOGRAFISMO **23**

Documentos não falam, mas essa enorme pilha de papéis impressos e manuscritos acrescentou nuances e, sobretudo, novas vozes ao coro de narradores iniciado poucas horas após a difusão da notícia de sua morte. Reconstitui-se a rede de pares e parceiros que ele teceu com tanto zelo e da qual usufruiu com tanto prazer. Zweig, o biógrafo, é a comprovação de que biografias são, na verdade, multibiografias, compartilhadas, estendidas, plurais.

A terceira edição do Zweig de Dines, lançada 23 anos depois da segunda, é outro texto: mais detalhado, exato, autorreflexivo; suprimiu o excesso de máximas, aforismos, frases pré-conclusivas e pomposas. Há mais vozes, mais detalhes, melhor visão de conjunto; ao longo, podou as adjetivações e caprichou na clareza; conjugou os verbos no presente do indicativo a fim de atualizar o ritmo e transportar o leitor para os cenários de época; duplicou o total de notas explicativas (algumas contendo informações relevantes sobre o biografar).

De maneira fora do comum, se expôs no prólogo (aberta) e ao longo da narrativa (timidamente):

Transgredir é essencial na arte biográfica. Mais do que gênero literário, a biografia é um desacato. Insubordinação contra a morte, fixação na vida, exercício de suscitação, ressuscitação dos finados e esquecidos. O relato que se segue contém duas rebeldias: o biografado recusa desaparecer e o biógrafo transpõe o ponto final que colocou há duas décadas.

Como você define o termo "biografismo"? Para mim, é uma disciplina histolítero-jornalística e/ou dicas sobre o ofício de escrever vidas. Dines e eu, a essa altura, concordamos que, aqui, nesta "amostra biográfica", curiosamente, o biógrafo do biógrafo do biógrafo se encontram num jogo de espelhos que pode nos levar ao infinito...

DIFERENTEMENTE DA METODOLOGIA das Histórias de Vida, muito empregada nas Humanidades, que visa ao coletivo, sem

24 SERGIO VILAS-BOAS

constituírem um "gênero literário", as biografias enfocam, primordialmente, um indivíduo. O objetivo de uma biografia, segundo Sidney Lee, é a revelação de uma personalidade única. Os biógrafos, então, há muito têm procurado reconstituir a vida de seus personagens reais de acordo com uma cronologia e um trajeto organizados.

A individualidade é aderente à biografia, dentro da qual se pode procurar conhecer como um ser humano viveu em seu tempo; como uma vida pode influenciar muitas – mesmo a vida do próprio autor, pois nenhum biógrafo respeitável pode permanecer à sombra de seu biografado (vivo ou morto) tanto tempo, pesquisando-o, interpretando-o diariamente, às vezes durante vários anos, e não ser tocado por essa experiência.

A questão central deste livro, portanto, é a necessidade de um salto qualitativo na produção de biografias. Por que um salto qualitativo? Porque grande parte dos extensos livros biográficos contemporâneos que tenho lido apresenta algumas limitações de natureza filosófica e/ou de natureza narrativa.

Limitações? Sim, a repetição de convenções tácitas que estreitam a percepção do biógrafo em relação às possibilidades do biografar. Uma limitação de ordem filosófica se evidencia pela superficialidade com que um autor visualiza/sente a experiência humana e o significado da escrita biográfica. Em uma palavra, falta *cosmovisão*.

(Esse estreitamento pode estar ligado também ao modo de pensar das empresas jornalísticas, das editoras de livros, dos biógrafos e dos articulistas que escrevem sobre biografias em jornais, revistas e sites.)

Retomando: as limitações filosóficas detectadas são: 1. *Descendência*; 2. *Fatalismo*; 3. *Extraordinariedade*; e 4. *Verdade*. Essas quatro se referem mais diretamente à maneira de pesquisar e compreender. Cada um desses quatro pontos será detalhado mais adiante, acompanhados de exemplificações extraídas de biografias contemporâneas.

E a limitação de ordem narrativa? É o estreitamento do campo de visão do biógrafo em relação às possibilidades narrativas – ou seja, em relação aos modos de expressão (forma) possíveis da biografia. Esse estreitamento tanto pode ser causa quanto consequência das limitações filosóficas apontadas anteriormente. Dando continuidade à numeração dos quatro tópicos de natureza filosófica, então, temos: 5. *Transparência*; e 6. *Tempo*. Essas duas limitações estão diretamente associadas ao modo de expressar/narrar da biografia contemporânea, embora estejam inevitavelmente imbricadas nas limitações filosóficas.

Para lhes dar uma ideia, no exato momento em que escrevo este trecho (dia 5.10.2005, às 15h55), sinto-me pouco imerso em megateorias. Estou tentando arrancar do fundo de mim palavras que expressem minhas (con)vivências com textos biográficos. Estou dizendo para mim mesmo: "A vida vem primeiro, a teoria, depois". *(Devo sair agora à procura de uma citação que me sustente esta minha? Mais adiante, talvez.)* Minhas angústias são parte de um processo não apenas biográfico, mas também metabiográfico.

Meta, meta, meta... Metabiografia. Por quê?

CARO DINES, A PALAVRA METABIOGRAFIA ocorreu-me em circunstâncias oníricas. Não desprezo sonhos, tampouco me preocupo demais com eles, porque não são, para mim, neste momento da vida, uma questão acadêmica. Sonhos são elementos do cotidiano, como os sentimentos, os afazeres, as árvore e os bichos. Além disso, por mais que me esforce, minhas lembranças de sonhos costumam ser raras e precárias, mesmo quando incitadas por tecnologias de ponta.

Mas me lembro que sonhei estar em ambiente movimentado, sentado a uma mesa provavelmente de bar, em companhia de pessoas queridas que conversavam alegremente. Exceto uma pessoa. Exceto uma, que eu não podia ver porque o seu rosto estava ocultado por um livro em cuja capa estava escrito em letras garrafais: *Diários índios*. Havia outros atores e cenários, mas o que realmente me lembro é daquele *Diários índios*. Juro que foi assim.

Um dia precisei reler *Xingu: uma flecha no coração*, livro-reportagem de Washington Novaes. Entrei em uma biblioteca caótica (também não me lembro onde) e procurei-o, procurei-o em vão. Nesse caminho entre obras sobre índios, fui interceptado por outro livro, tão fora de lugar e exibido que parecia à venda: *Diários índios*. Embora soubesse do que se tratava (e sou admirador de Darcy Ribeiro), nunca havia lido esse *Diários índios*.

Estimulado pela serendipidade do episódio, resolvo folheá-lo. Uma carta de Darcy à sua mulher logo me detém. Relatava experiências e reflexões acerca do processo etnográfico. Mas não era o antropólogo Darcy envolto em assertivas e autodefesas acadêmicas, engessado por pressupostos ou jargões. Era o ser humano Darcy quem, com profundidade, delicadeza e desprendimento, dava um testemunho à sua mulher sobre o que via e sentia em campo.

Em outra ocasião, voltando sozinho de uma viagem de carro de Belo Horizonte para São Paulo, a palavra metalinguagem veio à tona em companhia da lembrança da tal cena do sonho e da carta de Darcy Ribeiro inclusa em *Diários índios*. Divaguei entre curvas e retas, serras e planícies. Em um posto de gasolina anotei: "O conhecimento do conhecimento... O conhecimento na biografia é um conhecimento ou um auto(móvel)? (ah, ah) Meta, meta, meta...".

Mais adiante, em alta velocidade, emerge a palavra metabiografia. Paro o carro indevidamente no acostamento da rodovia Fernão Dias (BR-381) e escrevo a palavra em caixa-alta na palma da minha mão.

TANTO NA REALIDADE FÍSICA quanto na realidade social, o sujeito não está inteiramente fechado em si próprio, mas ligado a um genocentrismo, a um etnocentrismo e a um sociocentrismo. Por isso, como escreve Edgar Morin, "o autoexame exige o heteroexame, como a autocrítica exige a heterocrítica; e isso não pode ser feito num recipiente fechado". Morin também nos oferece um conceito interessante sobre o que é ser sujeito atualmente:

> É pôr-se no centro do seu mundo, é ser capaz de referir às computações e os conhecimentos que se fazem, tanto a si mesmo – isto é, de modo autorreferente –, como aos objetos considerados – isto é, de modo exorreferente –, *o sujeito é, em suma, o*

ser exoautorreferente que se põe no centro do seu mundo. Ser sujeito é pôr o seu Eu no centro do seu Mundo. Ser sujeito é agir "para si" e em função de si. É o que faz todo o ser vivo, a começar pela bactéria. (Morin, 1998a, p.24)

Inspirado por essa definição de Morin, tracei um paralelo breve entre o biógrafo e o crítico de arte. O papel de ambos é idêntico, esse é o ponto. Ambos desejam algo; ambos procuram e são procurados pelo humano ser que habita a obra (material ou imaterial), e o que resulta dessa procura é um encontro e sua consequente aventura em torno de uma forma (vital, humana e psíquica) repleta de significados.

Merleau-Ponty afirma que matéria, vida e espírito devem participar desigualmente da natureza da forma, representar diferentes graus de integração e constituir enfim uma hierarquia em que a individualidade se realize sempre mais. Assim, a vida e a consciência são introduzidas como condições adicionais para suprir as determinantes físicas insuficientes. "É preciso em realidade compreender a matéria, a vida e o espírito como três ordens de significações". (ibidem, 1975, p.169)

Pausa para uma divagação estética, uma comparação entre o ser humano e a obra de arte...

Não há nada de passivo na relação entre a obra de arte e o crítico de arte, tampouco entre o biógrafo e o biografado. A interpretação, segundo o esteta italiano Luigi Pareyson, é uma receptividade ativa, uma conquista. Estou aqui entendendo a arte como a entende o esteta italiano Luigi Pareyson, ou seja, a arte como fazer, exprimir e conhecer ao mesmo tempo. O interessante no pensamento de Pareyson está exatamente em propor que a arte é expressiva como forma e possui um significado (forma e conteúdo juntos). (Pareyson, 2001, p.29-33)

Seu ser é um dizer; ela é um conhecer porque revela um novo olhar, sendo esse próprio olhar um elemento construtivo; a arte é um fazer tal que, quando faz, inventa o fazer. Concebe-se executando, executa-se fazendo. Não é um *facere* (fazer), mas um *perficere* (perfazer). Não há arte sem obra, entendida inicialmente como objeto sensível que é inventado ao ser feito. A sua realização não é um *facere*, mas um *perficere*, ou seja, "um acabar, um levar a termo de modo tão radical que o resultado é um ser inteiramente novo e irrepetível", como escreveu o psicólogo João Frayze Pereira. Um ser irrepetível como nós, humanos? Certamente. A obra (as realizações e irrealizações inerentes a qualquer ser humano) é expressão da vida, porque ela se anuncia na vida como um conjunto infinito de significados (interpretações), alguns deles atingíveis. A obra reflete um tempo concreto, materializado, encarnado. Estamos atravessados pelo tempo histórico tanto quanto todo conhecimento está vazado pela problemática das identidades individuais e coletivas. A relação vida e obra, portanto, não é uma relação funcional de causa e efeito. É uma relação reflexiva.

Devemos perguntar, como o fez Michel Foucault, por que apenas uma parcela da experiência humana é considerada obra de arte e não a vida como um todo? É uma questão para ecoar e tocar não a nossa razão, mas o nosso coração, primeiramente. Refletir sobre uma vida vivida ou parcialmente vivida (trajetórias talvez menos incertas do que o "devir") pode ajudar a compreender os estados e as motivações do sujeito que é obra e da obra que é sujeito. Motivações, aliás, compõem a vida, e esta transcende. Mas a ideia de vida precisa ser ampliada, como afirma Merleau-Ponty:

> O que nós buscamos na ideia de vida não é a pedra terminal de um edifício, mas esse próprio edifício, onde os fenômenos parciais, de início insignificantes, aparecem como que ligados em um conjunto unificado, ordenado, relativamente constante, de estrutura determinada ... nós não buscamos um fundamento real sobre o qual repouse o ser, mas uma ideia, um fundamento de conhecimento onde todos os fatos particulares encontrem sua verdade. (Merleau-Ponty, 1975, p.189)

BIOGRAFISMO 29

Em relação à vida do pintor Paul Cézanne, Merleau-Ponty escreveu que acreditamos que Cézanne trazia em germe a sua obra porque conhecemos a sua obra antes e vemos através dela as circunstâncias da vida, carregando-a de um sentido que, na verdade, é dado à obra, não à vida. Merleau-Ponty não defende que a vida "explica" a obra, embora estejam ligadas, mas sugere que a obra a ser feita exigiu de Cézanne uma certa vida, e vice-versa. Com um olhar retrospectivo, talvez encontremos alguns prenúncios.

Eis o ponto: tal qual a obra de arte, nós nos reconhecemos no que fazemos (*facere*) e no que perfazemos (*perficere*). Só a *posteriori* encontramos o significado de termos nos tornado o que éramos, como insinua Merleau-Ponty – para quem existe, ao que parece, uma preponderância da liberdade na vida, não como destino, mas como conquista. O próprio conhecimento de si mesmo e do outro é uma conquista.

Ao especular sobre a função da epistemologia complexa, Edgar Morin nos lembra de que tomar consciência dos limites do conhecimento é um progresso, "porque o conhecimento dos limites é sempre um progresso do conhecimento". Portanto, as relações do biógrafo com o biografado, com o processo biográfico, consigo mesmo etc. são de natureza reflexiva também. Ele (se) interpreta e (se) compreende.

Interpretação é o ato de interpretar para dar sentido a alguém ou a alguma coisa. A interpretação cria as condições para a compreensão, que envolve ser capaz de manejar os significados de uma experiência interpretada em nome de um indivíduo (um "outro"). Já a compreensão é um processo intersubjetivo, ou seja, que envolve múltiplas consciências individuais. O propósito, nesse caso, é construir, com as experiências de outra pessoa, significados compartilháveis. (Denzin, op. cit., p.28)

Para Max Weber, a compreensão é um modo imediato, empático, de inteligibilidade de um fenômeno humano. Morin complementa que a compreensão se baseia no fato de sermos sujeitos, "egos", e de vermos o outro ora como um *ego alter*, isto é, como um outro,

30 SERGIO VILAS-BOAS

um estranho, ora como um *alter ego*, isto é, como alguém que compreendemos porque poderia ser nós mesmos, com quem simpatizamos ou fraternizamos. Mais ou menos assim: "eu sou tu". (Morin, 1998a, p.31)

A compreensão envolve também afetos. Não há como escapar à condição de que somos sujeitos que lidam com outros sujeitos. Apesar de algumas simplificações, operamos a autorreflexividade, a autocrítica que exige a heterocrítica, o trabalho coletivo que exige o individual, e vice-versa, o singular contido no universal, e vice-versa e, como se não bastasse tudo isso, há ainda a possibilidade de expressar com fluência a subjetividade.

A Psicologia diz-nos que o processo biográfico é uma questão de transferência e contratransferência. Tenha o nome que tiver, a empatia está por trás de todas as ações e reflexões. Em psicologia, o terapeuta vivencia uma compreensão empática da conscientização de seu paciente com base em sua própria experiência. Sente "o mundo privado" do cliente como se fosse o seu. Sente a raiva do cliente, seu medo ou confusão, como se fossem seus.

Quando o mundo do cliente é suficientemente claro para o terapeuta e este move-se nele livremente, então pode tanto comunicar sua compreensão daquilo que é claramente conhecido pelo cliente, como também pode expressar significados da experiência do cliente, dos quais o cliente está apenas vagamente consciente, escreveu Carl Rogers.

A compreensão é, então, afetiva e empática. É um estado de consciência no qual uma pessoa experimenta e participa com outra pessoa de um fluxo de pensamentos, sentimentos e significados. Ao mesmo tempo, também está consciente do contexto maior no qual os dois existem. Nesse estado, opostos podem coexistir sem grandes contradições.

Esse estado de consciência ativa é processual. Existe num fluxo, como o próprio relacionamento; torna-se uma habilidade ou aptidão quando uma pessoa aprende a sentir o significado pessoal

BIOGRAFISMO 31

profundo de outra pessoa e a comunicar isso a ele/ela; é uma fonte de conhecimento no sentido de que esse estado de consciência "fora do comum" permite intuitivamente "conhecer o que alguém não conhece"; e traz à tona *insights* e descobertas inesperadas. Pela via do diálogo, os batimentos cardíacos dos interlocutores se inter-relacionam e as medidas cardiovasculares do relacionamento ficam na dependência das expectativas de cada um, do apoio e presença do outro, e do fato de cada um observar a si mesmo ou ao outro.

Reitero: as vidas e as obras (do biógrafo e do biografado), em sentido amplo e ilimitado, estão imbricadas em uma mesma aventura – a aventura das interpretações possíveis e das compreensões necessárias. De maneira idêntica, vida e obra são indissociáveis. Nesse sentido, estou operando com os três tipos de exercícios intelectuais acolhidos pelo pensamento científico, segundo Edgar Morin: reflexão, imaginação, organização (organizar o saber, ou seja, transformar a informação em conhecimento).

A reflexão supõe um verdadeiro distanciamento do investigador em relação àquilo que crê, àquilo que sabe e vê, em relação ao objeto de estudo e às suas hipóteses fundamentais. Pensar e refletir são atividades normalmente unilaterais. Não há reflexão sem certa aptidão para deixar o produto do pensamento anterior – o seu ou o pensamento recebido por tradição, autoridade ou hábito - refletir-se como um espelho, para examiná-lo com desapego. Morin nos fala da reflexão como um "segundo olhar":

A reflexão começa a partir de um segundo olhar. Pode assumir a feição de uma meditação livre ou de uma prospecção sistemática ... a imaginação é o espírito de hipótese no sentido forte do termo, que é um jorrar de ideias, e não no sentido fraco, que é desconfiança perante a ideia ... o que é próprio do pensamento é o fato de ser, sempre, de algum modo, uma arte, isto é, o fato de nunca ser totalmente redutível, definível, de raramente ser previsível, e de muitas vezes poder ser troçado e desprezado. (Morin, 1998a, p.53)

A compreensão, portanto, pressupõe uma informação, um dado, uma percepção, sonhos e até uma certa "alucinação", que se insinuam como ideia de fundo. A compreensão pode vir à tona muito antes de a "coisa" em si mesma ser analisada diretamente. Vale relembrar que o objeto de estudo não é *o* estudo; o sujeito compreendido pelo biógrafo não é *o* sujeito; a interpretação de uma obra não é *a* obra e muito menos *a* arte. "O objeto de estudo é uma coisa e o estudo é uma outra." (Geertz, 1989, p.25)

A meta da *meta* é ser autorreflexiva

Ao longo deste livro me guiarei por alguns conceitos e princípios norteadores da pesquisa em histórias de vida (*life history research*) formulados por Norman Denzin e Cole e Knowles. Norman Denzin lembra-me de que há muitos métodos biográficos, ou muitas formas de escrever sobre uma vida, e cada forma apresenta problemas textuais diferentes e fornece aos leitores diferentes mensagens e entendimentos.

Cole e Knowles propõem a cocriação de significados (*cocreating meaning*), porque nesse tipo de pesquisa descrevemos o mundo pela perspectiva da pessoa biografada tanto quanto pela nossa própria perspectiva. Como pesquisadores, entramos, tão fundo quanto possível, no campo fenomenológico de nosso biografado e trabalhamos com ele, conjuntamente, a fim de compreendermos a extensão das experiências e seus significados.

Cole e Knowles visualizam o trabalho de pesquisa como uma extensão de quem somos como indivíduos:

No sentido mais amplo possível, se agirmos de maneira ética e moralmente responsiva com aqueles com os quais vivemos e trabalhamos, então teremos chances de fazer o mesmo com as pessoas que pesquisamos. Este é outro de nossos pressupostos. (idem, op. cit., p.25)

Do conjunto de valores que devem nortear o pesquisador em histórias de vida formulado por Cole e Knowles, sublinhei estes: relacionalidade e reflexividade. Relacionalidade é o conjunto de implicações inerentes ao relacionamento do biógrafo com o biografado. A relacionalidade pode contribuir (ou não) para a qualidade do encontro existencial entre pesquisador e biografado, segundo Cole e Knowles:

> Nossa perspectiva sobre relacionamentos de pesquisa se opõe às visões convencionais que incentivam distância, formalidade e estabilidade para a definição de fronteiras e papéis claramente; visões que consideram qualquer desvio desse padrão uma ameaça à qualidade da pesquisa – "contaminação", como alguns costumam dizer. Por esse olhar pragmático, o relacionamento de pesquisa é análogo a um negócio comercial, sendo os termos do contrato cautelosamente articulados. (ibidem, p.27)

Cole e Knowles consideram o relacionamento em pesquisa de história de vida sob um prisma humanista, complexo, fluido e em permanente transformação. Veem essa relacionalidade como central para as dimensões ética, empírica e humanística, exatamente como os processos de transformação recíprocos decorrentes do encontro entre pesquisador-biografado.

Empatia é a base da reflexividade. É outro princípio norteador. Empatia é a preocupação com a experiência do outro, a permanente tentativa de o pesquisador sentir o que sentiria se estivesse nas mesmas situações e circunstâncias experimentadas pelo outro. Significa compartilhar as alegrias e tristezas de seu semelhante, e refletir sobre situações do ponto de vista do interlocutor. Cole e Knowles acrescentam:

> Ser reflexivo em pesquisa significa engajar-se em um processo contínuo de espelhar ideias e experiências sobre alguém, com um conhecimento explícito do posicionamento desse al-

34 SERGIO VILAS-BOAS

guém na pesquisa. Ser reflexivo em pesquisa também significa elevar a percepção empática desse alguém ... Quando os pesquisadores se colocam na posição do "outro" em uma pesquisa, podem estender seus entendimentos vivenciais do que significa ser pesquisado. Tal conhecimento implica empatia na prática da pesquisa. (ibidem, p.43)

Ou seja, "é um processo de interação criativa", como me lembra Cremilda Medina, jornalista, pesquisadora e professora da Escola de Comunicação e Artes da USP. Para os fins deste livro, procurei criar um duplo compromisso com Alberto Dines. Aceitei como princípio fundamental que as relações motivacionais entre a vida do biografado e suas "obras" (as realizações inerentes a qualquer vida) se imbricam também nas relações motivacionais do biógrafo-autor, porque pesquisar é também um ato autobiográfico.

O que captei, creio, reflete o modo pelo qual me oriento no mundo, meus pressupostos epistemológicos e ontológicos. "Quanto mais entendemos a nós mesmos como pesquisadores, mais aptos estamos a ouvir e entender os outros." Achei também que em algum momento da narrativa biográfica eu devia tentar responder ao seguinte: por que escolho quem escolho? É uma pergunta importante, como dizem Cole e Knowles:

> Decisões a esse respeito não são aleatórias; elas estão enraizadas nos princípios e pressupostos que guiam o chamado para pesquisar ... se aceitarmos a natureza subjetiva e intersubjetiva da experiência humana e da geração de significados, a natureza dinâmica, multidimensional e contextual do conhecimento e a imprevisibilidade relacionada à condição humana, preocupações como "tamanho da amostra", representatividade, pureza das "verdades" contadas e generalizações populacionais tornam-se desimportantes. (ibidem, p.65)

A escolha do personagem envolve razões concretas, *insights*, associações livres, oportunidades, sincronicidades, sutilezas. Nada disso pode estar dissociado do *self* do pesquisador biográfico. No meu caso, depois de algumas ideias fracassadas, decidi propor conversações/interações com Alberto Dines porque, além de jornalista, como eu, é biógrafo (de Stefan Zweig e Antônio José da Silva, o Judeu) e tem interesse especial pelo tema biografismo. Dines adicionou vivências específicas à minha tarefa crítico-filosófica sobre o biografismo brasileiro contemporâneo.

Mas a escolha de Dines teve também componentes serendipitosos. Em julho de 2005, me correspondi com ele para saber o que ele achava de eu trocar um personagem vivo por um personagem morto (prefiro não revelar o nome). Dines respeitou o meu *insight*, mas lamentou: "A originalidade da sua ideia de uma metabiografia é exatamente poder discutir o biografismo com o personagem escolhido". *(Dines fizera parte da banca de qualificação para a tese de doutorado que originou este livro.)*

Esse comentário me desorganizou temporariamente. Depois de várias ponderações, concluí que o próprio Dines poderia ser personagem. Se topasse, eu não poderia tê-lo novamente na comissão julgadora. Seria uma perda. Mas a ideia encorpou-se, convidativa. Dines foi um dos primeiros jornalistas contemporâneos a se enveredar (em 1981, com o lançamento da 1ª edição de *Morte no paraíso*) no território da biografia, um território pequenino e até então dominado, no Brasil, por acadêmicos e literatos.

NO FUNDO, EU SENTIA QUE MEU biografismo estava muito mais próximo do jornalismo do que do "classicismo biográfico" dos acadêmicos que conheci. Há uma coisa que digo com segurança: fui o primeiro. *Morte no paraíso* é o primeiro livro de uma rica safra de biografias escritas por jornalistas. Fernando Morais, Ruy Castro, Jorge Caldeira e outros emergiram pelo menos uma década depois de mim. Disso, aliás, me gabo.

Mas a intelectualidade brasileira, ao que parece, nunca percebeu Dines no papel de precursor. A Walnice [Nogueira Galvão] me citou em um artigo. Mas ela me coloca, juntamente com a Judith Patarra, num rol, o rol das "biografias judaicas". Isso me deixou triste e intrigado. Ora, o fato de meus biografados serem judeus, e de eu ser judeu, não significa que estamos tratando de temas judaicos, e sim de personagens interessantes no

36 SERGIO VILAS-BOAS

panorama da cultura brasileira. Mas é claro que um escritor (um biógrafo) prefere as coisas que lhe dizem respeito intimamente.

Dines se vê – e é bastante visto – como um incentivador do biografismo no Brasil, assim como de outras centenas de projetos. Se ele não consegue fazer todos, passa vários à frente. Fui eu quem incitou a Judith Patarra a escrever sobre a Iara [Iara Iavelberg, militante do Movimento Revolucionário 8 de Outubro – MR8 – morta aos 27 anos, em 1971, em circunstâncias enigmáticas]. Juntei recortes, cartas, documentos. Haviam saído várias matérias sobre a Iara em *O Globo* e no *Jornal do Brasil*.

No início dos anos 1980, eu vinha muito a São Paulo, primeiro pra atender a um pedido do Roberto Civita e dar consultoria à revista *Nova*. Depois pra dar consultoria a outras revistas da Abril. Numa dessas vindas, reencontrei a Judith. Eu disse: Judith, pegue esse material e faça um livro. É muito importante. Iara não é interessante por ser uma personagem judaica, mas por ter se juntado à luta armada.

"E eu nem sabia quem era a Iara direito. Depois que ele falou, que fiquei um mês pensando. Como a Iara era da luta armada e eu era muito distante na época... Enfim, eu não achava que era o caminho, levei um mês pra descobrir que era isso mesmo o que eu tinha que fazer. Então, foi Dines que me deu a ideia, que despertou a Iara dentro de mim e aí eu fiquei, sei lá, sete anos escrevendo a história. Mas Dines fez o prefácio e Dines também estimulou o meu filho", disse Judith Patarra ao Museu da Pessoa.[1]

Iara é uma personagem importante da cultura brasileira, pois largou tudo para se juntar ao [Carlos] Lamarca [capitão que abandonou o Exército para aderir a uma guerrilha que julgava bem mais desenvolvida do que era na realidade e pela qual se empenhou]. Mas a Walnice nos categorizou no artigo dela como "biógrafos de judeus", algo assim. Acho que ela não fez isso por maldade, não. Foi apenas uma leitura errônea, apressada, classificatória. Conheço a Walnice. Conheci todos os Galvão, cujos primeiros nomes começam com dáblio, todos.

---

1 ALBERTO Dines: 50 anos de jornalismo. Museu da Pessoa, São Paulo, uma fita VHS, colorida, sonora, 2003. Obs.: a íntegra das transcrições dos cinquenta depoimentos coletados me foi gentilmente cedida pelo Museu da Pessoa.

A professora Walnice Nogueira Galvão escreveu um artigo na *Folha* – depois publicado na revista *Estudos Avançados*, da USP (set. 2005) – sobre a produção biográfica brasileira recente:

Em 1981, viria à luz *Morte no paraíso*, de Alberto Dines, sobre a vida e a morte de Stefan Zweig. Este autor, de prestígio a seu tempo, passaria no Brasil seus últimos anos como refugiado da perseguição nazista. Escreveria *Brasil, país do futuro*, e se tornaria uma instigação às elocubrações devido a seu suicídio em 1942, que, largamente divulgado, nunca seria objeto de explicações suficientes, pairando no ar como um enigma. Este, o livro de Dines se propõe elucidar. Mais tarde, o livro viraria filme pelas mãos de Sílvio Bach, sério documentarista com muitas obras a seu crédito, com o título *Lost Zweig* (2004). O autor depois escreveria *Vínculos do fogo* (1992), uma biografia de Antônio José da Silva, o Judeu, o primeiro dramaturgo brasileiro, que pereceria nas fogueiras da Inquisição, em Portugal. Antes, publicou *O baú de Abravanel* (1990), inesperada biografia do poderoso apresentador e concessionário de TV Sílvio Santos. De certo modo, ao concentrar-se nesses protagonistas, Dines contribui para ir completando aquilo que outros autores judeus como Samuel Rawet e Moacyr Scliar encetaram em ficção, sobre sua aclimação no país.

Uma peça a mais nesse xadrez seria *Iara* (1991), de Judith Lieblich Patarra, traçando o retrato de uma geração, à qual pertenceu a própria autora, contemporânea de Iara na Faculdade de Filosofia da rua Maria Antonia, no centro de São Paulo, onde ambas estudaram. O livro forneceria subsídios para o filme *Lamarca* (1993), de Sérgio Rezende, e para um documentário de TV sobre a guerrilheira.

Mas é fato que questões judaicas movimentam Dines até às vísceras, algo superior até à convicção de ter sido "o primeiro a trazer a técnica do jornalismo para o biografismo". Não abro mão disso. Há o Raymundo Magalhães Júnior, um homem culto, também jornalista, que escreveu biografias interessantes, como *Rui, o homem e o mito* (1965), uma espécie de antibiografia de Rui Barbosa. Mas o Raymundo era mais redator do que repórter, e nunca se formulou como jornalista. Ele foi político, autor de teatro, polígrafo, poliglota, uma figura realmente extraordinária.

38 SERGIO VILAS-BOAS

Um dia, em referência aos contos que publiquei nos anos 1950 e 1960, o Raymundo me perguntou: "Dines, por que você só escreve sobre temas judaicos?". Eu respondi: "Não poderia escrever sobre outra coisa. No momento, eu não posso escrever sobre o Ceará, por exemplo, porque nunca estive lá". Dines publicou dois livros de contos: *20 histórias curtas* (1960), em coautoria com Esdras do Nascimento, Isaac Piltcher e Guido Wilmar Sassi, e *Posso?* (1972), lançado pela editora Sabiá.

Os biógrafos Luis Viana Filho, Pedro Calmon, Otávio Tarquínio de Souza, Gondin da Fonseca e Lúcia Miguel Pereira, por exemplo, são mais ou menos da mesma geração de Raymundo Magalhães Júnior. Alguns colaboraram com jornais mas não eram jornalistas propriamente ditos. Não conheço outro jornalista realmente presente em redações de jornais e revistas que tenha feito, na época, algo parecido com a minha biografia de Stefan Zweig.

Por que Zweig? Ou: por que não Zweig? Eis a questão. A escolha de SZ por Dines não foi totalmente aleatória, nem totalmente serendipitosa. O suicida escritor vienense judeu foi para Dines um "pretexto excepcional, no bom sentido". Percebi que, com SZ, eu poderia contar uma história que dizia respeito a um período que eu conhecia bem; que dizia respeito ao Brasil do Estado Novo; que dizia respeito à Segunda Guerra Mundial, que me tocou profundamente. Mais: SZ foi amigo do maior ídolo da minha adolescência: Romain Rolland [prêmio Nobel de Literatura em 1915; autor do romance Jean Christophe, que influenciaria várias gerações de jovens judeus revolucionários nos anos 40 e 50, no Brasil].

Tudo o que eu li e vivi podia ser reavivado tendo Zweig como uma espécie de alavanca. A partir de meu personagem central eu poderia contar um mundo de histórias que me dizem respeito. Não fiquei fascinado com a "figura extraordinária" dele ou a com a "literatura extraordinária" dele. Na verdade, fiquei fascinado com ele, com a sua morte, com o fato de ele ter passado perto de mim (ou eu passado perto dele) naquela única vez em que o vi, aos oito anos de idade.

Em 1940, Stefan Zweig visitou a Escola Popular Israelita-Brasileira Scholem Aleichem, no Rio de Janeiro, onde Dines estudou. Na ocasião, alunos, alguns professores e o próprio SZ (ao lado de sua segunda mulher, Charlotte) posaram para a foto de Wolf Reich (também refugiado austríaco) incluída em *Morte no paraíso*. Nela, Dines aparece de cabeça virada, fixado em Stefan Zweig. *Morte no paraíso*, aliás, começa assim: "Vi-o uma vez".

Mais adiante, no livro, leio:

Encontrei-o todos os dias durante, pelo menos, trinta anos. Sua foto suave e romântica, tomada também por Wolf Reich (um bigode não muito distinto do de Hitler, mas um olhar terno e suave) ficou pendurada no gabinete de meu pai, com uma dedicatória naquela caligrafia elaborada, a tinta sempre violeta.

Seu suicídio foi um dos primeiros contatos que tive com a morte e com jornais. Li-os todos para entender por que meu pai fora a Petrópolis no dia anterior e chegara tão arrasado. Não consegui perceber aquela mágica idiota de deixar de viver. Eu o vira dois anos antes na escola – alto, vistoso, elegante –, agora nas fotos estava morto. O episódio entrou de cambulhada em minha vida, trazendo uma noção de guerra sem fardas e tambores.

Meses depois começaram a chegar as notícias do extermínio de judeus na Rússia e, com elas, a certeza de que as famílias de meu pai e minha mãe em Rovno não escapariam. Graças a Zweig, porém, o moleque de Vila Isabel já era um *expert* em mortes e no terror nazista.

Mas não vejo nenhuma similitude direta entre a persona de Zweig e a minha própria.

O EVENTO DE DUAS VIDAS se interceptando (algo muito distante da natureza limitada do processo de conversação que visa apenas à obtenção de dados factuais) envolve situações propícias a surpresas, como afirmam Cole e Knowles:

O papel da serendipidade e da surpresa em pesquisa com história de vida é considerável. Na vida, momentos serendipitosos não raro se tornam pontos de mutação ou momentos de transformação. Na pesquisa, serendipidade conduz frequentemente a entendimentos sugestivos. (ibidem, p.79)

Mas não se pode construir uma biografia sem recorrer às recordações – próprias ou de outrem. Lidar com lembranças é essencial. Mas lembrar não é reviver, e sim refazer, reconstruir, repensar, com imagens e ideias de hoje, as experiências recentes ou remotas. (Bosi, 1998, p.55)

O instrumento da memória é a linguagem oral ou escrita. Memória não é sonho. É trabalho. A lembrança é uma imagem construída com os elementos que estão, agora, hoje, à nossa disposição. Nossa consciência atual está povoada de representações. O real e o imaginário andam juntos. Por mais nítida que pareça a lembrança de um episódio antigo, ela é diferente conforme a época, o entrevistado e as circunstâncias.

O filtro da memória impede a objetividade tanto no relato autobiográfico oral quanto no escrito. As fronteiras entre imaginação e memória são difíceis de determinar, e as autobiografias e livros de memórias funcionam como espelho, autoconhecimento, reinvenção e até autodefesa. Vladimir Nabokov, autor de *Lolita*, dizia que ninguém pode falar de si mesmo sem estar consciente da quantidade de ficção que existe na percepção do eu.

Diferentemente da investigação estatística, a pesquisa biográfica exige certo preparo mental para compreender e aceitar a complexidade da tarefa, a natureza criativa do processo e as demandas de tempo, paciência e compromisso com um momento muitas vezes caótico e intrincado de ambos, biógrafo e biografado. Como diz a professora Cremilda Medina, "eis aí a essência do compreender"...

Então, chegamos ao ponto: por que meta? Porque precisamos romper com o encerramento em nós mesmos (egocentrismo), em nossa cultura (etnocentrismo), em nossa civilização (ocidentocentrismo, no meu caso). Meta porque o biógrafo deveria, comedidamente, explicitar: sua consciência sobre interpretações e compreensões; os limites e as possibilidades da escrita biográfica; suas autorreflexões; seus significados e os significados do outro cuja vida será sempre mais importante que a do biógrafo, evidentemente.

Meta porque em muitas biografias contemporâneas o sujeito é uma explicação, e essa explicação do sujeito tem-se tornado *o su-*

jeito; porque a vida do biografado não é uma simples justaposição de dados; porque as relações motivacionais entre a vida (do biografado e do biógrafo) e as suas obras (as realizações materiais ou imateriais inerentes a qualquer vida) compõem uma mesma aventura. Metabiografia, hum... O que quero dizer?

Metabiografia é um modo de narração biográfica que dá atenção também aos exames e autoexames do biógrafo sobre o biografar e sobre si mesmo. Mas por que pensar nisso? Porque análise e autoanálise são partes constitutivas do processo de construção de uma vida pela escrita. Esse processo é do biógrafo, do biografado e de ambos, juntos, harmônicos em um mesmo cenário volátil; metabiografia porque qualquer processo biográfico extravasa e consagra o relacionamento sujeito-sujeito.

Na ciência clássica, a explicação era um princípio que excluía a aleatoriedade, a contradição (contradição era erro do pensamento) e o observador da observação; a relação era sujeito-objeto. Mas, hoje, em todas as frentes, as ciências cada vez mais procuram combinar o acaso e a necessidade, pois a reflexão implica autorreflexão.

1
DESCENDÊNCIA

A ascendência/descendência é um aspecto considerável em um processo biográfico. Mas, antes de recorrer às linhas de parentesco, o biógrafo deveria se perguntar: a descendência constitui o caráter de uma pessoa, necessariamente? Qual o grau de influência que a família realmente exerce sobre um indivíduo? "Estou seguro de que a ancestralidade 'moldou' meu personagem?" Se sim, como expressar isto de modo consciente?

Antes de tentar algumas respostas provisórias, vamos ao mundo concreto. A seguir, destaco três trechos do capítulo "O cometa e a professora", da biografia *JK, o artista do impossível*, de autoria do veterano jornalista Claudio Bojunga. Notem que nesses três trechos (grifos meus) Bojunga se refere ao pai e à mãe de Juscelino Kubtischek:

> *João César foi a lava – o temperamento. Júlia, o molde, a fôrma, o cânon.* Juscelino não escolheu se tornar Kubtischek em vez de Oliveira. *Dona Júlia moldou-o Kubtischek.* Esse "enquadramento" das *tendências hedonísticas e dissipadoras herdadas do pai* é uma das chaves de sua personalidade. Júlia foi o ingrediente centro-europeu, de sangue eslavo e disciplinada cultura germânica combinados com a tradição lusa sedentária e

pé de boi da professora. Foi a severidade, o recato, a pertinácia, a teimosia, a caturrice, o longo prazo, o esforço diuturno, a resistência, a sobrevivência. (p.39)

A propalada explicação do lado festeiro e "pé de valsa" de Juscelino Kubtischek por sua suposta ascendência cigana do lado materno não confere. Descrições de dona Júlia sublinham seu rigor e severidade, mostram-na algo distante e carrancuda, concentrada em deveres e tarefas. Júlia não era carinhosa: amigos e próximos de JK descrevem-na meio sem jeito, resistindo aos beijos e afagos exuberantes do filho. Era recatada como convinha a uma professora, viúva aos 28 anos, vivendo numa pequena cidade. Levava vida modesta, nem por isso era despida de orgulho: professora tinha status social. Além do mais, o tio-avô fora senador e vice-presidente do estado. E a pobreza era compartilhada por todos numa sociedade sem luxos: na primeira década do século [XX], Diamantina não tinha esgoto, consumia água poluída, não recolhia o lixo e enterrava seus mortos no interior das igrejas. (p.44)

É um equívoco interpretar as poucas menções de Juscelino ao pai como o envergonhado recalque de uma ascendência incômoda. Engano: JK fala do pai em suas memórias de maneira carinhosa. Sempre manteve em sua casa um retrato dele. Um de seus netos, o primogênito de Maristela e Rodrigo Lopes, se chama João César. Falava pouco nele porque pouco o conheceu, tinha dois anos e alguns meses por ocasião de sua morte. Mas as menções a João César nas memórias celebram sempre a alegria e o sonho. (p.45)

No primeiro trecho (p.39), é evidente uma assertiva de causa e efeito diretos sobre as influências do pai e da mãe na formação de Juscelino. No segundo trecho (p.44), Bojunga está à procura de algo tão sedutor de se perguntar quanto difícil de responder: qual a origem da faceta festeira de JK? No terceiro trecho (p.45), levanta suspeitas sobre o suposto relacionamento distante entre JK e seu pai, confrontando, precariamente, palavras ouvidas de outrem com palavras escritas por JK em suas memórias.

Ao ler essas três passagens, anotei: por que a maioria dos biógrafos recorre automaticamente aos pais para explicar traços pessoais de seus biografados? É bem possível que Bojunga tivesse indícios de que os pais eram a trilha mais curta para o entendimento de algumas características de JK. Mas, por fim, o autor acaba fiando-se nas memórias de seu personagem, mesmo sabendo que autobiografias revelam tanto quanto idealizam.

Na parte "Da Lavra à Lapidação", o biógrafo Bojunga disseca a saga de Juscelino Kubtischek: dos bisavós aos avós, passando por tios e tias. Essa genealogia permeia tudo, entremeada, ainda, por indagações sobre a "astúcia de ser mineiro" e "o que é ser natural de Diamantina". O autor aborda também a origem tcheca do sobrenome materno Kubtischek e o espírito gregário de João César, pai de JK.

Bojunga devia estar seguro de suas indagações e buscas ancestrais. Mesmo assim, há no ar outra pergunta irresistível: por que os biógrafos procuram os pais/avós/bisavós quando não conseguem "explicação" para certas características de temperamento? E mais: por que se sentem na obrigação – moral ou existencial – de explicar alguns fenômenos difíceis de explicar ou mesmo inexplicáveis?

Vejamos agora um trecho (grifos meus) de *Fidel Castro, uma biografia consentida: tomo I – do menino ao guerrilheiro*, da jornalista brasileira Claudia Furiati. Esta biografia de subtítulo incomum abre-se com uma declaração do comandante Jesús Montané à autora, em nome de Fidel Castro, em setembro de 1997: "Esta não é uma biografia autorizada, muito menos oficial. Trata-se de uma biografia consentida. Somente a lerei após sua publicação. Reservo-me o direito de dela discordar, se achar conveniente". Jesús Montané faleceu antes de a biografia ser publicada. Eis o trecho:

A memória era especialmente privilegiada, quem sabe *uma herança do avô D. Pancho*. Lia um poema e o retinha imediatamente. (tomo I, p.62) Crenças e ritos pareciam-lhe mecânicos. Sua *convivência com uma mentalidade maniqueísta durava já alguns anos*. Mas, ao lado do estímulo à autodeterminação, à investigação científica e do próprio gosto de Fidel pelo aperfeiçoamento, além dos códigos morais, integrantes da doutrina cristã e do próprio *arquétipo do cavalheiro espanhol – refletido na figura do pai –, os dogmas neutralizaram-se na construção de sua personalidade.* (tomo I, p.119)

A memória "privilegiada" de Fidel seria herança do avô D. Pancho? Nada contra esse tipo de indagação, e pode até ser que a resposta, se existente, seja um sim. O problema é que Cláudia Furiati não contextualiza, não detalha, não explicita sua hipótese. Essas formulações apressadas e rasas são recorrentes em biografias.

Ruy Castro também ocupou-se das origens consanguíneas do ex-jogador de futebol Mané Garrincha em *Estrela solitária.* Remontou-as até meados do século XIX, quando os bisavós de Garrincha, índios fulniôs, foram expulsos de seu aldeamento em Pernambuco. Os fulniôs, segundo Ruy, viviam desde o século XVIII em uma reserva no sertão baixo de Pernambuco, a poucos quilômetros da divisa com Alagoas. Em 1860, os fulniôs eram cerca de setecentos indivíduos, e um dos últimos grupos indígenas da região. Dez anos depois, o aldeamento foi extinto.

As influências da ascendência sobre a personalidade de Garrincha são exploradas precariamente. Algumas passagens da vida do Garrincha, segundo Ruy Castro, soam frouxas, caso desta:

> Em tempos mais heroicos, seus captores teriam de persegui-los [os fulniôs] pelas florestas de pau-brasil, arriscando-se a ser vergonhosamente driblados. Mas a arte de driblar – de iludir o perseguidor, desmoralizá-lo e deixá-lo derrotado para trás – parecia ser já *uma habilidade perdida pelos bisavós de Garrincha em meados do século XIX.* (p.8)

Mas, no tópico trabalho, os índios não tinham nada de indolentes ou incapazes. Talvez não fossem brilhantes em testes psicotécnicos – se estes já existissem –, mas *eram muito bons no que faziam.* Se os primeiros colonizadores tivessem explorado as suas grandes especialidades – caçar, pescar, desbravar matas,

BIOGRAFISMO **47**

abrir picadas, servir de guia, construir choupanas –, o jovem Brasil seria um piquenique tropical, e um mar de sangue teria sido economizado. Mas os colonizadores tentaram obrigá-los a lavrar a terra, coisa que os guerreiros, com toda razão, achavam sedentário e chatíssimo. E, como se não bastasse, os jesuítas insistiam em vesti-los, alfabetizá-los e salvar suas almas por atacado, sem perguntar se seus corpos estavam de acordo. Donde as guerras e os massacres, em que os nativos levaram disparado a pior. (p.8)

A ascendência indígena de Garrincha não deve ter sido mencionada desta maneira por acaso. Ruy parece querer que acreditemos que o endiabrado ponta-direita driblador do Botafogo do Rio e da seleção herdou (teria sido geneticamente?) o "jogo de pernas" de seus antepassados. Pergunta-se: esta é mesmo uma característica dos índios fulniôs? Se sim, só deles?

Há três traços da personalidade de Garrincha que são marcantes do início ao fim de *Estrela Solitária*: temperamento indomável, sujeito difícil de domesticar ou de enquadrar em normas e leis rígidas; compulsão ao álcool e ao sexo; e simplicidade – a tal alma de passarinho, em torno da qual se construiu um mito em torno desse que, quando criança, era um craque improvável.

Ruy insinua que o temperamento indomável vem da origem indígena, da vida solta na floresta e da infância de caça e pesca em Pau Grande (RJ), a cidade natal. A compulsão ao álcool e ao sexo Garrincha teria herdado do pai, Seu Amaro, a "máquina de fazer sexo", no dizer de Ruy. A simplicidade, por sua vez, seria uma consequência do ambiente humilde em que cresceu. Os seguintes trechos atestam isso:

Se alguém o chamasse de priápico, ele [Seu Amaro, pai de Garrincha] talvez puxasse a peixeira para sangrar o cabra que o estava ofendendo. A palavra não constava dos seus glossários. Mas, se lhe explicassem o que era, iria concordar e achar graça – embora modestamente atribuísse parte de seus poderes român-

48 SERGIO VILAS-BOAS

ticos a uma possante dieta matinal: mocotó, ovos de pata, água de cipó-cravo e chá de catuaba, que o vulgo considera afrodisíacos. Resta saber até que ponto a dita hiperatividade sexual de Amaro resistiu aos açudes de cachaça que tomou.

Como todos os seus irmãos (menos Mané Caieira), Amaro era alcoólatra. O consumo de cachimbo [*gíria para cachaça*] desde criança fizera crescer a sua tolerância ao álcool e ele teve muitas ocasiões de demonstrar uma invejável resistência – não importando quantas pingas tomasse. E era filosófico a respeito: a cachaça servia para alegrar as pessoas, não para degradá-las. Por isso não gostava dos bebuns que enchiam a cara em botequins ou que caíam pelas ruas. Lugar de beber era em casa ou em casa dos outros, ele dizia. Amaro seguia o próprio conselho à risca – só que o dia todo. (p.24)

Aos poucos, Amaro foi saindo de cena. Mas, à sua sombra, já vingava alguém que o suplantaria em todas aquelas capacidades – e cuja estrela continha um brilho próprio e insuspeitado. (p.25)

Ruy Castro reconstrói seu personagem a partir de uma percepção linear-evolutiva-cronológica, com uma visão uniangular das causalidades. Essa é uma "opção" da maioria dos biógrafos, que preenchem páginas e páginas à procura dos ancestrais de seus biografados talvez por acreditarem que os ancestrais consanguíneos necessariamente moldam as gerações seguintes.

Biógrafos adoram recorrer a pais, avós e bisavós para tentar explicar temperamentos, atitudes destrutivas, decisões arriscadas, fracassos, repetições, compulsões, estranhezas, conquistas etc. Há os que explicitam ou insinuam relações de causa e efeito entre o passado e o presente; outros preferem apenas cumprir um ritual: fornecer registros informativos sobre familiares.

ALBERTO DINES, DIFERENTEMENTE, não consumiu dezenas de páginas de informações sobre descendência consanguínea. Da primeira edição para a mais recente, percebo a inserção de novos dados sobre a árvore genealógica de Stefan Zweig. Mas Dines não se alonga nisso. Apenas registra, em não mais que duas páginas, a trajetória familiar, partindo do século XVIII, até que o seu Zweig "nasce": "Quando nasce Stefan, em 28 de novembro de 1881, a Áustria está sendo sacudida pelas primeiras ondas de antissemitismo insufladas por Georg von Schönerer que depois, com o escritor já adulto, desaguarão nas outras, mais extremadas, de Karl Lueger".

Seguem-se, depois disso, rápidas referências à mãe e ao pai de SZ: "De um lado, o equilíbrio paterno, do outro, a vitalidade materna – no meio, Alfred e Stefan. Nascido este, o caçula, Ida perde a fertilidade, menopausa precoce ... Abandonada pela natureza, abandonou as crias. Moritz, o pai, também faz as vezes de mãe, compensação que não evita carências básicas. Além disso, uma surdez prematura agrava o espírito irrequieto de sua bela mulher. O ouvido duro aumenta a determinação em moldar o pequeno mundo a seu gosto. Os filhos são o primeiro alvo desse terno despotismo".

Seus breves *inputs* não facilitam nem dificultam minhas interpretações como leitor. Estão apenas lançados, registrados como num boletim. Não compõem um painel, não realçam o conjunto orgânico. O que realmente me chama a atenção é o comedimento de Dines, que preferiu (ou simplesmente não pôde) deter-se longamente na reconstrução genealógica. Há saltos rápidos. Na página seguinte ao nascimento, Zweig já surge com quinze anos de idade, e sua vida retoma o curso essencial. Algo incomum no panorama do biografismo brasileiro atual.

ESTAMOS NO ÂMBITO DA EXPERIÊNCIA cultural interativa – eu na posição de um dos leitores das biografias escritas por Bojunga, Furiati, Castro, Morais, Dines e outros. Dentro desse cenário, me pergunto se, do ponto de vista do biografismo, é sensato formular afirmativas deterministas/reducionistas cujas explicações conduzam, necessariamente, a pais, avós, bisavós, parentes; e se invocar a ascendência consanguínea quando não se sabe exatamente os porquês de uma atitude ou característica é recurso, falta de recurso ou estreiteza filosófica.

James Hillman, psicólogo humanista, critica a obsessão da maioria dos biógrafos por uma árvore genealógica explicativa de tudo: "Nossas biografias e o histórico de nossos casos começam com nos-

50 SERGIO VILAS-BOAS

sos pais e o lugar em que nascemos. Às vezes remontam a quatro avós; nos melhores casos, até a oito bisavós. A maioria tem uma genealogia que termina em mamãe e papai, alguns em mamãe mesmo – já que papai está sempre ausente". (ibidem, 1997, p.101)

Os sociólogos Peter Berger e Thomas Luckman, por outro lado, afirmam que há sempre uma história que antecede o nascimento do indivíduo e que não é acessível a sua lembrança biográfica. Já existia antes de ter nascido e continuará a existir depois de morrer. Esta própria história, tal como a tradição das instituições existentes, adquiriu, segundo Berger e Luckman, um estatuto de objetividade.

Ou seja, a biografia do indivíduo é apreendida como um episódio localizado dentro da história objetiva da sociedade: "As instituições, como facticidades históricas e objetivas, defrontam-se com o indivíduo na qualidade de fatos inegáveis. As instituições estão *aí*, exteriores a ele, persistentes em sua realidade, quer ele queira, quer não". (Berger e Luckmann, 1987, p.86)

As mães, por exemplo. A mãe como a figura dominante na vida de todo mundo é mito permanente na história da humanidade, e ela deve ter mesmo um peso mitológico considerável. Atrás de cada mulher que dá à luz e cuida de um ser está a grande mãe universal sustentando o universo de um "sistema de crenças" que Hillman chama de "falácia parental", ou seja: "a fantasia da influência dos pais sobre a infância, algo que nos segue pela vida afora muito depois de nossos próprios pais se tornarem apenas fotos esmaecidas; portanto, muito do poder que eles têm vem da *ideia* desse poder". (ibidem, op. cit., p.30)

Devido a essa "falácia parental", as formulações acabam girando desorientadamente em torno de pais, avós, bisavós etc. É como se os biógrafos, ao embarcarem nessa "falácia", estivessem substituindo a figura mitológica – que, sendo mitológica, possui uma história falsa por fora, mas verdadeira por dentro, no dizer de Joseph Campbell – por uma figura hereditária (genética) e formadora (inexoravelmente).

PERGUNTO A DINES: pai e mãe formatam pessoas reais ou apenas os biografados das biografias? Acho que as duas coisas, de certa forma. Discordo somente do verbo formatar, no caso. Mas, para mim, é evidente que pai e mãe fornecem uma moldura e geram as mensagens que vão ficando. Não são relações diretas. São sutis. Porque a vida é sutil. A relação com os pais é feita de gotas, vapores. Mas, às vezes, sim, a coisa é direta mesmo.

Considero o fato de muitos biógrafos concluírem *a priori* que pais são (ou foram) absolutamente importantes para o biografado e, por causa disso, é absolutamente indispensável falar deles na biografia. E replico: Dines, a impressão que tenho é de que os biógrafos são prisioneiros de um ritual: fornecer informações sobre pais, avós, enfim, sobre ascendentes consanguíneos de maneira geral, independentemente de uma relação causal plausível.

Mas, na maioria das vezes, essas informações nem fazem sentido. Elas sequer permitem aflorarem *insights* sobre o que vem depois. Soam automáticas, lançadas ao vento, inorgânicas. Por outro lado, há os biógrafos que interpretam os pais *a priori*, levando-me a acreditar que fulano foi assim porque o pai e/ou a mãe foram assado. Nesse quesito, você, em poucas páginas, informou e concluiu, simultaneamente...

Em visão retrospectiva, agora que conheço melhor os meus pais, me sinto realmente filho deles. Não apenas pelo caráter sanguíneo, mas também intelectual e existencialmente. Em minha vida, vejo certas coisas, hoje, que... Não tô tentando forçar uma interpretação, mas vou te dar um exemplo. Tenho um grande amigo, um amigo de infância, sujeito formidável, pouco mais velho que eu, professor de Medicina Legal, que ficou cego. Outro dia ele me telefonou e, durante a conversa, me disse: "Puxa, Alberto, não posso esquecer sua casa. Eu ia na sua casa e via aquela estante de livros de seu pai. Era uma estante tão bonita. Todos aqueles livros encadernados e organizados...". E eu, claro, não me esqueço da tal estante.

Isso aqui, ó... Dines aponta, genericamente, para as lotadas estantes de seu escritório de trabalho que ocupa uma casa inteira alugada na Laboriosa – pequena rua sem saída em Vila Madalena, São Paulo. Uma das salas do escritório-casa está ocupada por sua segunda mulher, Norma Couri, e outra pela secretária Maritza. Além de um banheiro e uma cozinha plenamente operantes, há um cômodo central sufocado por estantes de aço abarrotadas de obras agrupadas dentro de uma ordem indisciplinada, mas perfeitamente plausível.

Nas paredes, fotos, charges, quadros, cartazes, caricaturas de Dines assinadas por ilustradores famosos, como Lan, e placas. Do lado de fora, acima da porta de entrada, duas fileiras de doze azulejos brancos intercalados por arabescos e rodeados por trepadeiras bem trançadas cujas folhas esparsas lembram as do plátano. Sobre os azulejos, em letras grandes, uma identificação: "Jornalistas Associados" – uma palavra sobre a outra. Atrás da tela do computador de Dines, ou seja, diante dele, outra placa em papel plastificado: "Of all those arts in which the wise excel, nature's chief masterpiece is writing well" (John Sheffield, *Essay in Poetry*, 1682). Resta uma frase não pendurada em lugar algum, e que não sai de sua cabeça: "O jornalismo é a busca das circunstâncias".

...Isso aqui, ó..., são as estantes de meu pai, só que multiplicadas. (*Sorri.*) Quando eu tinha mais recursos, encadernava tudo em couro. Hoje não tenho condições de fazer isso. Sosseguei espiritualmente só há pouco tempo, quando consegui trazer os caixotes com livros meus e de meu pai, que estavam na minha antiga casa, no Rio de Janeiro... Levanta, por favor.

Nós dois vamos até a janela. Dines aponta para o lado de fora, na direção da garagem. Tá vendo aquele contêiner ali? Aluguei e coloquei ali. Pago um valor por mês. Esse contêiner (pintado de branco) tem porta, janela, luz. Se a gente quiser, esse contêiner pode até ter ar-condicionado e um banheiro pequeno. É muito usado em canteiros de obras. (*Ao fundo, ouvimos Chopin na rádio Cultura FM.*) Pois bem. Aqui, nesta sala, estão os livros e documentos sobre Stefan Zweig e Antônio José da Silva, o Judeu. E livros sobre biografismo. Devia estar mais organizado, mas não está, infelizmente. Não consigo mais organizar...

Por outro lado, testemunho um sintoma de organização: Dines viajara com sua mulher Norma para Cartagena das Índias no dia 31 de maio de 2006 para uma visita de trabalho à Fundación para un Nuevo Periodismo Ibero-Americano (FNPI), criada por Gabriel García Márquez. No dia seguinte, fui ao escritório de Dines devolver/buscar material de pesquisa, conforme havíamos combinado. Também entrei em sua sala de trabalho para fotografar seus retratos e caricaturas na parede. Apesar da alta densidade de objetos, livros e papéis, sua mesa parecia perfeitamente "engatilhada" para suas tarefas da semana seguinte, como um jogo de dominó finalizado. Para mim, foi como se a sala onde tantas vezes dialogáramos contivesse Dines mesmo em sua ausência.

Olha, acho que o biógrafo não é obrigado a se prender a avós, bisavós, tataravós... Mas deve se preocupar com pai e mãe, sim. Pelo menos pai e mãe, que podem ser personagens fascinantes, caso da mãe do Zweig, por exemplo. Nas duas primeiras edições eu a desenhei bem. Na terceira edição, desenvolvi um pouco mais o pai. Às vésperas do suicídio, SZ escreveu algo assim em suas memórias: "Estou me aproximando de meu pai". Mas o lado materno pesou mais na formação dele. A mãe dele era muito presente, muito controladora.

JAMES HILLMAN QUESTIONA a noção de "pais supremos", que nutrem, sufocam, castigam, devoram, protegem, amam, corrigem, inspiram, moldam... Tenha a mãe o caráter que tiver, ela também é fruto de suas escolhas, e seu destino não é, propriamente, o destino do(a) filho(a), diz Hillman. Mas os biógrafos continuam à espreita principalmente das mães e pais de seus biografados. Falam de mães maravilhosas ou más como agentes do destino por trás de homens e mulheres publicamente conhecidos.

O ponto central está na tendência a dar à mãe uma grandeza mítica, confundindo o poder de sua imagem arquetípica[1] com elementos que vêm de dentro do próprio biografado, que são os "chamados íntimos". (Hillman, op. cit., p.81) Não se trata de descartar a figura da mãe e do pai como um dos aspectos (de)formadores de uma personalidade. O importante, a meu ver, é não aceitar previamente que o biografado seja mero efeito, mera consequência do que seus pais foram ou deixaram de ser; e não sair à cata de dados sobre pais automaticamente, apenas para indicar que existiram.

---

1 Arquétipo é um conceito elaborado pelo psicanalista suíço Carl G. Jung a partir da observação de temas típicos bem definidos, presentes nos mitos e na literatura universal, que se repetem nos sonhos, imagens, fantasias, delírios e alucinações de qualquer indivíduo. "Teoricamente, não se pode conhecer completamente o arquétipo nem esgotá-lo." (Grinberg, 1997, p.222)

...SENTAMOS NOVAMENTE. Dines faz uma pausa reflexiva, antes de retomar. Então, a mim me chama a atenção que as pessoas não acontecem por acaso. A humanidade não acontece por acaso. Essa coisa de que o homem é produto do meio, sim, mas qual é o seu primeiro meio? É a família, sobretudo pai e mãe. Nós somos frutos dos nossos pais, da nossa família. Acredito nisso. Aliás, me vejo como uma combinação de meus pais. Uma alquimia. Metade da minha mãe, Rachel, metade do meu pai, Israel. Não sei onde começa um nem onde termina o outro. Mas estão em mim. Herdei a sensibilidade de minha mãe e o senso de organização e operação do meu pai.

De repente, logo em seguida às rápidas pinceladas sobre Moritz e Ida, pais de Stefan Zweig, Dines escreveu: "Tudo o que Stefan fez na idade adulta contém um antagonismo a algo da infância, rebeldia tardia e torta. Talvez por isso permaneça como a eterna criança, mimado, ávido de reconhecimento. Em casa, sofria com o bulício armado pela mãe mandona, mas nos lares que reconstrói ele impõe silêncio. A opulência da família, sobretudo os luxos da mãe, sempre competindo com a tia nos vestidos e joias, provoca nele um ascetismo que, por vezes, faz com que se sinta realmente pobre, num 'romance familiar' às avessas. Fascinado pela pobreza, surpreende-se com o dinheiro a seu dispor".

Cheguei a essa conclusão porque a casa de SZ estava sempre cheia e era muito barulhenta. Os deslocamentos no verão eram verdadeiros comboios. Ao que tudo indica, Dona Ida era quem gostava daquelas grandes *entourages*. Mas confusão, balbúrdia, aglomeração, mistura de gente, não era com ele, não. Esse aglomerado familiar foi um dos fatores responsáveis – e eu não desenvolvi muito isso – por ele ter sempre optado por ambientes reclusos.

Zweig não era dado a aconchegos familiares. Não se deu bem com as duas filhas do primeiro casamento da Friderike. Ele próprio não quis ter filhos, nem com Friderike nem com Lotte, a segunda mulher. SZ se recolhia. Vejo nas atitudes dele uma tentativa de se opor aos paradigmas da família. Ele tinha um quê de narcisista, de querer ficar só consigo mesmo: "Pouco amor, muita gente... O burburinho familiar, acrescido da presença de criadas e governantas, assim como as vertiginosas viagens de verão com a enorme comitiva aos spas em voga na Europa, criaram nele uma defesa contra a pressa. No entanto, foi um apressado".

Dines retorna à sala, vindo do banheiro, dizendo... Sabe, fazer arqueologia pessoal – isso que creio estarmos fazendo – é uma coisa bem judaica. Os aforismos contidos nas primeiras edições também? Acho que sim. Em vez de aforismos, eu diria parábolas. Talvez até por uma deficiência de gosto, me aferrei ao aforismo. Zweig, aliás, era muito aforístico. Na terceira edição, limpei os aforismos. Foi natural. Percebi por mim mesmo. Por isso acho as revisões uma coisa positiva.

A AUTOMÁTICA INFUSÃO PARENTAL em biografias fora detectada em narrativas biográficas de maneiras diversas. O sociólogo Leo Lowenthal, pensador da Escola de Frankfurt, por exemplo, teorizou sobre o triunfo dos ídolos de massa. Seus objetos de estudo foram biografias de celebridades escritas na primeira metade do século XX, e o pano de fundo foi a crítica sistemática aos valores da indústria cultural e da cultura de massa.

Lowenthal detectou em sua pesquisa que as relações pessoais dos "heróis" biografados eram limitadas a dois grupos – os pais e os amigos. Ambos os grupos eram tomados em um sentido bastante específico. Os pais se vinculavam a relações mais ancestrais; os amigos, por sua vez, eram reduzidos a suporte para a "ascensão magnífica" do biografado. Na maioria das narrativas estudadas, notou-se que o pai ou a mãe do biografado, ou o passado de sua família em geral, eram mencionados recorrentemente, segundo Lowenthal:

> O fato curioso não é que os autores mencionem os pais, e sim que tenham tanto a dizer acerca deles e tão pouco acerca dos outros relacionamentos. É como se o autor quisesse impor ao leitor que seu herói, em considerável medida, fosse entendido em termos de herança biológica e regional. É uma espécie de conceito darwiniano primitivo dos fatos sociais: a tendência de colocar o peso da explicação e da responsabilidade sobre os ombros da geração anterior. O indivíduo em si surge como mero produto do seu passado. (ibidem, 1961, p.119)

Por outro lado, a esfera das relações com o sexo oposto era subtraída da narrativa biográfica, o que Lowenthal considerou um "fenômeno intrigante". A predileção dos biógrafos por atores e atrizes de teatro ou cinema, cantores de casas noturnas etc., poderia estar associada, então, a uma curiosidade especial pelas relações amorosas dessas pessoas. "Mas este não é absolutamente o caso. O campo do amor, da paixão e até mesmo do casamento parecem dignos de ser mencionados apenas em termos de estatísticas de vida". (ibidem, p.123)

A infância não aparecia nem como pré-história ou chave para o caráter do indivíduo, tampouco como palco de transição para o crescimento e formação da diversidade abundante do adulto. A infância não passava, segundo Lowenthal, de uma versão miniaturizada do futuro gigante bem-sucedido profissionalmente:

> A atmosfera psicológica recende a comportamentalismo num nível bastante primitivo. A infância, bem como aquele vago reino dos instintos, representa, por assim dizer, o *background* biológico do qual emerge uma variedade de qualidades humanas. É uma psicologia que não mostra nenhuma necessidade de perguntar por que e, precisamente no mesmo sentido em que tentamos demonstrar para a sociologia, atesta a transformação do culto de uma personalidade espontânea em adoração a um ente formado e moldado por forças externas. Essas pessoas vivem em um limbo de crianças e vítimas. O caminho conduz ao que estamos inclinados a chamar de "psicologia de comando", porque as pessoas não são concebidas como agentes responsáveis pelo seu destino em todas as fases de suas vidas, e sim como portadoras de traços de personalidade úteis, ou não tão úteis, coladas a elas como enfeites ou estigmas de vergonha. (ibidem, p.125)

Impregnado dessas percepções, Lowenthal critica a mitologia do sucesso em pelo menos dois preceitos importantes: privação e ruptura. Os percalços e as dificuldades na escalada para o sucesso, por exemplo, eram discutidos em termos estereotípicos. "Sempre ouvimos de novo que o trajeto é duro e penoso."

No modelo de "normalidade humana" dos biógrafos analisados por Lowenthal não havia espaço para a individualidade. Rejeitava-se a erupção emocional; as feridas abertas deixadas aos pobres gregários e às pessoas temperamentais, por exemplo; a completa falta de comportamento criativo e passional entre as qualidades avalizáveis.

A cultura ocidental tende a confundir sucesso com dinheiro e fama com estar em evidência (na mídia). É um enfoque genérico e ainda bastante próximo do que Leo Lowenthal detectara. Raramente se consegue avaliar o valor das pessoas que não se destacam, sob a justificativa ingênua de que indivíduos competentes estarão necessariamente em evidência (na mídia).

Com esses comentários furtivos sobre o trabalho – um tanto datado, diga-se – de Leo Lowenthal, sinto que tangemos o tema predestinação (ou *fatalismo*, capítulo 2). Mas, antes, é preciso dizer que essa crença de que a descendência consanguínea explica o caráter não é uma convenção tácita apenas do modo biográfico de narrar. É também uma questão de método. Um dos pressupostos dos métodos biográficos em Ciências Sociais, por exemplo, é exatamente o das origens familiares.

Norman Denzin, em um mapeamento dos vários métodos e princípios que têm regido a pesquisa biográfica em Ciências Sociais, lembra-nos de que o gênero biografia está calcado no pressuposto de que a família é a origem da formação do indivíduo; e de que essa "crença", sendo parte do "gênero biográfico", leva quase todo texto biográfico a virtualmente começar pelas origens familiares, como aponta Denzin:

> Origens familiares: essas produções estão calcadas no histórico familiar, as biografias, as presenças e as ausências de pais e mães. É como se o autor de uma autobiografia ou biografia devesse começar com a família, encontrando assim o ponto zero da origem da vida biografada ... Esses "outros da família" são

58 SERGIO VILAS-BOAS

vistos como tendo importantes efeitos estruturadores. (ibidem, 1989, p.18)

Precisamos considerar que em nenhum outro espaço social o lugar do indivíduo é tão fortemente marcado como no cenário familiar. No seguinte sentido: uma pessoa pode ir morar em outro país; um brasileiro pode naturalizar-se japonês; um leigo pode se tornar sacerdote; um atleticano virar cruzeirense; um pefelista virar petista etc. Já o parentesco e a consanguinidade são inalteráveis.

Sigmund Freud (1856-1939) é a grande referência para esse modo inalterável de biografar, essa concepção genética, consanguínea, parental de explicar traços de personalidade. Na virada do século XIX para o XX, Freud forneceu novos contornos à compreensão do comportamento humano, e seus estudos sobre o inconsciente alteraram significativamente o fazer biográfico também. Até hoje os biógrafos invocam Freud para, digamos, colocar em prática (implicitamente) a expressão popular "Freud explica...".

Raros os biógrafos contemporâneos que leram a obra de Freud detidamente. *(Um que muito provavelmente fez isso é Peter Gay, o biógrafo de Freud.)* Apesar da relativa ignorância sobre o que o psiquiatra austríaco realmente escreveu e propunha, biógrafos continuam se expondo ao risco da "psicanalisação" vazia, com base em complexos de Édipo, sexualidades infantis e outras ideias. Quando os biógrafos não invocam Freud, parece que os resenhistas de biografias e literatos se desconfortam, o que pode apontar na direção de uma "mentalidade freudiana persistente" no campo do biografismo.

DEVE HAVER ALGO DE FREUDIANO nessa preocupação dos biógrafos com os pais. Talvez porque Freud ainda tenha muita importância em biografia. Freud esculhambou a arqueologia biográfica porque acreditava que a biografia podia competir com a sua Psicanálise. Acho a Psicanálise uma ferramenta importante. Não que o biógrafo deva ser um analisando ou um psicanalista. Mas precisa, por exemplo, conhecer os mecanismos do inconsciente para entender o biografado e a si próprio, pois é inevitável você sobrepor a sua autobiografia à biografia do outro. No meu caso, pelo menos, foi assim. (*Risos.*)

Dines não apenas acredita na importância de Freud como uma das referências para a estruturação de biografias como teve de se ocupar tematicamente do "pai da psicanálise", que foi amigo de Stefan Zweig:

> O entusiasmo com que Freud recebeu os ensaios biográficos anteriores de Stefan (e o discreto elogio ao perfil de Mesmer) mostram que sua aversão não se dirige à biografia, como gênero, mas aos biógrafos convencionais: "[Eles] nos apresentam uma figura fria, estranha ou ideal, em vez de um ser humano com o qual poderíamos nos relacionar facilmente... para saciar suas fantasias infantis, abandonam a oportunidade de penetrar nos mais fascinantes recantos da natureza humana".

O Donald Prater, primeiro biógrafo de SZ, anterior a mim, um inglês sofisticado, diplomata, cultíssimo, não agiu como um "biógrafo freudiano". Mas Prater mapeou bem o relacionamento pessoal, às vezes amigável, por vezes conflituoso, que Zweig manteve com Freud. Ao Prater faltou, a meu ver, substância existencial, densidade psicológica. O texto dele é muito factual, reflexo de seu modo de ser. Prater era muito voltado para coisas científicas, matemáticas. Além do mais, ele foi o primeiro a biografar Zweig, ou seja, não teve tutores...

O PROBLEMA É QUE, EM UMA pessoa viva, o herdado (geneticamente) e o adquirido (socioculturalmente) não podem estar separados, embora alguns progressos médicos na direção das origens genéticas de doenças tenham restaurado uma impressão geral de que a hereditariedade (genética) influencia qualquer traço de comportamento e temperamento. Isso tem raízes antigas e profundas.

Desde a Antiguidade, os filósofos naturais tinham alimentado a ideia de uma "grande cadeia do ser". Essa cadeia, entretanto, era concebida como uma hierarquia estática, que começava em Deus, no topo, e descia, por intermédio de anjos, de seres humanos e de animais, até chegar às formas inferiores de vida. O número de espécies era fixo; não mudara desde o dia de sua criação. "Essa ideia das espécies biológicas estava em completa concordância com a doutrina judaico-cristã e ajustava-se bem ao mundo newtoniano." (Capra, 1997, p.6)

Jean-Baptiste Lamarck foi o primeiro a propor uma teoria corrente da evolução, segundo a qual todos os seres vivos teriam evoluído com base em formas mais primitivas e mais simples, sob a influência do meio ambiente. Embora os detalhes da teoria de Lamarck tivessem de ser abandonados mais tarde, esta representou o primeiro passo importante para o estabelecimento das bases da genética moderna.

Muitas décadas depois de Lamarck, ainda no século XIX, foi que Charles Darwin (1809-1882) apresentou aos cientistas uma esmagadora massa de provas em favor da evolução biológica, colocando o fenômeno acima de qualquer dúvida, na época. Apresentou também uma explicação baseada nos conceitos de variação aleatória – atualmente conhecida como mutação randômica – e seleção natural, que continuariam sendo as pedras angulares do moderno pensamento evolucionista.

A Teoria da Evolução foi a principal contribuição da Biologia para a história das ideias no século XIX. Obrigou os cientistas a abandonarem a imagem newtoniana do mundo como uma máquina que saiu totalmente construída das mãos do criador e a substituírem-na pelo conceito de um sistema evolutivo e em constante mutação. Daí em diante, biólogos puderam explicar os mecanismos físicos e químicos da hereditariedade em animais, sem conseguir compreender a natureza essencial do desenvolvimento e da evolução.

Darwin especulou sobre o efeito do isolamento geográfico das espécies presentes nas ilhas Galápagos. Outra das várias influências importantes sobre o pensamento de Darwin foi a ideia de "luta competitiva pela sobrevivência", elaborada pelo economista Thomas Malthus (1766-1834). Dessas observações e estudos surgiu o duplo conceito em que Darwin sustentou sua teoria: o conceito de variação aleatória, que mais tarde seria chamado de mutação randômica, e a ideia de seleção natural por meio da "sobrevivência dos mais aptos".

BIOGRAFISMO **61**

Darwin publicou sua Teoria da Evolução em 1859, explicitada na obra *A origem das espécies*, e completou-a doze anos depois com *A origem do homem*, em que o conceito de transformação evolucionista de uma espécie em outra é ampliado, passando a incluir os seres humanos. Darwin mostrou que suas ideias acerca dos traços humanos estavam fortemente impregnadas do preconceito patriarcal de seu tempo, apesar da natureza revolucionária de sua teoria, na época.

Mas logo ficou claro que as variações aleatórias, tal como postuladas por Darwin, nunca poderiam explicar o surgimento de novas características na evolução das espécies. As noções sobre hereditariedade no século XIX fundavam-se no pressuposto de que as características biológicas de um indivíduo representam uma mistura das de seus pais, contribuindo ambos os genitores com partes mais ou menos iguais para a mistura.

Isso significava que o filho de um genitor com uma variação aleatória útil herdaria apenas 25% dela à geração seguinte. Assim, a nova característica seria rapidamente diluída, com muito pouca probabilidade de se estabelecer através da seleção natural. O próprio Darwin reconheceria que essa era uma séria lacuna em sua teoria, para a qual não tinha encontrado solução.

No século XX, a genética tornou-se uma das áreas mais ativas da pesquisa biológica e proporcionou forte reforço à abordagem cartesiana dos organismos vivos. Não tardou a ficar claro que o material de hereditariedade estava contido nos cromossomos, corpos delgados presentes no núcleo de toda célula. Foi reconhecido pouco depois que os genes ocupavam posições especiais dentro dos cromossomos.

Com essas descobertas os geneticistas acreditavam ter fixado os "átomos de hereditariedade", e passaram a explicar as características biológicas dos organismo vivos em termos de suas unidades elementares (os genes), cada gene correspondendo a um traço hereditário definido. Em seguida, porém, novas pesquisas mostrariam que um único gene pode afetar uma vasta gama de traço e que, inversamente, muitos genes separados combinam-se frequentemente para produzir um só traço.

Trazer à condição humana as vivências de pessoas reais

Outra falácia da abordagem reducionista em genética é a crença de que os traços de caráter de um organismo são determinados unicamente por sua composição genética. Esse "determinismo genético" é uma consequência direta do fato de se considerar os organismos vivos como máquinas controladas por cadeias lineares de causa e efeito. Ignora-se o fato de que os organismos são sistemas de múltiplos níveis, estando os genes implantados nos cromossomos, funcionando os cromossomos dentro dos núcleos de suas células, as células embutidas nos tecidos, e assim por diante. Todos esses níveis estão envolvidos em interações mútuas que influenciam o desenvolvimento do organismo e resultam em amplas variações da "cópia genética", como nos lembra Capra:

> Nos anos 1970, a falácia do determinismo genético deu origem a uma teoria amplamente discutida, conhecida como sociobiologia, na qual todo comportamento social é visto como predeterminado pela estrutura genética. Numerosos críticos assinalaram que essa teoria, além de cientificamente infundada, é também muito perigosa. Ela encoraja justificações pseudocientíficas para o racismo e o sexismo, por exemplo, ao interpretar as diferenças no comportamento humano como geneticamente pré-programadas e imutáveis. (ibidem, p.108)

De Gregor Mendel (1822-1884) a James Watson e Francis Crick, houve marcas indeléveis nas pesquisas sobre hereditariedade, ao ponto de ainda acreditarmos que somos feitos de estruturas hereditárias de genes tanto quanto somos criados por Deus (Teologia), pela Economia (Marx), pela sociedade (Durkheim e outros). A espiral do DNA contém o código que representa um papel fundamental no governo de nossas vidas, física, psicológica e espiritualmente falando?

Uma prova cabal seriam os estudos com gêmeos idênticos. Os gêmeos univitelinos têm DNA idêntico. São geneticamente iguais.

A mesma informação genética está codificada em ambos, da mesma forma. À exceção dos gêmeos univitelinos, todas as pessoas são geneticamente diferentes umas das outras. Ah, então os gêmeos univitelinos são exatamente iguais? Não são. Coincidem apenas em 90% para o caso de dez características físicas, como cor dos cabelos, contorno da nascente dos cabelos, tipo sanguíneo, cor dos olhos, posição dos dentes, número de sulcos na impressão digital. Mas a coincidência começa a diminuir à medida que entram fatores mais psíquicos. Mesma altura, peso e compleição não coincidem tanto, enquanto a expressão facial e a suscetibilidade a doenças como diabetes, úlcera, câncer de mama e hipertensão coincidem ainda menos. (Plumin; De fries; McClean, 1990, p.314)

A individualidade de cada ser humano não é apenas um artigo de fé religiosa ou um axioma da mente ocidental. A individualidade humana é também uma quase certeza estatística. Cada um de nós tem a capacidade de gerar $10^{3.000}$ ovos ou espermatozoides com conjuntos únicos de genes. Se considerarmos $10^{3.000}$ possíveis ovos sendo gerados por uma mulher e a mesma quantidade de espermatozoides sendo gerada por um homem, a probabilidade de haver ou ter havido alguém com o nosso conjunto de genes torna-se ínfima. (Hillman, op. cit., p.35)

James Hillman propõe que não podemos pensar nossas biografias apenas como uma progressão numa linha que vai do nascimento à morte, pois esta é apenas a dimensão temporal, uma dimensão linear. O risco é que, mesmo com tantas probabilidades e improbabilidades, velhos dramas como vícios, crimes e pobrezas continuam sendo explicados (tentativamente) conforme um modelo genético.

Essas explicações reverberam bem em ambientes que cultuam pontos de vista rígidos, simplistas e conservadores sobre temas complexos. Winifred Gallagher lembra-nos que cientistas que estudam os meandros das percepções que uma pessoa tem de seus mundos interno e externo trabalham em uma frequência diferente daquela dos cientistas que estudam gêmeos e outros "processos

64 SERGIO VILAS-BOAS

verificadores" de supostas influências genéticas sobre o comportamento. As "explicações genéticas gerais" transportam uma carga ideológica também, afirma Gallagher:

> Mesmo no nível individual, pode-se invocar a hereditariedade ao discutir os "desequilíbrios neuroquímicos" ligados, digamos, à depressão, mas descartá-la totalmente quando se trata de agressão, inteligência ou homossexualidade. Só nos últimos trinta anos, por exemplo, essa última já foi definitivamente declarada uma doença, uma opção ou, mais recentemente, uma predisposição biológica; na ausência de uma única explicação clara – a norma, quando se trata de comportamento humano –, a etiologia a ser invocada depende amplamente da ideologia. (ibidem, 1998, p.80)

Não sinto que os biógrafos nos ofereçam explicações parentais simplistas (evolucionistas) por motivos rigorosamente ideológicos, porém. Minha hipótese é de que agem assim por automatismo, convencionalismo e inadvertência. Como professor de Jornalismo Literário,[2] também conhecido como Jornalismo Narrativo, frequentemente chamo a atenção dos alunos para o humanismo como um dos princípios norteadores de reportagens especiais e livros-reportagem aprofundados, autorais e literários. Por quê? Porque...

---

2 Prática jornalística que utiliza técnicas (somente técnicas) narrativas da literatura de ficção. Edvaldo Pereira Lima oferece uma definição mais detalhada: "Modalidade de prática da reportagem de profundidade e do ensaio jornalístico utilizando recursos de observação e redação originários da (ou inspirados pela) literatura. Traços básicos: imersão do repórter na realidade, voz autoral, estilo, precisão de dados e informações, uso de símbolos (inclusive metáforas), digressão e humanização. Modalidade conhecida também como Jornalismo Narrativo". TextoVivo Narrativas da Vida Real. Verbete elaborado por E.Pereira Lima. Disponível em <http://www.textovivo.com.br/conceitos.htm>.

BIOGRAFISMO **65**

o Jornalismo Literário (JL) é modalidade de expressão do real centrada no ser humano. A pessoa – como indivíduo e como integrante de grupos sociais – é o cerne, a razão de ser, o compromisso do jornalista-autor que produz esse tipo de matéria. Daí a humanização (humanismo) como um dos alicerces para a Literatura da Realidade.[3]

Significa fugir aos estereótipos sociais e conceituais aplicados a pessoas com o objetivo de humanizar, ou seja, trazer à condição humana as vivências de personagens reais. Esse compromisso é mais evidente em perfis e pesquisas com histórias de vida. Mas o ser humano, e a busca por compreendê-lo, é o foco em todo tipo de matéria e em toda editoria de todos os jornais e nas revistas que publicam matérias de Jornalismo Literário (também conhecido como Jornalismo Narrativo), relembra Edvaldo. E está presente de maneira marcante também em livros-reportagem, biografias e documentários audiovisuais.

DINES ACREDITA PROFUNDAMENTE que seus pais lhe foram fundamentais. Assim, voltamos ao assunto descendência e família. Vejo minhas porções pai e mãe sem conflitos. Minha mãe tinha maior senso intelectual, sensibilidade, recolhimento. Meu pai era todo realização, operação, fazer. Meu pai era um militante, um operador. Ele era diretor-administrativo da Sociedade Beneficente Israelita [*antes* Sociedade Beneficente de Amparo aos Imigrantes], mas estava ligado a tudo o que havia de novo na comunidade judaica do Rio.

O sr. Israel Dines (1899-1980) e a sra. Rachel Dines (1904-1976) desembarcaram no Rio de Janeiro em 1927, pouco menos de dois anos depois de se casarem em Rovno, que pertencia à Polônia, então Império Russo. Neste 2006, Rovno fica na República da Ucrânia.

---

3 Trecho de informe geral aos alunos do curso de pós-graduação em Jornalismo Literário da Academia Brasileira de Jornalismo Literário (ABJL), enviado em 7.4.2006.

Minha mãe era linda. A infelicidade no casamento desenvolveu nela uma doença que, hoje se sabe, tem fundo emocional: reumatismo. E teve Parkinson também. Cultíssima, poeta, intelectualizada. Nada militante (ao contrário de meu pai). O apelido na adolescência era "sufragista". Descobri esse traço dela já adulto. E sabe por quê? Porque ela era a favor do voto universal, que, na época, significava voto feminino. As mulheres não votavam.

(Pesquiso e confirmo que as mulheres só puderam votar no Brasil a partir de 1932, com o novo Código Eleitoral promulgado pelo governo de Getúlio Vargas, formado após a Revolução de 1930. Em 1933, as mulheres brasileiras votaram em eleições parlamentares.)

Em certo momento, insatisfeita com o casamento, ela saiu de casa. Foi morar em uma pensão, estudar datilografia e inglês. Imagine o que é fazer isso em 1940, deixar os filhos e ir à luta! Ela era combativa, no sentido existencial, não no político. Tinha um senso moral implacável. Sempre escolhia as coisas difíceis. Um episódio da minha infância que me marcou foi aquele período de ausência dela em casa. Deixou-me marcas, creio. Casa, para mim, é algo muito importante até hoje. É trincheira.

Uns dois anos depois ela voltou pra casa, se reconciliou com meu pai, superaram o drama. Mas a minha infância, cuja história eu adoro, teve esse momento difícil. Não virou a minha vida do avesso, mas marcou. Eu próprio ainda não sei ao certo como nem quanto. Me lembro perfeitamente do dia em que ela partiu. Desci do ônibus, voltando da escola pra casa, e dois colegas, vizinhos, me disseram: "sua mãe foi embora". Eu falei: não, ela saiu, mas volta logo.

Meu pai, que era um "chorão", começou a chorar mesmo. Mandou a gente pra casa da minha tia. Ele ficou desnorteado. Não sabia gerenciar uma casa com dois filhos pequenos. Trocar de casa, pra mim e pro meu irmão, até hoje é uma coisa dramática. Olha, entrei em depressão uma única vez na vida, e foi exatamente nos dias que precederam minha partida pra Portugal, nos anos 1980. Esse episódio também tem a ver com casa.

Norma e eu alugávamos uma casa na Granja Viana e esse apartamento aqui [*no 24º andar de um edifício com algumas paredes de tijolos aparentes em Vila Madalena, São Paulo*]. Na época do Plano Cruzado, tudo congelado, a gente podia alugar dois imóveis sem problemas. Enquanto isso, mantínhamos a casa de São Conrado, no Rio. Pra partir pra Portugal, tive que separar minhas coisas, colocar partes em casas de outras pessoas, uma confusão...

Pausa: Alberto Dines é Dines mas não é Alberto, oficialmente. Na certidão de nascimento está Abrahão Dines. Fui registrado Abrahão Dines, mas sempre fui chamado de Alberto. E não sabia que era Abrahão porque nunca precisei de documentos enquanto criança. Só quando fui fazer o ginásio em outra escola judaica e precisei mostrar a certidão de idade e etc. foi que me apareceu o nome Abrahão. Até então, eu era Alberto. Outro dia achei uns cadernos da escola primária e tava lá, escrito na capa: Alberto Dines. Alberto era um nome que me pertencia. À medida que meus pais foram se entrosando na vida brasileira, me chamavam de Albertinho. Todos me chamavam de Albertinho...

Abrahão (Alberto) Dines nasceu em 19 de fevereiro de 1932. Sugiro a ele falarmos de alguns episódios envolvendo pessoas marcantes em sua vida. Dines logo se refere ao pai, Israel Dines. Então, vamos relembrar "você e seu pai em algum evento marcante". Dines começa a me contar quem era Israel Dines: um ativista comunitário, militante do partido Poalei Tsion ("Trabalhadores de Sion", em hebraico) no Brasil, de orientação socialista e sionista.

Fundador da Sociedade Beneficente Israelita, no Rio de Janeiro, Israel Dines era metódico, organizado e operoso. Conhecia (e intuía) alguns princípios administrativos. Dines vê relações entre o seu modo de ser e o modo de ser de seu pai. Eu dirigi o *Jornal do Brasil* de 1962 a 1973, mas de maneira muito organizacional. Na verdade, eu intuía as coisas e ia fazendo, ia implementando. Organização é importante. Sem ela, o talento não aflora. Precisamos sistematizar pra poder realizar.

Meu pai representou pra mim o "homem de ação". Era secretário administrativo de uma instituição filantrópica grande. Chegavam muitos refugiados nos anos 1930 e 1940. Eu ia ao escritório dele aos sábados, e via ele trabalhando. Havia uma mesa fantástica na sala dele. Uma escrivaninha dessas cheias de gavetinhas, e com uma porta de fechar sanfonada, que corria num trilho. Uma das gavetas era cheia de selos, que ele separava pra mim e pro meu irmão. Selos de cartas vindas de muitos países. Ele tinha uma máquina em iídiche e outra em português. Escrevia usando só dois dedos.

Na sala do meu pai, ficavam ele e uma secretária, e muita gente entrava pra falar com ele. As pessoas precisavam de remédios, iam lá, falavam com ele, e ele atendia. Mandava, coordenava, atendia, correspondia-se. O escritório ficava na rua Joaquim Palhares, 189, praça da Bandeira, Rio. No prédio, um rés do chão enorme, com quintal na frente e atrás, funcionava só a Sociedade Beneficente.

Dines me mostra uma foto de 1930. Seu pai, naquele ano, completara 31 anos. Então, eu ia pra lá pra brincar, aos sábados. Embaixo, no que seria o jardim, havia um florista português, grande florista, onde ele, pra conservar flores, mantinha um laguinho com os maços de cravos, de rosas, de várias flores. Pra que a água não gerasse mosquitos, havia peixinhos de várias cores. E o português deixava a gente pescar. A gente pescava num copo e devolvia o peixe pra água. Aos sábados meu pai trabalhava normalmente. Aliás, trabalhava-se normalmente aos sábados, naquela época.

Esse sujeito aqui, nunca me esqueci, desse louro, com cara de gângster (*aponta-me o tal sujeito que está em uma foto com vários outros senhores de terno, gravata e chapéu*). Estão todos dentro de uma sala do prédio da Sociedade Beneficente. Esse sujeito aqui, tá vendo? O de cabelo comprido caindo na testa? Sim. Esse cara só usava gravata borboleta. *Não lembro o primeiro nome, mas o sobrenome é Knobel ou Knobl (em iídiche, seguindo o alemão, é "alho", por isso nunca esqueci o nome dele)*.

Era um dos auxiliares do meu pai, *uma espécie de factotum que ajudava a receber os imigrantes, instalava-os nas hospederarias, um típico quebrador de galhos, como no "The Fixer", do Bernard Malamud.*

No relatório do ministro Francisco Campos [do governo de Getúlio Vargas], Knobel é citado, com o pai de Dines, por "acolher imigrantes ilegais".

Meu pai não tinha poder decisório, nem dinheiro, mas era um operador de primeira. Vou te contar uma história: o Wolf Klabin, que vivia no Rio, era um empresário do setor de papel e filantropo. Dava dinheiro, ajudava a comunidades. Cada filho dele tem uma atividade social e filantrópica atualmente. Quando meu pai completou 25 anos de trabalho, sempre como administrador na Sociedade Beneficente, disseram pra ele: você vivia de salário, agora que vai se aposentar, precisa ganhar a vida...

Tem uma coisa que costumo contar com muita satisfação. Pediram ao Klabin pra dar uma cota regular permanente (mensal) de papel pro meu pai, pra ele "ganhar a vida". E o Wolf Klabin disse: "Mas, como! O Israel Dines se dedica tanto à causa da nossa comunidade...". (*Risos.*) O Klabin achava que meu pai era rico, porque, naquela época, só os ricos eram vistos como "dedicados à causa da comunidade".

Como a produção de papel do Brasil era pequena, ter papel era ter dinheiro em caixa. Papel era uma preciosidade, quase não havia papel na indústria brasileira. O papel nacional era muito disputado. A maior parte era importada. Meu pai então recebeu uma cota de papel, que era como ter dinheiro em caixa. Foi aí que ele pôde comprar um apartamento simpático no bairro do Flamengo. Porque até então minha família não tinha casa própria. Sempre moramos de aluguel...

HUMANIZAR É TER ATITUDE humanista. Nesse ponto, considero necessário pelo menos situar essa discussão para podermos injetar novos *inputs* rumo a uma cosmovisão diferente para o biografismo. Sugiro navegarmos orientadamente pelo oceano da antropologia filosófica, pois a palavra humanismo se confunde com a filosofia sobre a natureza do ser humano – sua essência, sua índole, sua condição.

O tipo de resposta que obteremos para "o que é humanismo" dependerá de qual tipo de humanismo estivermos falando. A palavra humanismo tem vários significados. Autores e palestrantes normalmente não esclarecem qual ou quais deles pretendem abordar, causando confusões e generalizações. Os vários humanismos podem ser facilmente separados e definidos por adjetivos apropriados: humanismo renascentista, humanismo literário, humanismo cristão, humanismo moderno, humanismo existencialista e outros.

A maneira como nos vemos e somos vistos é a base dos estudos sobre esse tema. Aristóteles (384-322 a.C.) foi um dos primeiros a dar extraordinária contribuição à compreensão do ser humano ao afirmar a indissolúvel união entre espírito e matéria, alma e corpo. Alma e corpo estão unidos entre si de forma natural. A alma representa algo de divino em nossa existência.

Santo Agostinho (354-430) e Santo Tomás de Aquino (1225--1274), pensadores do humanismo cristão, reforçaram que o humano é um ser paradoxal, síntese natural de princípios contrários e exigências opostas. Agostinho e Aquino tomaram como pressupostos a inteligência (que nos diferencia dos animais), a possibilidade de amar e a solidariedade.

Na Renascença (séculos XV e XVI), a figura humana, especialmente o corpo humano, se tornou o tema preferido da arte. Naquele período, a dignidade e o valor do ser humano eram o *leitmotiv* também das especulações filosóficas. Escritores, pintores, escultores e filósofos celebraram o ser humano como um microcosmo, uma miniatura do universo, algo belo e intermediário entre a matéria e o espírito. O humano participa do divino e atinge, por meio de Deus, a plena perfeição e a felicidade.

Mas pouco a pouco os "egos" (claro, esta palavra não era usada na Renascença) inflaram tanto que as pessoas se convenceram de que eram elas as criadoras de Deus, e não o contrário, como até então se pensava. Os renascentistas não apenas valorizaram o Homem, como o valorizaram em sentido unilateral, até fazê-lo acreditar que era o centro do universo.

Deflagrava-se então um processo de autoelevação extrema que culminaria em uma nova concepção e uma nova atitude em relação, por exemplo, à natureza. Com o desenvolvimento da ciência e da técnica, a visão de mundo nos séculos seguintes seria marcada pela crença de que a natureza existe para ser explorada em nome do progresso.

Os iluministas, oportunamente, perguntaram-se: ora, se o mundo é explicável pela ciência e pela técnica, por que nos ocuparmos de uma porção supostamente divina, subjetiva do Homem? Com base nessa questão, nasceram conceitos como a dialética em Hegel (1770-1831), o materialismo econômico em Marx (1818-1883), a moral em Nietzsche (1844-1900) e o existencialismo em Sartre

BIOGRAFISMO **71**

(1905-1980). Para os quatro, um sujeito só poderia ser considerado humanista se fosse ateu.

Chegamos, assim, aos primórdios de uma era em que a Matemática conquistou preponderância sobre a subjetividade. A ideia de que pela objetivação se pode explicar/descrever tudo, problema epistemológico já superado pelos melhores cientistas vivos, ainda encanta muitos frequentadores de ambientes jornalísticos. Uma das consequências disso é a veneração do corpo e da matéria mensurável em detrimento da essência humana, que é imaterial.

A "alma" são os objetos que apalpamos, mas também nossos sentimentos próprios, únicos, em relação a esses objetos. Os sentimentos são condição *sine qua non* para a prática do Jornalismo Literário. Antes de racionalizar, precisamos sentir, como fazem artistas e cientistas. O humanista lança luzes sobre a condição humana e suas épocas.

O ambiente acadêmico desde 2006 já aceita que a realidade não é puramente física. Se fosse, o ser humano talvez não existisse mais. O que nos caracteriza, como bem diz o filósofo Pedro Dalle Nogare, é o "transfísico", o que foge a qualquer mensuração matemática. A ciência só pode nos trazer vantagens, desde que reconheça seus limites. Limites de possibilidades e de resultados.

Nunca a Matemática ou a Química, por exemplo, poderão conhecer o ser humano como um todo, exatamente porque o (comportamento) humano é algo mais do que suas visíveis feições. Ambientes (profissionais, domésticos, públicos) mais arejados já estão mudando de perspectiva: em lugar do individualismo primitivo, vejo a consciência planetária adentrar os espaços de discussão sobre o futuro da espécie humana, o que já vem de longe, segundo Pedro Nogare, quem nos forneceu subsídio para os marcos humanistas já apontados:

> Surpreendentemente, as maiores descobertas científicas desses últimos séculos, que abalaram as evidências mais comuns dos homens, foram no sentido de mostrar cada vez mais claramente a união do ser humano com o resto do Cosmo (Copérnico

e Galilei), com os outros seres inanimados e viventes do planeta Terra (Darwin), com seus semelhantes na sociedade, sobretudo através das relações de produção (Marx), e finalmente a atração irresistível e complementar de uma metade do gênero humano (machos) com a outra metade (fêmeas), por instintos profundos e enraizados na própria personalidade do indivíduo (Freud). É como se a ciência, em seu progresso, se tivesse proposto quebrar a casca de isolamento de desalojar o indivíduo, que nela artificialmente se fechava, para abri-lo a todos os outros seres do planeta e do universo inteiro. (ibidem, 1994, p.247-8)

Pausa para uma especulação pessoal: qual o perfil do humanista pós-moderno? Acho que o humanista atual é um defensor dos direitos civis, da democracia participativa, do desenvolvimento econômico sustentável, da paz, da solidariedade, da ética, do meio ambiente, da tolerância, da diversidade, da igualdade e da espiritualidade (religiosa ou não); não se opõe às globalizações e revoluções tecnológicas, mas deseja que diminuam, em vez de aumentar, o fosso entre ricos e pobres etc.

Criaturas imprescindíveis, os humanistas serão sempre fruto de suas respectivas épocas, de suas respectivas fés (religiosas ou não), de seus respectivos contextos sociais e culturais (incluindo aí a descendência consanguínea). Mas, nessas multicausalidades, há ainda um "algo mais". Algo que não se pode reduzir em termos de geografias, relacionamentos, ciências e filosofias ou à sorte: é o *fruto do carvalho*.

Antes de dizer do que se trata, acho importante reafirmar que este livro não pode ser (não há como ser) um estudo exaustivo de cada um dos campos do conhecimento tangidos direta ou indiretamente pelo tema central, o biografismo.

...SEMPRE MORAMOS DE ALUGUEL. Quando nasci, meus pais moravam em uma pensão, o que era muito comum, naquela época. Depois, quando eu tinha mais de um ano, fomos para a rua Major Ávila, em Vila Isabel, perto de onde é hoje o Maracanã. De lá, fomos para a rua Pontes

BIOGRAFISMO **73**

Correia, um sobrado. Depois para a rua Senador Muniz Freire, no Andaraí. Depois que meus pais se reconciliaram, fomos morar na Tijuca, em apartamento, num prédio de três andares.

Fomos vizinhos de andar do Graciliano Ramos. Graciliano não tinha telefone e usava o nosso. Minha mãe se dava muito bem com a mulher do Graciliano. Telefone, naquela época, era difícil: só com pistolão. Da porta de casa para dentro, meu pai não era tão operoso quanto ele era no trabalho. Mas ele cuidava de políticas pra solucionar nossos problemas básicos. Na época da guerra, por exemplo, ele conseguiu meios de nos livrar dos racionamentos de leite, de combustível etc. Tinha muitos contatos, tantos que conseguiu telefone, coisa que nem o Graciliano Ramos tinha, e olhe que ele trabalhava no *Correio da Manhã*!

Já às véspera de se aposentar, o sr. Israel Dines costumava visitar o filho jornalista na redação do *Jornal do Brasil*. As paredes do *JB* eram de vidro. Havia vários aquários. Eu tinha o meu. Quando meu pai chegava, ia me ver, e me encontrava telefonando, redigindo, comandando... Acho que ele se resgatava me vendo ali, operoso. Frequentemente, cruzava com o Nascimento Brito [*publisher do JB, na época*], que era um *gentleman*. Brito tratava meu pai com deferência. "Como vai o nosso filho?", perguntava Brito.

O avô paterno de Dines, que nunca veio ao Brasil, era escriba de livros sagrados – rolos sagrados do Torá. Para fazer esse tipo de trabalho, o sujeito tinha de ser sábio, ilibado, ter grande conhecimento bíblico e de hebraico e uma caligrafia excepcional. O que o escriba desenhava, era pra ficar. Os rolos eram feitos em couro de carneiro, verdadeiras iluminuras... Em hebraico, a palavra escriba é da mesma raiz de livro.

Meu pai ajudava muito meu avô. Imagino que meu avô desenhava as letras e meu pai as preenchia. Aliás, meu pai era quem escrevia as identificações nas capas de meus cadernos de escola. Era uma letra de forma toda desenhadinha. Acho que, por causa disso, não consigo escrever hoje sem formatar antes. Porque, para escrever, para fazer aqueles rolos, era demorado. Levava dois anos para copiar tudo. Não podia ser impresso. Vejo aí alguma coisa relacionada ao amor que sinto pelas letras e pela profissão de jornalista.

Já o meu avô materno, Avraham Vainer, tem uma história dramática na cidade de Horingrad (Grippe, em ucraniano), Império Russo. Me lembra muito um episódio, por coincidência, daquele livro *Exodus*, do Leon Uris.

74 SERGIO VILAS-BOAS

Quando explodiu a Revolução Russa, houve grande confusão, sobretudo na Ucrânia, que não era comunista. Bandos de cossacos selvagens, todos de direita, começaram a praticar crimes. O caos social na Rússia não comunista (ou branca, como diziam) era desolador. Meu avô era um homem, pode-se dizer, rico; e a profissão dele, inusitada: moer grãos.

Ele tinha um moinho flutuante à beira do rio. No inverno, o moinho era recolhido porque o rio congelava. No verão, ele colocava o moinho de volta e trabalhava. Moía grãos pra toda a região. Era um homem de posses, tanto que a minha mãe é uma das raras pessoas que foi estudar no ginásio. Ginásio, naquela época, era mais que *high school*, era quase uma pré-faculdade. Ele tinha recursos. Mas no meio daquela confusão social, com aqueles bandos de ladrões e assassinos percorrendo a região, ele acabou morto.

Entraram no moinho para roubar e deram um tiro na cabeça do meu avô. Só para roubar. Não foi nada político, nem religioso. Foi para roubar. Uma violência. O caso é que o moinho ficava em território "branco", não comunista. Meus tios, irmãos da minha mãe, sabiam de tudo. Com outros parentes, localizaram os bandidos, vingaram a morte de meu avô e fugiram para a Palestina da época.

Mas fugiram a pé. Foram pela Romênia, da Romênia cruzaram o mar, chegaram à Turquia e depois à Palestina. Eu conheci um desses tios implicados na revanche, mas não me lembro do nome agora. Sei que ele foi pra Israel, virou agricultor. Era um sujeito mais alto que eu. Olha, tenho 1,80 metro. Ele devia ter 1,85, pelo menos. E com umas mãos enormes, fortíssimo. Já estava com oitenta anos e era um touro. Já a minha avó, morreu de tétano... As histórias de meus avós são muito interessantes.

Dines não conheceu pessoalmente nenhum avô, nenhuma avó.

ENTÃO, O *FRUTO DO CARVALHO* é uma teoria do psicólogo junguiano James Hillman. Essa teoria ressignifica a noção de caráter, vocação e destino, a fim de recuperar o que o autor acredita (e eu também) que deva ser recuperado: o sentido da "vocação pessoal", o fato de que existe, sempre existiu, uma razão para estarmos vivos; a convicção íntima e profunda de que trazemos dentro nós, desde que tomamos consciência de nossa existência, uma característica distintiva, duradoura, indelével e propulsora. A teoria do *fruto do carvalho* lida exatamente com a força dessa característica, como afirma James Hillman, pois...

> existe uma razão por que minha singular pessoa está aqui e há coisas de que preciso cuidar além da rotina diária, e isso deve dar uma razão de ser a essa rotina, sentimentos de que o mundo, de certa forma, deseja que eu esteja aqui, que responda a uma imagem inata que estou preenchendo em minha biografia. (ibidem, p.14)

Um sentimento semelhante de destino, ainda que menos súbito e menos inflamado, e uma devoção semelhante podem estar presentes quando alguém se apaixona por um lugar e até por um trabalho, tanto quanto por uma pessoa, observa Hillman:

> Você não consegue largá-lo, precisa ficar ali até terminar, recorre a rituais mágicos para mantê-lo. O encanto é o mesmo, assim como a sensação de que posso viver com você para o resto da vida, seja este "você" uma pessoa, um lugar ou um trabalho. E há o sentimento semelhante de que não apenas minha vida é chamada aqui, como também a minha morte. (ibidem, p.159)

Hillman sustenta que cada pessoa tem uma singularidade – um *daimon*, como diziam os gregos – que pede para ser vivida. É algo independente do ambiente (influências não hereditárias) e da descendência consanguínea. A teoria de Hillman, baseada na ideia de "chamado íntimo" (*daimon*), propõe que você, eu e todas as pessoas nascemos com uma força interior singular, única, que pode manifestar-se ou não, dependendo das condições para a propulsão desse *daimon*.

Eis uns dos vários exemplos no qual Hillman se baseia: em uma noite de calouros no Harlem Opera House, em Nova York, uma jovem magra e desajeitada subiu timidamente no palco. Anuncia-

76 SERGIO VILAS-BOAS

ram-na ao público. A próxima concorrente, senhoras e senhores, é uma jovem chamada Ella Fitzgerald. A senhorita Fitzgerald vai dançar pra nós. Mas... Um momento, um momento, por favor. O que houve, querida? Ah, uma retificação, meus amigos. Senhorita Fitzgerald mudou de ideia. Ela não vai dançar, vai cantar. Ella bisou três vezes, mas ficou em primeiro lugar.

Desde aquele encontro de calouros, Ella Fitzgerald "explodiu" como cantora, tornou-se uma das lendas da canção popular norte-americana e do jazz e influenciou milhares de outras cantoras mundo afora. Por que Ella Fitzgerald decidiu não dançar? Simples coincidência, exercício pleno da vontade pessoal ou do florescimento abrupto de uma opção que vinha fermentando-se nela desde cedo?

Tais perguntas não teriam a menor importância se a voz de Ella e sua interpretação das canções "The object of my affection" e "Judy" não tivessem encantado os espectadores da Noite de Amadores do Teatro Apollo, evidentemente. Mas é como se o inconsciente de Ella tivesse conhecimento, de modo independente, dos eventos que ocorriam naquele *continuum* de espaço-tempo.

Stuart Nicholson (um dos biógrafos de Ella Fitzgerald) e James Hillman abordam esse episódio de maneiras diferentes. Nicholson adotou uma linha evolutivo-linear. Hillman, por outro lado, sugere que a atitude de Ella de mudar de ideia na hora H é o próprio florescimento do *daimon* em Ella. O arbítrio é a razão de ser da liberdade. Não se trata apenas de dizer "sim" ou "não" diante de um problema específico, "mas de ser capaz", no dizer de Nietzsche, "de nos tornarmos o que verdadeiramente somos", embora a crença estabelecida seja outra: "Apesar desse cuidado invisível, preferimos nos imaginar sendo atirados nus a este mundo, terrivelmente vulneráveis e fundamentalmente a sós". (ibidem, p.123)

O mitólogo Joseph Campbell (1999, p.61) afirma que as nascentes que nos movem podem ser tão profundas quanto a própria alma. Mas, pequeno ou grande, e pouco importando o estágio ou grau da vida, "o chamado sempre descerra as cortinas de um mistério de transfiguração – um ritual, ou momento de passagem espiritual que, quando completo, equivale a uma morte seguida de um nascimento".

BIOGRAFISMO **77**

Com frequência, na vida real, e com não menos frequência nos mitos e contos populares, encontramos o triste caso do chamado que não obtém resposta; pois sempre é possível desviar a atenção para outros interesses. A recusa à convocação converte a aventura em sua contraparte negativa. Mas essa "realidade invisível" (o *daimon*, o chamado íntimo) não pode ser vista em um microscópio. E aí?

E aí que não podemos explicar todos os fenômenos; e aí que a natureza humana não pode ser compreendida em sua totalidade; e aí que uma vida é um sistema não linear; e aí que não somos resultados somente de contextos, condições físicas e situações externas a nós; e aí que não intercambiamos 100% de nossas aptidões com o ambiente; e aí que a descendência consanguínea não explica necessariamente nada; e aí que os biógrafos precisam de uma perspectiva mais depurada do *ser ou não ser*. James Hillman oferece-nos uma autorreflexão sobre isso:

> Sou diferente de todo mundo e igual a todo mundo. Sou diferente do que eu era há dez anos e igual ao que eu era há dez anos. Minha vida é um caos estável, caótica e ao mesmo tempo repetitiva, e jamais consigo prever que um estímulo banal e insignificante resultará numa resposta importante. Preciso estar sempre atento às condições iniciais, tais como o que ou quem veio ao mundo comigo e entra no mundo comigo a cada dia. (ibidem, p.153)

Histórias de vida (em sentido lato) são metáforas de algo maior, e não um quebra-cabeça finito, em que todas as peças se encaixam direitinho. Há chamados muito íntimos, que não necessariamente se conectam com cordões umbilicais ou com inconscientes coletivos, e os biógrafos precisam estar atentos a isso, cientes de que tais sutilezas podem, sim, estar numa biografia (explícita ou implicitamente).

A família e o meio reforçam nossas tendências ou vocações, mas a disposição para desenvolver uma "função" é também arquetípica. Os chamados íntimos refletem a relação do sujeito consigo mesmo, com suas escolhas, suas motivações pessoais. Como escreveu Merleau--Ponty (1975, p.205), muito além da oposição artificial entre o inato e o adquirido, existe o "momento da experiência", um momento que pode ser precoce ou tardio, interno ou externo, físico ou sensorial. Esse momento é "a emergência de uma significação indecomponível".

O freudianismo em biografia parece um dogma. Mas a teoria freudiana da mente baseava-se no conceito de organismo humano como uma complexa máquina biológica. Os processos biológicos estavam profundamente enraizados na fisiologia e na bioquímica do corpo, orientando-se por princípios ainda decorrentes das concepções de Isaac Newton (1642-1727).

A longa trajetória da Revolução Científica, que começa com Nicolau Copérnico e sua concepção heliocêntrica – publicada em 1543 –, prossegue com Kepler, cresce com Galileu Galilei, ganha o método empírico com Francis Bacon, chega ao apogeu com Descartes e Newton, iria conformar durante séculos o modo como (ainda) enxergamos o mundo.

ROVNO É A CIDADE de meus pais e avós. Fica na hoje chamada República da Ucrânia. Um dia estava lendo as memórias de Amós Oz, que é sete anos mais jovem que eu, e de repente ele começa a falar de mãe e vai me fornecendo imagens literárias belíssimas, que batiam com algumas que minha mãe contava. De repente, Oz começa um capítulo [o capítulo 22] assim: A cidade de Rovno... Procuro o livro de Oz. Localizo o trecho:

A cidade de Rovno, um importante entroncamento ferroviário, se desenvolveu em torno do palácio e dos jardins rodeados de lagos dos príncipes da casa de Lovomirski. O rio Óstia atravessava a cidade de norte a sul. Entre esse rio e o pântano se erguia a fortaleza da cidade, e nos tempos dos russos ainda havia lá um belo lago de cisnes. A linha do horizonte de Rovno era desenhada pela fortaleza, pelo palácio dos príncipes Lovomirski e por algumas igrejas católicas e ortodoxas, uma delas com duas torres gêmeas. Nos anos que precederam a Segunda Guerra Mundial, a cidade tinha cerca de sessenta mil habitantes, dos quais a maioria se compunha de judeus e o restante de ucranianos, poloneses, russos e algumas pequenas comunidades,

BIOGRAFISMO **79**

como as dos tchecos e alemães. E mais alguns milhares de judeus viviam nas cidadezinhas próximas e nas aldeias espalhadas pela região. As aldeias eram rodeadas de pomares, hortas, pastagens, trigais e campos de centeio, que se arrepiavam à passagem da brisa, como se uma leve onda os percorresse. De quando em quando, o silêncio dos campos era quebrado pelo apito de uma locomotiva. Às vezes se ouviam, vindos dos jardins, os cantos das jovens camponesas ucranianas. De longe, soavam como lamentos.

As planícies se estendiam a perder de vista, aqui e ali ondulando-se em suaves colinas, cortadas por córregos e canais, coalhadas de pequenos pântanos e bosques. Na cidade propriamente dita, havia três ou quatro ruas "europeias", com alguns prédios de escritórios em estilo neoclássico e uma linha de fachada quase ininterrupta constituída por prédios de dois andares, com sacadas guarnecidas de grades de ferro, onde moravam famílias de classe média. Uma fileira de lojinhas ocupava os pavimentos térreos desses prédios, habitados principalmente por comerciantes. Porém muitas das ruazinhas transversais não passavam de caminhos de terra, lamacentas no inverno e empoeiradas no verão. Em alguns pontos, ao longo dessas ruazinhas secundárias, e logo se viam, em toda a volta, casas eslavas baixas, de aspecto rústico, com estruturas e paredes grossas, telhados baixos, rodeadas por terrenos cultivados e por uma miríade de cabanas de madeira, inclinadas e enegrecidas, algumas delas afundadas até as janelas dentro da terra, com capim crescendo nos telhados.

Todas as noites, exatamente às dez horas, partia da estação de Rovno o trem rápido noturno para Zdolvonov, Levov, Lublin e Varsóvia. Nos domingos e feriados cristãos, ouviam-se tocar os sinos de todas as igrejas. Os invernos eram [vira à p.181] sombrios e nevados, e no verão caíam chuvas mornas. O dono do cinema de Rovno era um alemão de nome Brandt. Um dos farmacêuticos era um tcheco de nome Machatchek. O cirurgião-chefe do hospital era um judeu de nome dr. Segal, chamado pelos seus desafetos de Segal maluco. Com ele trabalhava no hospital também o ortopedista dr. Iosef Kupeika, que era um fervoroso revisionista. Moshe

Rutenberg e Simcha-Hertz Mayafit eram os rabinos da cidade. Os judeus negociavam com madeira e grãos, possuíam moinhos de farinha, mantinham negócios no ramo têxtil e nos de utensílios domésticos, joalheria, couro, gráfica, vestuário, armarinhos e bancos. Alguns jovens judeus eram levados, por sua consciência social, a se reunir ao proletariado, como gráficos, aprendizes, diaristas. A família Pisiuk fabricava cerveja. Os filhos da família Twischor eram grandes artesãos. A família Strauch fabricava sabão. A família Grandelberg arrendava florestas. A família Steinberg possuía uma fábrica de fósforos. Em junho de 1941, os alemães tomaram a cidade de Rovno, vencendo o Exército soviético, que a havia conquistado dois anos antes. Em dois dias, em 7 e 8 de novembro de 1941, os alemães e seus sequazes assassinaram vinte e três mil judeus na cidade. (Oz, 2005, p.179-81)

Em 1967, Dines viajou à ex-URSS a convite da União dos Jornalistas Russos. Passou um mês lá, na época das comemorações dos cinquenta anos da Revolução Russa. Antes de aceitar o convite, impôs algumas condições, como poder visitar alguns lugares que não estavam nos roteiros turísticos. Um dos lugares desejados era exatamente Rovno, terra de seus pais. Os anfitriões russos aceitaram o acordo.

Perto da estação topei com um sujeito muito alto, com uma barba tolstoiana, vestido com um terno de casemira surrado, que lhe caía bem. O sujeito era russo mas falava alemão. Fomos a uma escola, sentamos em um gramado. Meu guia falava espanhol. Notei que as pedras onde estávamos sentados eram lápides judaicas. Uma delas, virada, tinha caracteres em hebraico. Bem em frente a uma escola. Foi o cara da barba tolstoiana quem nos indicara que ali havia ou teria havido um bairro judeu.

Retornamos à temática da descendência consanguínea em biografias. Não, não se pode descartar isso. Eu não seria determinista, nem diria algo como "isso é definitivo, aquilo não é". Acho que a descendência tem importância, e que você não pode ficar só com uma arrumação dos fatos. Não é uma relação direta de causa e efeito. A importância está no ambiental, na atmosfera. Mas é claro que, além de meus pais, outras pessoas tiveram importância na minha formação, às vezes por me deixarem mensagens sutis.

Quem? Professores, por exemplo. Tive alguns que me marcaram muito. Nesse colégio sionista que mencionei, o Ginásio Hebreu Brasileiro, nos anos 1940, a maioria dos professores era do Partidão, davam aula no Colégio Pedro II, oficialmente, mas faziam bicos em outras escolas. (Os professores de cadeiras não judaicas, principalmente, eram todos comunistas ou judeus-comunistas.)

Não me esqueço do professor Borges. Lembro que ele falava da geografia brasileira, de nossa diversidade, nossas florestas, nossas riquezas. A professora de história do Brasil se chamava Marina Vasconcelos, uma mulher linda, elegantíssima. Na época, ela morava em Copacabana. Ou seja, pertencia à elite carioca. Mas de esquerda, comuna mesmo! E grande professora.

O nosso professor de francês é outro que me marcou. Ele era judeu francês de Marselha: Rodolphe Arditti. Em 1944, no dia em que os aliados libertaram Paris, um colega meu, comunista também, e bastante agitador, nos disse: vamos fazer uma homenagem ao professor Arditti. Como? Vamos cantar a "Marselhesa" pra ele. (Outro agitador era o Moysés Weltman.) Quando o professor entrou, começamos a cantar a Marselhesa. Ele chorou, a gente chorou. Inesquecível. Era uma turma refinada, garotos de família judaica de classe média envolvidos com a guerra de alguma maneira. Ninguém tava imune. Havia sempre um parente ou um conhecido na Europa...

Imagine: Brasil, 1944, Rio de Janeiro, Tijuca. O cu do mundo. E de repente a libertação da França tava ali presente, naquela escola, com aqueles garotos adolescentes. A Guerra fazia parte do nosso dia a dia. Havia um entendimento diferente do mundo. Aprendia-se latim e francês no ginásio. E o Ginásio Hebreu Brasileiro não era uma escola grã-fina, não. Era particular, mas não cara. Nem grã-fina. Nenhuma escola judaica tinha curso científico, o equivalente hoje ao segundo grau. Então, os CDFs do Ginásio Hebreu iam prestar exame para o Colégio Pedro II.

Na Escola Popular Israelita-Brasileira Scholem Aleichem, onde Dines cursou o primário, alguns professores também marcaram Dines, caso de Dona Janete. Ele se recorda de que foi Janete quem lhe falou, pela primeira vez, em Antônio José da Silva, o Judeu. E esse nome não saiu mais do meu ouvido. Ela não era bonita, não, era até bem feia. Mas tinha mãos lindas, uma dicção impecável, uma prosódia extraordinária. Saber falar, se expressar, essas coisas eram muito valorizadas naquela época.

82   SERGIO VILAS-BOAS

Já nos tempos do Colégio Andrews, Dines e seus amigos frequentavam a Biblioteca Nacional. Não para pegar livros emprestados, porque isso não era permitido. Mas para ir lá, ler lá, estudar lá. Como éramos todos da zona norte do Rio, íamos até o Andrews, que ficava na zona sul, e, na volta, passávamos pela cidade. Lanchávamos em um boteco qualquer e íamos fazer o dever de casa nas mesas redondas da Biblioteca Nacional. Isso era um privilégio. Meu pai era um leitor voraz, e não podia ver nem eu nem meu irmão sem um livro nas mãos...

O que um biógrafo está realmente procurando quando pesquisa com os pais de seu biografado? Bem, está procurando as grandes cargas. Eu não me preocupo muito com maneirismos que se herdam da mãe e do pai, e sim com as cargas familiares e culturais. O biógrafo não pode deixar de trabalhar com a história geral também. Tudo isso é uma construção, um aprendizado de saber juntar todos esses elementos pra montar o personagem. Eu poderia fazer a biografia do SZ sem mencionar os pais dele. Mas o importante mesmo é você ter a delicadeza de não se amarrar a coisas tipo "o SZ era assim porque o ancestral xis dele era assim". Não, isso não. Mas tudo que ajudar a humanizar deve ser usado.

A TEORIA DO *FRUTO DO CARVALHO* não é fatalista (ver Capítulo 2) nem determinista, embora possa parecer à primeira vista. Ao contrário: James Hillman aponta, com essa teoria, a existência intangível de chamados íntimos, que podem ocorrer independentemente da descendência consanguínea. Este é o ponto. Tentar trabalhar isto numa metabiografia de pessoas vivas, evitando, talvez, esses maçudos compêndios relatoriais, insossos e pretensiosos (abordaremos esse assunto no Capítulo 4) sobre mortos.

Sob esse ângulo, então, discordo da opção (tacitamente convencionada) de que a narrativa biográfica deve seguir uma linha evolutiva linear baseada nas relações consanguíneas; e tentar trabalhar com outro parâmetro mental, uma visão de mundo diferente, que leve em conta que o ser humano é produto de seus familiares, sim; de seu meio, sim; de suas condições históricas, sim. Mas é muito mais agente da história (sua história) do que os biógrafos imaginam.

O sujeito – quer seu *daimon* floresça, quer não – também luta, de alguma forma, contra seu meio, a fim de superá-lo. Uma opção de aperfeiçoamento seria descobrir como o personagem adquiriu consciência de si próprio, como ele/ela se moveu para se transformar no que sempre foi (ou no que de repente quis ser), desfocando um pouco (um pouco) as condições exteriores que o envolveram.

EMBORA EU SINTA QUE, EM PARTE, Dines discorda de mim, reafirmo: "o *daimon* está nessa tomada de consciência que leva à ação". O quê? O chamado pra eu ser jornalista? Não, esse chamado não ocorreu, mas houve uma série de chamamentos... (*Risos.*) Veja bem, no dia a dia, sobretudo quando se é jovem, não temos essa visão de conjunto, essa visão transcendental da vida. Uma oportunidade de me aproximar do cinema surgiu com a crítica de filmes na *Cena muda*, quando era bem jovem. E a partir daí falei de cinema, fiz reportagem sobre cultura, literatura etc. Não vi nisso nenhum tipo de desvio.

No seu meu começo como jornalista, por volta de 1952, Dines foi roteirista de dois filmes: *A sogra* e *O craque*. Continuei com o cinema. Não havia conflito. Eram coisas coincidentes, convergentes. Desde sempre consegui operar em campos paralelos. Era repórter, ia pra rua. Senti que podia conciliar. Mais tarde, à medida que ia me aperfeiçoando, fui ficando maior dentro do jornalismo e saí da revista *Visão*, em 1957. [*A revista quinzenal* Visão *foi lançada no Rio de Janeiro em 25 de julho de 1952.*]

Da *Visão* fui para a *Manchete*, onde o jornalismo realmente me prendeu. De repórter, fui empurrado para um cargo de chefia a fim de ajudar o Nahum Sirotsky, que tava passando por um mau momento. Assumo então o cargo de assistente de direção da revista. Aí sim, as coisas saíram das minhas cogitações. Logo em seguida, peguei uma tuberculose e aproveitei o resguardo pra retornar à ficção, experiência iniciada anos antes, precariamente. Influenciado pelo livro *Contos do imigrante*, de Samuel Rawet, comecei a escrever contos desembestadamente.

O fato é que sempre consegui empurrar as coisas num sentido único. Houve um momento em que me perguntei, sim, "o que vou ser quando crescer". Devia ter uns doze anos quando li *A cura pelo espírito*, do Stefan Zweig. Sempre tive horror a sangue, cirurgias etc. Mas um "médico da alma" não precisava fazer essas coisas, então isso eu podia ser. Ficou na minha cabeça a ideia de que a psiquiatria seria uma profissão boa pra mim. Mas, olha, não existe essa coisa fatalista de apertar os botões e controlar a vida. Esta sim, aperta seus botões, e o que fazemos é tentar ajustar os nossos botões aos botões da vida. (*Risos.*) Às vezes apertamos alguns, e em alguns casos apertamos errado... Eu não tive estalos. Desde cedo me meti em muitas coisas que ocorriam em simultaneidade, em uma espécie de horizontalismo. Iam acontecendo em campos amplos. Não sou do tipo focal.

O jornalismo é dominador, principalmente quando você aprende a praticá-lo muito cedo e muito rapidamente, como no meu caso. Mas nunca arranquei todos cabos e fios das minhas tomadas. Procurei me manter conectado com meus outros campos de interesse. Tive mentores, sim, mas pulverizados. Sempre trabalhei com pessoas mais velhas, mesmo na *Manchete*, onde fui chefe aos 25 anos, veja só.

Tive um grande amigo na época em que comecei a frequentar o Vermelhinho. O cara tinha sido bailarino, ator. Foi esse cara, o Oswaldo (Cuca) Waddington, parente do Andrucha Waddington. Cuca funcionou pra mim como um orientador informal em matéria de poesia, por exemplo. Era culto, frequentava o Teatro Municipal, falava sobre tudo relacionado às artes.

Então é isto: houve pessoas que me passaram coisas interessantes, mas não foram figuras polarizadoras. Talvez polinizadoras? Talvez. O impacto do romance *Jean Christophe*, de Romain Rolland, por exemplo, agradeço-o a um rapaz gaúcho, estudante de engenharia, chamado Mauricio Kersh. Ele e um outro gaúcho, Efraim Bariach, se hospedaram na casa de meu pai enquanto estiveram no Rio pra fundar em 1947 a regional carioca do Dror, partido da juventude socialista sionista, do qual fiz parte.

Kersh retribuiu a nossa acolhida me dando os cinco volumes de *Jean Christophe*, romance escrito antes da Primeira Guerra Mundial. Guardei esses cinco volumes encadernados em couro. Depois dei pro meu filho mais velho, Arnaldo, quando ele tinha uns quinze anos. Os cinco volumes encadernados em couro estão com Arnaldo em Nova York. Ou seja, esse Kersh, que nem tive tempo de conhecer direito, me empurrou pra arte e pro humanismo do Romain Rolland (1866-1944). Talvez você, que está me examinado agora na lâmina do microscópio, não visualize dessa maneira. Mas o fato é que tive mentores simultâneos em cada campo...

2
FATALISMO

Originalmente, o fatalismo é uma "doutrina" segundo a qual os acontecimentos são fixados com antecedência pelo destino. Tudo acontece porque tem de acontecer, sem que nada possa modificar o rumo dos acontecimentos. Propenso a um rígido determinismo, o fatalismo impõe uma mítica inexorabilidade à jornada humana. O fatalismo tem-se insinuado em narrativas biográficas contemporâneas escritas. O senso fatalista coloca o biografado em função de sua obra. Ele/ela existe por causa de sua obra. Sendo assim, em vez de parcela considerável da vida, sua obra se torna a sua própria vida.

Mas antes de argumentar isso, retornemos ao mundo dos livros biográficos. Observem a seguir trechos (grifos meus) do livro *Fidel Castro, uma biografia consentida: tomos I e II*, de Claudia Furiati:

> Tendo ou não a professora cometido uma deslealdade para resolver problemas familiares, o caso estancou de modo a parecer compreensível, embora houvesse deixado marcas em Fidel. Tanto é que ele, até hoje, e com frequência, recorda-se de uma ou outra minúcia do episódio, transformando o lado amargo em humor, classificando-o como *uma preparação política e psicológica para reveses que ainda estava por sofrer*. Fidel diz que

não guardou rancor da professora, embora esteja convencido de que ela, em seu esforço de convencimento para levar as crianças para Santiago, procurava forjar uma situação de que pretendia tirar proveito. (tomo I, p.74)

Como método pedagógico, a par dos dogmatismos, os jesuítas estimulavam os exercícios para o desenvolvimento da personalidade. Condenava-se a fraqueza e o deslize; premiava-se a iniciativa e o empenho. Fidel decifrava, a seu modo, a sutil orientação. *Ocorreu, certa vez, que lhe mandaram decorar uns versos que ele não apreciou. Negou-se a aprendê-los e, quando tentaram impor-lhe um castigo, rebelou-se, derrubou uma carteira e convocou os demais colegas a acompanhá-lo na sua retirada da sala de aula.* (tomo I, p.93)

No [colégios] Dolores e no Belén, construiu-se o *segundo paradigma do seu caráter. Princípios de ética e rigor espartano nele encontrariam um equilíbrio original* com o sentido da liberdade que adquirira na fazenda. Combinado ao impulso da aventura, interiorizava o perfil do jesuíta e *as virtudes que permitem concluir uma missão designada – modéstia, tenacidade, sacrifício e uma quase predisposição ao martírio.* Suscetível à tentação dos desafios, de pôr-se constantemente à prova, recusando submeter-se a limites, *assimilava também a razão, a diligência e a medida. Harmonia entre idealismo e razão,* o eixo cardinal da filosofia de São Tomás de Aquino, assimilada pela corrente de jesuítas espanhóis emigrantes. *Valendo-se dessa mescla, Fidel enfrentaria muitas situações em sua vida, definindo-se como um preceptor de si mesmo.* (tomo I, p.119)

O homem Fidel parecia quase esquecido na premência infindável da Revolução. Entre mazelas e frutos, ele construía uma vida oculta; *ou será que não? Estaria, irremediavelmente, tragado pela magnificência de uma missão, fadado à condição de ser especial?* De todo modo, é hora de perscrutar uma natureza que se tornava fugidia, indevassável. Algo que o fazia alguém comum, despojado do estoico heroísmo. (tomo II, p.120)

BIOGRAFISMO **87**

Fidel tornara-se avesso às instituições burguesas e, ao pé da letra, ao matrimônio. Talvez fosse o traço de autossuficiência que o impedia, ou a simples incapacidade de realizar o que se chama "vida a dois", tal como sua falta de pendor musical desde a infância. Quem sabe era o prazer das multidões ou da solidão, uma virtude ou uma falha? Seja como for, em uma sociedade bem ciosa da estabilidade familiar, nada jamais era comentado. Raúl, seu irmão, ao contrário, casara-se com Vilma Espín, em 1959, dentro dos padrões institucionais, sem que se prejudicasse *a vocação revolucionária de ambos*. (tomo II, p.120)

Ao resguardar o mistério, evitava que sua intimidade se transformasse em entretenimento de outrem ou matéria para seus opositores, aumentando seu poder de sedução e cultivando a crença em sua palavra. Fidel *tinha o pé bem plantado no mundo e preferia debruçar-se no papel que correspondia ao seu projeto de vida: a Revolução.* Já vivera – e vivia – outros movimentos pendulares, não queria fabricar mais um, mas o motivo estava e onde de ser qualquer prévio voto de castidade. (tomo II, p.121)

Lendo esses trechos, não resisti em me perguntar se é possível saber com certeza se Fidel tinha desde sempre o projeto consciente de ser um rebelde revolucionário. Os episódios de sua vida, então, apenas serviram de coadjuvantes para essa certeza fatal, calcada em determinação, rebeldia, coragem, empenho, disciplina, liderança, rigor? Se tivéssemos encomendado um sujeito como esse a um laboratório de engenharia genética, talvez o resultado não tivesse sido tão perfeito quanto o "Fidel real" de Cláudia Furiati.

No texto de Claudia predomina uma linguagem informativa, enxuta, sem muitos detalhes, e pouco interpretativa. A autora não se detém em nenhum episódio particularmente; evita juízos de valor e meditações, especialmente no tomo I; expõe fatos da infância e até da "pré-infância" de Fidel; seleciona (ou reconstrói) episódios que nos remetem a um Fidel desde sempre em processo de preparação para a glória inevitável.

Na maioria das biografias é evidente esse afã de realçar várias qualidades supostamente inatas, que expliquem o herói vitorioso. Claudia selecionou episódios/situações que mostram o bom desempenho de Fidel na escola, nos esportes, nas artes etc. Percebo com clareza solar que, por quase quinhentas páginas do tomo I, o que temos é uma criança espetacular que se vai tornando uma máquina de combate rumo ao triunfo. Um ser humano? Esse fatalismo está presente até no prefácio escrito por Roberto Amaral para o tomo I:

> Furiati descreve, *vis-à-vis*, a construção da personalidade de um revolucionário exemplaríssimo e a arquitetura de uma revolução impossível, passo a passo, peça por peça, num artesanato histórico, numa recomposição de fatos e eventos, na montagem e desmontagem de quebra-cabeças que se transforma iluminando uma história que nos interessa a todos, pois diz respeito a nós todos, latino-americanos. (tomo I, p.19)
> A biografia consentida de Fidel Castro – e só uma biografia assim consentida e assim informada, e assim documentada poderia ser tão reveladora, reveladora do papel do homem no desencadear dos fatos, das circunstâncias na moldagem do herói – é também a história consentida da Cuba revolucionária, em seus dramas, em suas vitórias e em seus malogros, em sua comovente luta pela sobrevivência, em seu esforço por superar a realidade objetiva que tantas vezes a condenou ao fracasso. (tomo I, p.20)

Esse construtivismo evolucionista de Claudia Furiati – evidente também nos subtítulos dos dois tomos ("do menino ao guerrilheiro" e "do subversivo ao estadista") – parece um dogma. Vejamos algumas passagens de *Chatô, o rei do Brasil*, do biógrafo Fernando Morais:

> Para espanto de todos que de alguma maneira haviam se metido naquela aventura, em meados de 1925 *O Jornal* era *um*

BIOGRAFISMO **89**

indiscutível sucesso. Espanto de todos, menos de Chateaubriand. *Ele sabia o que estava fazendo e aonde queria chegar*. Como resultado da catequese de Fitz Gibbon, em menos de um ano o faturamento de publicidade tinha dobrado. (p.146)

Em meio à desordenada administração que impunha às suas empresas, de São Paulo mesmo ele dava ordens para que fosse concedido um "vale" à esposa – o que fazia com frequência até para si próprio, para ter algum dinheiro no bolso, obrigando a criação de uma confusa e infernal contabilidade paralela. *Nada disso tinha importância para ele, que só pensava na política e na expansão das empresas*. E estas, apesar da desorganização, pareciam navegar em mar de almirante. (p.184)

O soberano desprezo com que tratava inimigos, adversários e concorrentes não ocultava a *obsessão* de que Chateaubriand estava tomado: reforçar sua presença no Rio e em São Paulo e ampliar sua rede de veículos de comunicações por todo o país, com os olhos postos no pleito de 1930. Para chegar lá, entrou em 1929 *enfiando o pé na porta do mercado* de São Paulo. (p.191)

Mesmo já sendo dono de um poderoso arsenal de propaganda e opinião – seis jornais diários e uma revista de circulação nacional –, *Chateaubriand pretendia voar ainda mais alto ... A atividade jornalística não inibia sua participação política*. Representando a Paraíba (onde não punha os pés havia anos), em setembro ele foi incluído entre os delegados à Convenção Nacional da Aliança Liberal que iria sacramentar a chapa Getúlio Vargas-João Pessoa (p.203)

O palavreado (às vezes direto, às vezes subentendido) de Fernando Morais nos dá a entender, nesses trechos (e em dezenas de outros), que Assis Chateaubriand era resoluto, obstinado e consciente do que pretendia ser: um empresário política e financeiramente bem-sucedido. Somente a partir do décimo capítulo há uma curta trégua no Chatô jornalista-empresário-obstinado-mau-caráter. No vigésimo, perco as esperanças de Morais conseguir me fornecer algo mais sobre o Chatô privado-homem-humano-imperfeito.

90 SERGIO VILAS-BOAS

Mais uma vez, não nos importa, aqui, se Chatô realmente premeditou tudo; não importa se a vida do tal "Cidadão Kane" foi realmente a simples execução de uma tática consciente; não importa discutirmos se Chatô realmente usou (ou foi usado) por políticos suspeitos; se seu império expandiu-se rápida ou lentamente. Importa-nos o fato de Fernando Morais apresentá-lo como um predestinado, um moto-contínuo nascido para vencer ou nascido vencedor.

Vejamos agora trechos extraídos (grifos meus) de *O anjo pornográfico, a vida de Nelson Rodrigues*, de Ruy Castro:

> Em junho, quando voltou ao Rio e reassumiu todo animado sua função de repórter esportivo em "Crítica", Nelson deveria ter pela frente muitos atos daquele teatro adolescente que vivia encenando em sua cabeça. Não podia saber que, de repente – com a rapidez de uma bala –, *os Rodrigues veriam o pano se fechar e eles seriam tragicamente atirados à vida real*. (p.72)
>
> A partir de 1931, Nelson conheceu muitas fomes, inclusive a de amor. Esta última lhe provocou rombos na alma, tantas foram as paixões vãs que ele alimentou. Mas eram curáveis. A fome propriamente dita – que o obrigava a ir a pé de Ipanema ao Centro para economizar tostões – *fez-lhe buracos no pulmão. Em 1934 estava tuberculoso*. (p.122)
>
> Em março de 1945, como um monstro que Nelson julgasse morto, mas que apenas se escondera atrás da árvore para pegá-lo de surpresa, a tuberculose atacou-o novamente. Ele derramou uma furtiva lágrima e, mais uma vez, sentiu que *aquilo era cruel e injusto. Justamente quando o sucesso vinha redimi-lo de todas as tragédias e privações, a doença parecia insistir em puni-lo por pecados ancestrais*. (p.189)
>
> Era compreensível que Nelson olhasse para Mário Filho com a reverência que, no passado, se devia aos maiores e melhores. *Tudo que Mário Filho fazia se traduzia em gigantismo*: eram as grandes promoções de seu jornal, os livros que todo mundo admirava, as multidões de jovens nos "Jogos de Primavera" e,

agora, a pirâmide de concreto do Maracanã. ... *Mario Filho era o grande homem que Nelson queria ser.* Nelson nunca sentiu maior o contraste entre ele e ser irmão – nem sua autoestima parecia tão próxima do Narciso às avessas, aquele que cospe na própria imagem. Quando visto pela última vez, ele era o gênio de "Vestido de Noiva", a peça que iria correr o mundo. *De repente, era o autor interditado e, se levado à cena, desgostado e desprezado até pelos amigos. Muitos gostariam de se ver livres de Nelson – se soubessem o que fazer com o cadáver.* (p.227)

Os trechos acima batem na tecla da "crônica de uma tragédia anunciada". A vida do dramaturgo e cronista Nelson Rodrigues, segundo Ruy Castro, é uma sucessão de mortes, traições, abandonos, doenças, pobrezas, incompreensões, traumas. Nelson teria espelhado essas maldições em suas peças e crônicas. Além disso, a passagem pelo rótulo de autor marginal (ou maldito) era o degrau inevitável rumo à unanimidade de crítica e público. Ou seja, Nelson estava fadado ao sucesso mesmo que as circunstâncias lhe fossem desfavoráveis.

Reafirmo: não estou questionando as opções de Ruy Castro nem de nenhum biógrafo mencionado. Biografia é obra de autor. Por outro lado, essa narrativa meio folclórica denota fragilidade e ausência de substância, por mais que Nelson tenha sido "folclórico", ou por mais que Nelson tenha se tornado "personagem de si mesmo". O Nelson de Ruy é também um predestinado, apesar de todas as carências e incompreensões. Estava escrito nas estrelas?

E Claudio Bojunga, o que ele nos oferece em seu *JK, o artista do impossível* (grifos meus)?

Teve de se esforçar, naqueles três anos vazios, para não sucumbir no destino menor de pedrista, caixeiro-viajante ou funcionário de mangas arregaçadas. Foi o tempo das leituras solitárias e melancólicas no alto da grupiara. *A influência do médico Álvaro da Mata Machado sobre Juscelino nesse período foi determinante.* Antigo senador na Constituinte mineira, o Dr. Álvaro havia abandonado a política desiludido e empobrecido, contentando-se com o humilde posto de administrador adjunto dos Correios. Nesta função, recebia diariamente jornais com diagramas do *front* e ficava e par das intrigas políticas do Rio em torno da campanha nacionalista de Olavo Bilac, das investidas sanitaristas de Oswaldo Cruz, da identificação do mosquito transmissor da "papeira" pelo mineiro Carlos Chagas – e da terrível frase de Miguel Pereira, que identificava o Brasil como um vasto hospital. Pelo trem vinham ainda os livros de Monteiro Lobato com a feroz caricatura do jeca-tatu e *a exigência humanista* de que o educassem. (p.53)

Depois recordava a primeira vez que embarcou no trem, o embrulho ainda morno do frango com farofa feito pela mãe, o terno de casimira com o paletó do primo Juscelino Demerval da Fonseca e a calça adaptada de um velho costume do avô, o perfil das igrejas coloridas se desfazendo no nevoeiro, as paradas em todas as estações, *exasperando sua natural pressa em abandonar a infância* num pinga-pinga interminável, a viagem que não parecia acabar nunca, a dor no pé, a lembrança das impressões de dona Júlia na primeira vez que ela andou de trem, ela dizendo na volta: "A gente vê uma ponte a grande distância e quase no mesmo instante já se encontra nela, deixando ela para trás". *A velocidade, a luz, o telégrafo, a cidade que a gente deixa, a cidade que a gente nunca deixa, a cidade que a gente vai encontrar, o futuro e a cidade que a gente vai fazer.* (p.57)

Juscelino seguiu suas lições de alpinismo político em três tempos: fincando sua base eleitoral em Diamantina, em seguida conquistando prestígio na capital, finalmente controlando os diversos diretórios pelo interior de Minas. *A escalada começou no gabinete do interventor, passou pela Câmara dos Deputados e pela prefeitura, desembocando no governo do estado. Comecemos pelo início.* (p.112)

A evolução de Juscelino pode ser identificada em germe nas observações empíricas feitas durante duas viagens do [então] deputado: a primeira, já mencionada, pelo interior do Brasil; a segunda, pelos Estados Unidos e pelo Canadá. *Ao visitar as fronteiras continentais do Brasil, JK rememorou a saga do bandeirismo, lamentando o senso de fixação que faltou aos desbravadores. ... Era imperioso ligar aqueles brasis perdidos e desconectados por uma rede de estradas* – o Brasil tinha os problemas de Minas em escala continental. (p.183)

Por essa época, *Juscelino começou a suspeitar que tinha um destino a cumprir, que uma estrela lhe orientava os passos* – levava a sério esse negócio de estrela. As circunstâncias lhe haviam sido até aquele momento muito favoráveis. Mas, à medida que descobria seu rumo, compreendia que os obstáculos se multiplicariam e seriam cada vez mais formidáveis. *Teria pela frente que contrariar interesses e importunar acomodados.* (p.207)

O esforço concentrado de industrialização era uma tarefa prometeica. Só roubando o fogo, como o titã grego fizera – incorrendo na ira dos deuses que o acorrentaram eternamente ao Cáucaso e tendo o fígado bicado para sempre por um abutre. Os estaleiros, tratores, caminhões não cairiam do céu. Na metade do século XX, o Brasil não tinha condições de realizar uma revolução industrial com rapidez e eficácia se contasse apenas com as forças impessoais do mercado. JK sabia disso e *estava decidido a ser o parteiro desse doloroso processo de conquista.* (p.401)

A semente que germinaria o político Juscelino Kubtischek estava em toda parte: nos amigos, no trem, na mãe, na recusa, no telégrafo dos Correios; na Diamantina que JK deixou; na Diamantina que nunca o deixaria; na Belo Horizonte e no Rio de Janeiro que o levariam até a cidade então inexistente (Brasília), a cidade por fazer ou "a cidade que a gente vai fazer".

É o herói-obreiro perfeito, consumado desde sempre, livre de dúvidas e de abatimentos diante das "forças impessoais" da conquista. O Juscelino de Bojunga ressona como um enviado. Nascera para governar o Brasil e entrar para a história como o "grande presidente pé de valsa que construiu Brasília". Os ambientes e as ancestralidades eram só uma espécie de ponte invisível para o imbatível JK atravessar mares e marés, pois tudo já estava previsto.

E olhem que *JK, o artista do impossível* é uma biografia cheia de qualidades, que contextualiza bastante bem épocas e conjunturas (políticas e econômicas). Usa uma linguagem refinada, às vezes pomposa. Mas mesmo o habilidoso Bojunga acaba incorrendo na repetitiva convenção limitante que aprisiona a maioria dos biógrafos. Claudio Bojunga trata Juscelino como um diamante que se vai lapidando por si próprio.

Neste ponto, me senti na obrigação de pensar se os biógrafos estão movidos pelo desejo (oculto) de atender a uma possível demanda de leitores ávidos por explicações de como a natureza imprimiu o êxito no DNA desses sujeitos; ou se Bojunga quer nos levar a crer que Juscelino tinha todas as qualidades e os contextos históricos necessários para chegar lá. Por acaso, houve hesitações rumo à glória certa?

O excesso de contexto histórico, no caso de Bojunga, desfoca os episódios biográficos em vez de iluminá-los. Como na maioria das biografias contemporâneas, o ser humano central vai desaparecendo na medida da reputação alcançada. Curiosamente, a ânsia de descrição da obra transforma o protagonista em mero coadjuvante. O Juscelino de Bojunga só reaparece como possível indivíduo humano, mesmo assim minguado, no capítulo "Fausto sem o diabo", quase trezentas páginas depois da dissecação de antecedentes explicativos, como este:

> Juscelino tinha uma afabilidade desarmante, sua jovialidade e calor eram extraordinários. Em termos emocionais, era sensível e delicado: atribuía importância às manifestações de gratidão, sobretudo quando prodigalizadas por gente simples. Quanto mais humilde o agradecido, mais comovido ficava. Um sujeito qualquer vinha lhe dizer obrigado por uma bobagem – mas que para o agraciado era tudo –, o presidente ficava numa comoção danada. Se era um grupo de industriais, achava aquilo convencional. Era a fidelidade ao passado, de alguém que vinha de baixo. (p.358)

Até a tenra juventude, o JK de Bojunga me parece bastante humano em seu cotidiano. Mas o texto não o sustenta assim. Ainda que a política e as funções presidenciais sejam absorventes, é curioso que somente seis centenas de páginas depois do trecho destacado anteriormente é que vamos ler o seguinte:

> O caso de amor que começara duas décadas antes era agora a única razão de JK para viver – depois de abandonado pela política e pela própria história. Foi em 1958 que Juscelino conheceu Maria Lúcia Pedroso, paixão que resistiu aos piores sofrimentos do exílio e da perseguição. Eles se viram pela primeira vez num jantar em Copacabana. Maria Lúcia estava na companhia do seu marido, José Pedroso, líder do PSD. JK ficou impressionado com a beleza da moça e passou a noite dançando com ela. No último bolero, sussurrou-lhe um convite para um chá no palácio do Catete. Nunca mais se separaram. Nem o receio do escândalo, o ciúme, o câncer ou a impotência afastaram os amantes. (p.669)

Há um padrão evidente nesses convencionalismos que aprisionam os biógrafos (e os leitores) em um enfadonho jogo de cartas marcadas. Reconheço que alguns dos trechos das várias biografias mencionadas foram extraídos cirurgicamente, e talvez por isso nem sempre sejam provas de fatalismo explícito, e sim implícito. Seria preciso, em certos casos, ler capítulos inteiros para perceber a tosca visão de mundo nas entrelinhas dessas biografias-padrão. Mas essa visão de mundo está lá, presente, tanto quanto estão aqui, agora, os elétrons que tampouco vemos.

A coisa parece tão entranhada que até Alberto Dines, que resistiu à tentação da longa remontagem genealógica (ver Capítulo 1, *Descendência*), tropeça num certo fatalismo em seu *Morte no paraíso*, deixando escapar o seguinte:

Com quinze anos, por influência de amigos, [*Stefan Zweig*] começa a colecionar autógrafos e manuscritos, hobby e vocação para o culto às grandes figuras que o tornarão um dos maiores colecionadores da Europa. O biógrafo está ali.

PERMITAM-ME OFERECER UMA interpretação livre para a enfática frase "o biógrafo está ali", ou seja, em um homem que, aos quinze anos, coleciona autógrafos e manuscritos. Meu *insight* começa com um e-mail que recebi de Dines em 8 de janeiro de 2006. Vínhamos nos correspondendo quase diariamente, e nos encontrando, na medida do possível, semanalmente. Eis a íntegra do e-mail:

Sergio, meu caro: novidades.

Fomos ver o tal filme *Uma vida Iluminada* num conjunto ótimo, o antigo cine-Gazeta, agora reformado, uma joia. O filme é simplesmente extraordinário. Tocante, arrasador, inspirador. É o bê a bá do biografismo. Você precisa vê-lo. É imperioso. Minha ideia é rever o filme com você. Preciso revê-lo, há tantos detalhes que eu e a Norma passamos algumas horas discutindo todas as insinuações. Mas ele só é exibido numa única sessão – às 13:50. Vai até a próxima 5ª. Dependendo da frequência, esticarão mais uma semana.

Minha proposta: vamos vê-lo na 5ª. Depois, lá pelas 16 horas, vamos lá para casa. O que acha? Você não pode perdê-lo. Mas também podemos manter o encontro original às 18 horas de quarta. Não quero impor nada, só queria compartilhar uma vivência inspiradora.

Outra coisa: estou mandando em anexo o meu último artigo (que publico aos sábados na imprensa regional). Dê uma espiada. Pode te interessar. Por casualidade, no sábado (ontem) o *Estadão* publicou um artigo do Amós Oz sobre o mesmo assunto com um olhar que me pareceu muito próximo.

Grande abraço

Dines

8/1/2006

Na quinta-feira seguinte (12 de janeiro de 2006) fomos assistir a *Uma vida iluminada*,[*] no Reserva Cultural, na avenida Paulista, 900. O filme é

---

[*] *Uma vida iluminada (Everything is illuminated)*: Estados Unidos, 2003, 100 min., dir.: Liev Schreiber. Com: Elijah Wood (Jonathan), Eugene Hutz (Alex Perchov), Boris Leskin (pai de Alex).

BIOGRAFISMO **97**

sobre Jonathan (Elijah Wood), jovem judeu norte-americano, que vai até a Ucrânia em busca da mulher que salvou a vida de seu avô na Segunda Guerra. Ele é auxiliado nessa viagem por Alex Perchov (Eugene Hutz), um precário tradutor que mais atrapalha do que ajuda, e pelo avô de Alex, um motorista mal-humorado que anda sempre acompanhado de seu fedido e desobediente cachorro batizado de Sammy Davis Jr. Durante a jornada, o inusitado quarteto descobre segredos sobre a ocupação nazista e a cumplicidade do governo ucraniano da época.

Com uma lupa, uma pinça e sacos plásticos, Jonathan recolhe e guarda pedrinhas, asas de borboletas, jornais velhos, fios de cabelo, gafanhotos, enfim, tudo o que encontra pelo caminho de sua jornada pessoal até a Ucrânia. Age como um laboratorista caprichoso, realçado por seu terno senhoril e seus óculos desproporcionais. Jonathan é um menino à moda antiga, caladão, introspectivo. Retentor compulsivo, parece querer congelar a história de seus ancestrais por meio de objetos palpáveis.

Aquele filme que vimos hoje nos prova que se você consegue apanhar as pedrinhas certas – um gafanhoto em uma gota de âmbar e não sei o que mais –, se coleciona os objetos e as preferências corretas, toda vida é uma vida importante. Isso é uma incursão na condição humana.

Lembro que nossa casa no Rio ficou muito tempo fechada. Havia caixas com objetos do meu pai. Estávamos preocupados com o risco de deterioração. Levamos para a casa da mãe da Norma. Não tínhamos lugar para trazer os livros da casa do Rio. Eram umas cinquenta caixas. Uma das caixas grandes era o espólio de meu pai, composto, em sua maioria, por livros e fotografias. Isso me angustiava. Até que um arquiteto apresentou uma solução provisória que podia ser definitiva: o contêiner. Para mim, foi um grande prazer rever essas fotografias. As fotos estão em meu escritório. Os livros de meu pai estão no contêiner.

Como é sua relação com objetos? Acho que dou pouca importância. Norma se queixa de que jogo muita coisa fora. Norma é uma guardadora obsessiva. Agora, as coisas que foram da minha mãe, incluindo duas panelas de alumínio grosso, dos anos 1930, eu trouxe para cá. De vez em quando me dá um surto destrutivo... (*Risos.*) Meu escritório dá impressão de organização, mas não tá sistematizado como eu gostaria.

Já lhe ocorreu de querer deixar as "coisas" azeitadas para seu "futuro" biógrafo? Sim, já me ocorreu. O Museu da Pessoa, por exemplo, se dispôs a ficar com minha papelada. Queriam digitalizar, escanear, fotografar etc. Não me animei muito porque eles mesmos não têm espaço físico. O Instituto Moreira Salles é outro. Eles têm um grande acervo do Otto Lara Resende. Eu também tenho coisas do Otto. Assim que acabei o livro do Zweig, não me passou pela cabeça que eu poderia um dia retomar o livro ou querer reescrevê-lo, como aconteceu.

O fato é que doei à Biblioteca Nacional muito do que eu tinha. Pelo menos, acho que está em boas mãos. Mas as fotografias doadas, quando as procurei novamente, não encontrei. Deviam estar lá. Fiz termo de doação e tudo. Doei até as duas versões datilografadas de *Morte no paraíso*. Fiz isso quando o Affonso Romano de Sant'Anna era diretor da Biblioteca Nacional. Achei uns vídeos, um programa, por exemplo, com o Roberto D'Ávila, muito bem-feito, gravado na minha antiga casa da *Estrada das Canoas, em São Conrado, Rio*.

Assisto à entrevista de Dines para o programa de D'Ávila na TVE. O programa se chamava "Um Nome na História". Vejo um Alberto Dines que não conheci pessoalmente. Estava às vésperas de completar cinquenta anos. Falou da tragédia de Stefan Zweig, do processo de realização da biografia e de si mesmo com desenvoltura e vigor incomuns. Me impressionou a exatidão das informações e a segurança com que as transmitiu.

Por outro lado, era o mesmo Dines: calvo, embora ainda não totalmente grisalho, testa franzida e uma entonação de quem tem (ou poderia ter tido) a língua presa. Roberto D'Ávila lhe fez uma meia dúzia de perguntas, apenas. Dines falou articuladamente durante quase uma hora, em ambientes diferentes da antiga casa de São Conrado, que me pareceu, apesar da má qualidade da fita, plena de plantas e árvores ao fundo. De vez em quando, Douglas, um Irish-Setter puro-sangue, patriarca de uma linhagem cuidada pelos filhos de Dines, atravessa o enquadramento da câmera...

Tenho alguma preocupação com o colecionismo, com guardar algumas coisas. Mas confesso que não sou perfeccionista nessa matéria como o Jonathan do filme. Na verdade, eu deveria fazer umas limpezas e redirecionamentos de tempos em tempos. Tenho uma cópia da coleção completa dos Cadernos de Jornalismo, encadernada em couro. Doei uma outra cópia para a Associação Brasileira de Imprensa (ABI). Mas não está mais lá. Desapareceu. A falta de confiabilidade no destinatário me preocupa. A gente não sabe se o acervo vai ser bem cuidado...

Os Cadernos de Jornalismo, publicação interna de ordem técnica, inspirada nos murais *winners and sinners* ("vencedores e pecadores") do diário *The New York Times*, começaram a ser publicados em março de 1965. Não eram exatamente o que se chama hoje de *mídia criticism* nem de "boletim do ombudsman". Até porque a figura do ombudsman não existia nos anos 1960, quando Dines dirigia o *Jornal do Brasil*. Mas eram cadernos, como ele mesmo diz, com "espírito crítico": de 1965 até o último momento em que estive no *JB*, os Cadernos de Jornalismo saíram. Saía uma vez por mês, ou uma vez a cada 45 dias, mas saía. E chegou até a ser vendido em livrarias, tudo articulado pela própria redação.

Uma vida iluminada... A tradução é mesmo ruim. Correto seria *Tudo está iluminado...* Os objetos, os sentimentos, tudo. Acho que a palavra iluminada está mal empregada, no caso, mas é por isso que ficou genial. No filme, há frases muito interessantes sobre o biografismo, você notou? Lembra aquela em que Jonathan fala "aquilo existe independentemente de mim e de você". O objeto biográfico não existe em si. Existe depois que alguém lhe dá significado. Em biografia, você busca o outro e busca você no outro.

Certamente, Dines vira nos hábitos colecionistas do adolescente Stefan Zweig um sinal de biografismo, algo semelhante ao que detectou no comportamento excêntrico do personagem Jonathan. "O biógrafo está ali." De qualquer forma, continuo achando a frase, no contexto da escrita de *Morte no paraíso*, um pouco apressada. Pré-interpretativa. Conclusiva *a priori*.

PELO FATO DE A MAIORIA DAS biografias disponíveis hoje em dia narrar a vida de pessoas publicamente conhecidas, o fatalismo está diretamente relacionado à faceta carreira/obra do biografado. É como se os biógrafos estivessem nos dizendo assim: meu personagem estava fadado a construir uma obra notável; nada nem ninguém poderia impedir seu extraordinário feito.

Traçar uma reta fatal e ascendente rumo ao sucesso profissional inevitável pode fazer o leitor acreditar que as conquistas da persona[1] sejam consequência natural de um edifício desenhado, fundado e concluído. No entanto, nossa trajetória é errática e reflete, entre outras coisas, nossas evoluções e involuções. Filosoficamente falando, é um equívoco presumir que a vida obedece apenas às leis naturais.

A cultura ocidental tende a confundir sucesso com dinheiro, fama com "estar em evidência" e competência com resultado financeiro. Isso se exacerbou na segunda metade do século XX, diante da justificativa de que indivíduos competentes estarão necessariamente em evidência, ou de que a fama (traduzida em visibilidade na mídia) é a recompensa natural para uma pessoa com capacidades invejáveis.

Estamos na era da competição radical, exacerbada pela mundialização, com reflexos em todos os níveis do cotidiano. Dominar máquinas complexas, idiomas, ser agressivo, proativo, versátil, graduado e adiantado são alguns dos itens da cartilha da vitória. Aos aptos, algum tipo de trabalho; aos inaptos, o desengano social. Por incrível que pareça, o legado das teorias evolucionistas do século XIX, baseadas no conceito de variação aleatória e de seleção natural, por meio da sobrevivência dos mais fortes e inteligentes, ainda aparece em narrativas biográficas, como vimos no capítulo anterior.

Pressupor que competitividade seja o princípio natural – e, portanto, universal – que assegura a sobrevivência do melhor, do mais forte e do mais adaptado é uma armadilha invisível, na qual a maioria dos biógrafos cai. O pano de fundo para essa "reta rumo ao

---

1 Carl Gustav Jung chama de *persona* a máscara que utilizamos para nos apresentar ao mundo e aos outros. "Ao longo de nossas vidas empregamos vários tipos de máscaras, de acordo com o momento existencial e o nosso desenvolvimento. A *persona* também varia conforme a cultura. É um canal de expressão de nossa individualidade, sendo extremamente útil à adaptação coletiva e no relacionamento com outras pessoas." (Grinberg, 1997, p.229)

Olimpo" tem uma dose considerável de teologia banal. É como se a máquina do mundo trabalhasse em função do êxito inexorável de olimpianos pré-selecionados.

O personagem fictício, este sim, é premeditado

No imaginário popular, os predestinados ao sucesso são vistos como geniais ou criativos, pessoas marcadas por um destino à parte, que as isola de outros humanos. Frequentemente, essa concepção se liga a noções religiosas, e não é difícil compreender por quê. O "criar" é visto como uma habilidade exclusiva de sujeitos "incríveis" ou "sobrenaturais". Acho que podemos compreender isso com base em estudos sobre biografias de artistas plásticos, desde sempre considerados e aceitos universalmente como "criadores".

Kurz e Kris discorreram sobre as atitudes e as crenças da sociedade em relação à imagem do artista (apenas o artista plástico, diga-se: pintores e escultores, mas também arquitetos). Notaram que as atitudes e as crenças em relação à imagem do artista são descritas como sociológica, reflexo da preocupação social com o enigma da personalidade do artista e com a sua psicologia. As ideias expressas no livro, recheado de exemplos, começaram a ser esboçadas na década de 1930.

Kurz e Kris explicitam-se assim:

> Nossa tese consiste em que, a partir do momento em que o artista fez o seu aparecimento nos registros históricos, certas noções estereotipadas foram ligadas à sua obra e à sua pessoa – preconceitos que nunca perderam inteiramente o seu significado e que ainda influenciam a nossa ideia de artista. (Kurz e Kris, 1998, p.17)

O material que serviu de base a esta investigação foi selecionado de acordo com critérios históricos, tendo como fonte principal o modo como o artista foi julgado pelos seus contemporâneos e pela posteridade – a biografia do artista ou as lendas sobre os artistas que definiram a "imagem do artista". Os objetos de análise foram nada menos que... textos biográficos:

> As assinaturas dos artistas gregos do século VI a.C. são os primeiros registros da fama que o artista teria no futuro; e as referências dispersas na literatura dos períodos arcaico e clássico são as precursoras das biografias de artistas que surgiram como gênero literário autônomo no período helenístico, as primeiras desse gênero ... Finalmente, na Baixa Idade Média, nos séculos XIV e XV, quando a figura do artista se destaca na cena histórica e ganha estatura em todos os sentidos, surge também a biografia de artistas como entidade independente. (ibidem, p.19)

Kurz e Kris observaram que, historicamente, há um costume de se ligar a obra de arte ao nome do seu criador, e desse "desejo" surgiam noções estereotipadas sobre a obra e o artista. Segundo os autores, houve uma mudança (*eles não explicitam a partir de quando*) na atitude da sociedade em relação ao artista, questão revelada pelo "novo estilo dos estudos de história da arte". Assim, a curiosidade biográfica fora deixada de lado em nome de uma "história da arte sem artistas". A personalidade estética, e não empírica, do artista – o criador de obras de arte, e não o "homem comum" – passou a ter maior interesse.

As argumentações de Kurz e Kris foram construídas com base em anedotas. Eis alguns significados para o termo anedota no dicionário *Aurélio*: 1. particularidades engraçadas sobre figuras lendárias; 2. relato sucinto de um fato jocoso ou curioso. No dicionário *Houaiss*, leio: 1. particularidade curiosa ou jocosa que acontece à margem dos eventos mais importantes, e por isso geralmente pouco divulgada, de uma determinada personagem ou passagem histórica; 2. narrativa breve de um fato engraçado ou picante.

Pode-se entender pelo termo anedota um episódio da vida, um conto curto, e a frequência contada serve para justificar a conclusão de que ela representa a imagem típica do artista. Os autores pretenderam entender o significado de temas biográficos fixos, e na

BIOGRAFISMO 103

anedota encontraram a "célula primitiva" das biografias dos artistas ou como um conjunto de "temas biográficos típicos", ou seja, estereótipos que não dizem respeito a um artista em particular, e sim às lendas e mitos envolvendo artistas.

A recorrência de uma anedota em biografias de artistas serve, segundo Kurz e Kris, para justificar a conclusão de que ela representa a imagem típica do artista. As principais anedotas com as quais operaram são as seguintes: 1. os dons são evidentes já na infância do artista; 2. o trabalho do artista é confundido com o da própria natureza; 3. os grandes artistas são capazes de imitar a natureza a ponto de iludir o público; 4. o artista tem um caráter "divino" e ocupa posição especial na sociedade; 5. o artista tem domínio soberano sobre o mundo representado em suas obras; 6. o artista possui um caráter competitivo; 7. há relação entre atividade artística e impulsos sexuais; 7. o artista é (a partir do século XIX) um gênio à margem da sociedade.

Qualquer semelhança com o determinismo dos biógrafos contemporâneos não será mera coincidência. A constatação de Kurz e Kris é de que os biógrafos usam e enriquecem as anedotas com fins específicos. Sobre a primeira anedota, descobriram que, da Antiguidade ao Renascimento, os biógrafos apresentam temas recorrentes sobre a infância dos artistas; tais temas são referenciados tanto na história de Lísipo – grande escultor do tempo de Alexandre – quanto na de Giotto – século XIV d.C. –, demonstrando a íntima relação de ambos, mesmo em épocas diversas.

As anedotas explicitam um profundo interesse na descoberta de uma via de acesso a uma figura excepcional superdotada desde a infância. Ambos os artistas apresentam histórias de vida semelhantes, em que elementos como a presença de um professor e, portanto, a possibilidade da estruturação de uma genealogia, e ainda o talento como dom infantil e a ascensão social do artista deflagram características que compõem o imaginário atemporal dessa figura. A descoberta do talento assume-se como um tema mitológico.

Na Antiguidade clássica, o artista não era visto como gênio. Ao contrário, o trabalho manual era associado à servilidade e a imitação da natureza era encarada como "um reflexo distante do ser verdadeiro". (Kurz e Kris, op. cit., p.44) Ainda que as biografias do século IV a.C. apresentassem a proximidade dos artistas com príncipes e governantes e ressaltassem o valor destes, elas não conseguiram banir as suspeitas acerca da posição social do artista nem suscitar uma reavaliação fundamental de suas obras.

A arte era encarada como um trabalho de destreza, conhecimento e dom natural. O artista era inteiramente desprovido da inspiração divina concedida, na época de Platão, aos poetas, por exemplo. Só no Renascimento o artista foi honrado como um ser divino, interiormente pleno de formas e levado a criar sua obra por uma necessidade pessoal irreprimível.

A atividade artística não é determinada pela aprendizagem, nem pela prática, mas por um dom especial, o que nos remete à ideia inicial apresentada neste capítulo de que o artista já nasce artista e, por analogia, o estadista nasce estadista, o dramaturgo nasce dramaturgo, o jornalista nasce jornalista, apesar das influências de papai e mamãe (o que, aliás, é um paradoxo). No entanto, essa afirmação agora transporta uma origem divina do gênio e coloca o biógrafo como profeta e a história de vida do artista assume características mitológicas. "A heroicização do artista tornou-se o principal objetivo dos biógrafos." (Kurz e Kris, op. cit., p.54)

Essa perspectiva é influenciada pelo conceito de Deus como construtor do mundo e modelador do homem. Deus é o artista na concepção da Idade Média e o artista é divino na concepção do Renascimento. A capacidade artística de Deus se transforma, então, na capacidade artística de sua obra, ou seja, da natureza. A "natureza como artista" é ideia que encontra ressonância com o conceito grego de inspiração.

O Renascimento retomou a crença de que os poderes criativos do divino artista estão intimamente relacionados à sua genialidade:

> Assim, o milagre da infância de Jesus, mostrando o Salvador como um jovem escultor que, por brincadeira copia pardais em barro e os chama à vida, faz ponte entre a antiga concepção de um deus-artista – o Senhor da Criação da tradição judaica – e a da

criança-artista, que encontramos nos começos das biografias em época mais recente. (Kurz e Kris, op. cit.,p.60)

Os dois autores propõem que olhemos para nossa experiência diária e examinemos as atitudes com as quais, como leigos, abordamos o trabalho do artista. Segundo eles, esta é a melhor maneira de termos uma noção das implicações dessa tal "posição especial". Fundamental, portanto: o artista começa a obra com um detalhe insignificante, cuja função no todo só mais tarde se torna visível.

Notem que isso transmite a ideia de que o pintor põe na tela, com extrema segurança, uma figura que traz dentro de si – e não a representação de um modelo exterior. Para Kurz e Kris, o espectador tende a atribuir ao pintor, por exemplo, a posse dessa "figura interna" que marca o caráter "divino" do artista.

Há uma crença associada a esta admiração pelo "divino" que a pessoa do artista evoca. Que crença é esta? A de que o artista tem um conhecimento mais profundo da natureza do que os leigos; em outras palavras, a crença de que o artista é capaz de deduzir o todo partindo de uma única parte. Isso, segundo os autores, decorre do refinado senso de proporções dos artistas. O conhecimento das proporções, muito procurado na Antiguidade e no Renascimento, significava o conhecimento do secreto conjunto de leis segundo as quais Deus criou o ser humano.

Outra crença conhecida desde muitos séculos é a de que o artista trabalha com muita velocidade, e isso encanta o leigo. É como se o artista, por executar sua tarefa rapidamente, criasse no leigo uma impressão de domínio soberano sobre o mundo que representa em suas pinturas. As biografias, constatam Kurz e Kris, reservam grande espaço para esse tema.

A "agilidade soberana" do artista é pano de fundo para a noção de virtuosismo do artista, para quem a técnica é um fim em si:

Acreditamos que as informações que tentam realçar o virtuosismo do artista pertencem à mesma categoria das que nos contam a sua habilidade para imitar exatamente o trabalho dos outros e assim adotar qualquer estilo que possam escolher. (Kurz e Kris, op. cit., p.89)

Biografias de artistas também dão particular atenção ao relacionamento do artista com os críticos, que, historicamente, são seus oponentes diretos. Há pinturas em que o artista retrata seu inimigo com "luzes desfavoráveis". Por exemplo: o mestre de cerimônias do Papa Paulo III, que se queixou de que Michelangelo (1475-1564) o colocara entre os danados em seu "Juízo Final". O mestre de cerimônias não sentiu apenas que foi exposto ao ridículo. Havia um terror muito mais poderoso, ainda que inconsciente: o de que a ação do pintor o tivesse realmente banido para o inferno.

O tema adotado pelos biógrafos para demonstrar a superioridade do artista pode encontrar-se noutro gênero literário que lhe dedicou grande atenção – a ficção renascentista italiana. Os historiadores tendem a apoiar a ideia de que a competição entre indivíduos criativos não se restringe ao domínio das artes visuais.

Outro exemplo decorrente da imagem de competição e poder do artista são aqueles que resolvem destruir suas obras antes de morrer. Segundo os autores, isso os levou a concluir que o artista, como criador da obra de arte, é o único que tem poder sobre sua criação. Ele pode, deliberadamente, escolher pela vida ou pela morte de sua criação, e assim o fazem. Neste ponto, Kurz e Kris procuram estabelecer o modo como a aura de poder e mistério que rodeia o artista é expressa nas tradições literárias:

As nossas investigações conduziram-nos a duas ideias centrais em torno das quais os temas da biografia parecem concentrar-se: uma tenta tornar compreensível o processo da criação artística através do exemplo de experiências de vidas análogas; a outra esforça-se por estabelecer uma ligação direta entre o artista e a obra de arte. (ibidem, p.101)

Em sentido amplo, extrapolando o campo das artes plásticas *stricto sensu*, podemos transpor algumas dessas representações

BIOGRAFISMO **107**

anedóticas de Kurz e Kris para qualquer trajetória profissional ou, melhor, para qualquer tipo de obra (e não apenas para as obras consagradas como arte por um "alguém"). Como diz Leon Edel, "a intenção de caracterizar uma obra acaba por caracterizar o seu autor. Quando analisamos um texto, analisamos uma mente, suas paixões e suas crenças". (Edel, 1990, p.116)

ANOTAÇÃO DE CAMPO, ELABORADA durante intervalo de meus diálogos com Dines: ler as entrelinhas da melhor literatura pode ser uma das atividades mais absorventes do mundo; atingir a visão vacilante por detrás da metáfora, sentir o pulso de mão que sustenta a pena... Isso é o que busca o biógrafo, ainda que saiba que, no máximo, irá capturar apenas certos momentos e, em grande parte, ecos. O crítico lê para expor e esbaldar-se em torno das palavras que saíram da caneta-tinteiro do autor; o biógrafo sempre o faz para descobrir a mente e o corpo singulares que guiaram mãos e mentes na direção da obra. Mas a sensação que tenho é a de que os biógrafos, de maneira geral, enfatizam tanto a obra de seus personagens que acabam desfocando-lhes a vida, ou tornando-a simples trampolim para a "grande realização material inevitável".

Lendo James Hillman percebo um questionamento sobre a biografia ser *o* gênero que faz a ligação das duas almas que os biógrafos chamam vida e obra... Eu (Sergio) diria que sim, mas com cautela, pois se há um fator ao mesmo tempo propulsor e destruidor da biografia, a meu ver, é a obra (as realizações e irrealizações inerentes a qualquer vida, sem hierarquias valorativas, quaisquer que sejam). A obra, em si, não humaniza. Mas o que o biógrafo procura em seu biografar não é exatamente o humano ser, o *self*?

COMO ELEMENTO FORMADOR DE palavras, *self*[2] corresponde ao prefixo "auto" (por si próprio, de si mesmo). Como substantivo, é

---

2 No jargão da psicologia junguiana, porém, o substantivo *self* não costuma ser traduzido. Mas *self* ou *si mesmo* é o arquétipo que representa a unidade dos sistemas consciente e inconsciente, funcionando, ao mesmo tempo, como centro regulador da totalidade da personalidade. (Grinberg, 1997, p.231)

108 SERGIO VILAS-BOAS

o "ser" da pessoa, levando em conta seu caráter, sua natureza, suas habilidades etc. Norman Denzin distingue várias formas de *self*: 1. o fenomenológico; 2. o linguístico; 3. o material (ou o "*self* como conveniência"); 4. o *self* como assunto ideológico; 5. o *self* como desejo. (ibidem, p.31)

A primeira e última forma de *self* oferecida por Denzin me interessa diretamente. A primeira porque está conectada ao mundo por meio de um imensurável circuito de *selves*, como diz Denzin. A última porque sempre escapa ao completo preenchimento. O desejo é experimentado como uma fome, uma falta, uma ausência. Ainda assim sempre retornamos ao desejo e ao que eles significam em nossa vida.

Sinto que o *self* é a razão de ser da obra. Um dos sinais distintivos da força do *self* é a capacidade para mergulhar na tradição e conservar ao mesmo tempo a própria singularidade; e é a singularidade que constrói a obra, não é? Mas não existe singularidade em si, como não existe obra em si. A singularidade depende de quem observa e implica, necessariamente, algum juízo de valor. Quem decidirá sobre o que é singular e o que não é?

DINES ATENTOU PARA O MODO de olhar e para o "otimismo" de seu Stefan Zweig. Ninguém escreveu sobre os olhos dele. Mencionavam que os olhos dele eram muito vivos mas não encontrei nada escrito. Então mergulhei nas fotografias. Sabe, você tem que olhar para a fotografia de seu biografado. Eu tenho aqui esse caderno de fotografias. Fiz questão de mostrar esse olhar do Zweig.

Dines me mostra um álbum. Retira uma foto de Zweig. Os olhos dele eram realmente chamativos. Era aqui, com estes olhos, que o indivíduo SZ realmente se mexia. Afora isso, era um travadão. Guilherme de Almeida foi quem me deu testemunho sobre os olhos rápidos de SZ. Encontrei no Guilherme de Almeida a comprovação do que eu havia percebido. Enquanto estiver escrevendo uma biografia, entre na alma do seu sujeito. A sequência que armei no livro (p.129), ninguém tinha armado.

Noutra ocasião, em uma de nossas correspondências por e-mail, Dines me pediu para "falar alguns minutos em nosso próximo encontro sobre o 'otimismo' de Zweig". Toco no assunto. Então, é o seguinte: Zweig gostava de gostar. Há muitos textos em que ele fala "não sei odiar, não me obriguem a odiar porque não sei. Só sei gostar". Embutido nesse gostar, havia um "sim-ismo", ou seja, um movimento em torno do "ja" ("sim", em alemão). Mencionei isso porque existe um otimismo judaico intrínseco. Ao contrário do que normalmente se pensa sobre os judeus – pessimistas e depressivos carregando o fardo de culpas e de perseguições –, há um otimismo tipicamente judaico, que é acreditar que o Messias ainda não chegou. O Messias virá. As culturas – a cristã e a judaica – são discrepantes exatamente nesse ponto.

Para o judaísmo, nós temos de melhorar o mundo para a chegada do Messias. Para os cristãos, não. O Messias já veio, já morreu, já ressuscitou, e não pode vir novamente. Os judeus acreditam na redenção. Ou seja, o Messias virá para nos redimir. Então, você tem de aguardá-lo. Ter a fé de que ele virá. Muitos filósofos então, baseados nisso, acreditam que exista, no judaísmo, um otimismo intrínseco.

Isso nos ajuda a entender Zweig? Como? O Abraão Koogan, editor dele no Brasil, me contou que, já nos últimos dias de vida, às vésperas do suicídio, SZ se queixou muito da guerra. O Koogan, então, que é judeu de origem russa, não austro-húngara, me contou que falou ao Zweig o seguinte: olha, vocês, austro-húngaros, nunca tiveram *pogroms* e massacres. Vocês foram "privilegiados".

Nós, judeus russos, estamos acostumados a sofrer. Muitos anos depois entendi que os judeus do Império Austro-Húngaro realmente têm uma atitude diferente com relação aos não judeus. Porque, para eles, a tolerância foi longa. Desde o final do século XVIII, os judeus puderam existir, ganharam sobrenome e status. O Império Austro-Húngaro foi dos mais estáveis e sabia lidar com os povos conquistados. Não quer dizer que foram bonzinhos.

Mas essa tolerância dos Habsburgos marcou profundamente os judeus daquela região da Europa. Os otomanos também eram assim. Os otomanos agiram barbaramente com os armênios, é verdade, mas, de maneira geral, eram tolerantes. Quando os judeus foram expulsos de Portugal e Espanha, quem os receberam foram os otomanos. Isso se reflete no SZ e no Joseph Roth [autor de Berlim que a Companhia das Letras lançou em maio de 2006 na coleção Jornalismo Literário, com posfácio de Dines].

Zweig não conseguia ser restritivo. Era sempre manso e macio. Nunca era rejeitado. O que é importante para entendê-lo dentro de seu contexto histórico e político é saber que seu otimismo tinha uma raiz ancestral. Suas memórias, que foram um de seus últimos escritos, contêm um preito à Viena habsburguesa. Eu não diria que SZ era um otimista. Eu, sim, me considero um otimista. (*Risos.*)

Não cabe a mim tratar desse tópico, mas vejo em mim sempre uma reação do tipo "vamos em frente". Vamos enfrentar os desafios e as traições. A essa altura da vida, vejo isso como uma tônica na minha vida. Levo porrada, dou a volta, sigo em frente. Nas grandes porradas que levei, principalmente as profissionais, usei pra me levantar o próprio cassetete que me atingiu. Em 1973, eu tinha quarenta anos, quando levei aquela cutelada do *Jornal do Brasil* e tudo o mais se fechou pra mim...

EM ALGUMAS BIOGRAFIAS, A HISTÓRIA de vida do sujeito pode até nem ser o foco principal, e sim pretexto para outros objetivos. Não apenas os jornalistas agem desta maneira. Fascinados com a riqueza das trajetórias individuais e ao mesmo tempo incapazes de atingir a singularidade irredutível de um indivíduo, historiadores também passaram a abordar o problema biográfico de maneiras diversas, interesseiras.

Giovanni Levi formulou uma tipologia dessas abordagens, certamente preliminares, mas que lança luzes sobre a complexidade irresoluta das perspectivas biográficas dentro da historiografia. A primeira tipologia é a "biografia modal", que só desperta interesse quando ilustra os comportamentos ou as aparências ligadas às condições sociais estatisticamente mais frequentes, pois

> não se trata de biografias verídicas. Mais precisamente, trata-se de uma utilização de dados biográficos para fins prosopográficos. Os elementos biográficos que constam das prosopografias só são considerados historicamente reveladores quando têm alcance geral. (Levi, in Ferreira; Amado, 1998, p.174)

O segundo tipo, segundo Levi, é a "biografia em contexto". Nesse tipo de utilização, a "biografia conserva sua especificidade". Mas a época, os meios e os ambientes são muito valorizados como fatores capazes de caracterizar uma atmosfera que explicaria a singularidade das pessoas. Mais: a reconstituição do contexto histórico e social em que se desenrolam os acontecimentos supostamente ajuda a compreender o que à primeira vista parece inexplicável e desconcertante. Levi comenta-a:

> Essa utilização da biografia repousa sobre uma hipótese implícita que pode ser assim formulada: qualquer que seja a sua originalidade aparente, uma vida não pode ser compreendida unicamente através de seus desvios ou singularidades, mas, ao contrário, mostrando-se que cada desvio aparente em relação às normas ocorre em um contexto histórico que o justifica. (ibidem, p.176)

Outro tipo é a "biografia hermenêutica". A antropologia interpretativa certamente salientou o ato dialógico, essa troca e essa alternância contínuas de perguntas e respostas no seio de uma comunidade de comunicação. Nessa perspectiva, o material biográfico torna-se intrinsecamente discursivo, mas não se consegue traduzir-lhe a natureza real, a totalidade de significados que pode assumir. Esse material só pode ser interpretado de um modo ou de outro: "O que se torna significativo é o próprio ato interpretativo, a atribuição de um significado a um ato biográfico". (Levi, op. cit., p.178)

O fato é que a ênfase na obra, seja qual for a finalidade, obriga o biógrafo a se embrenhar nos contextos históricos e socioculturais, esgarçando o humano ser.

Antonio Candido considera um risco reduzir a situação histórica a acessório, não lhe dando importância devida na configuração dos fatos que tocam na vida do biografado. A consequência, em geral, é o estabelecimento de um nexo casual direto entre o personagem e os acontecimentos, que parecem decorrer da sua vontade ou da sua influência.

Esta elevação do indivíduo à causa de situações complexas, que o envolvem, constitui a interpretação antropocêntrica, vulgar, quase sempre disposta à explicação por meio de nexos igualmente simples. (Candido, 1999, p.63)

Mas o polo oposto é igualmente perigoso. Enquanto o biógrafo de vocação histórica mais definida tende a dissolver o indivíduo no contexto histórico-social, hipertrofiando, assim, o que não deveria passar de quadro ou pano de fundo, o biógrafo de vocação mais literária se inclina a recriar seu personagem, na tentativa de humanizá-lo. Mas ambos estão equivocados, e no limite ambos se servem do sujeito, um para fazer história, outro para fazer romance, como lembra Candido, para quem o núcleo do trabalho do biógrafo é, por definição, um estudo de personalidade, mesmo quando a finalidade seja outra:

O ideal, todavia, é que a biografia possa funcionar de modo válido como conhecimento e interpretação, cabendo indagar se, uma vez estabelecido o equilíbrio ideal entre os dois perigos [os dois mencionados anteriormente], o estudo de uma pessoa eminente possa servir ao mesmo tempo para estabelecer a sua natureza e a sociedade em que viveu. (ibidem, p.64)

Vale irmos um pouco mais adiante no que se refere às distinções entre biografar mortos e biografar vivos. Por quê? Porque sinto que, em biografias de vivos, especialmente, é mais fácil evitarmos dois riscos permanentes e onipresentes: 1. colocar a obra acima da vida; 2. predestinar, o que, a meu ver, pode ser decorrência do primeiro, como estou tentando investigar.

Para falar dessas distinções, oportunamente me vem o nome de James Boswell (1740-1795), célebre biógrafo do excêntrico poeta, romancista e ensaísta inglês Samuel Johnson (1709-1784). *The life of Samuel Johnson*, publicada em 1791, teve 41 edições ao longo do século XIX. Para muitos acadêmicos das letras, o texto de James Boswell é o divisor de águas entre as formas biográficas antiga e moderna.

BIOGRAFISMO 113

O próprio Boswell tornar-se-ia objeto de uma biografia – *The Life of James Boswell* [A vida de James Boswell] (London, Weidelfeld & Nicolson, 1999) – escrita por Peter Martin, estudioso da literatura inglesa do século XVIII. James Boswell não entrou para a "Grande História" por acaso. Reconheceu-se que sua biografia de Johnson reverteu a ênfase até então dada à ideia de virtude.

Diferentemente de seus predecessores hagiógrafos (biógrafo de pessoas veneradas, abordadas em geral em tríades comparativas), Boswell se concentrou em Johnson. Fez especulações psicológicas (não freudianas, evidentemente), forneceu reflexões profundas sobre como narrar uma vida, expôs os obstáculos à escrita ao longo do texto, incluiu cartas pessoais, documentos, incidentes e conversas pessoais que manteve com Johnson. Por essas e outras razões, Boswell é considerado o "pai" da biografia moderna.

Entre outras coisas, Boswell trouxe à tona, no biografismo, um dos componentes vitais do Jornalismo Literário, que é a intimidade. O próprio Samuel Johnson, segundo Boswell, acreditava que ninguém pode escrever a vida de uma pessoa se não tiver comido, bebido e convivido com a pessoa em questão. Trata-se, evidentemente, de uma afirmação superficial, conveniente de Johnson.

Mas nenhum biógrafo, em companhia de Johnson, negaria outra afirmação dele, aquela de que a intimidade leva ao conhecimento tanto quanto poderia levar ao desdém, à deformação ou mesmo a algum tipo de "cegueira psicológica". Concordo com Leon Edel que "o que resulta cativante [*no texto de Boswell]* é a pureza e inocência com que Boswell descreve suas próprias manobras e habilidades".

Boswell não apenas exibiu cenas ao vivo como apresentou as conversações por trás das cenas. Até discutiu o "sujeito da biografia" com o "sujeito biográfico". Johnson, que também era biógrafo, chegou a dizer-lhe, em uma dessas cenas, que "mesmo o amigo íntimo de um homem deve mencionar suas falhas ao escrever sobre sua vida". Quando finalmente a morte pôs fim à vida hiperativa de Johnson, Boswell – discípulo, amigo, companheiro e admirador – reuniu seus documentos e suas reminiscências acumulados por décadas.

The life of Samuel Johnson [A vida de Samuel Johnson] é a biografia de um morto quando vivo, visto por um sujeito-autor próximo, presente, atento. Em grande parte por causa dessa obra lendária, o filósofo da biografia Leon Edel acredita que

> as melhores biografias de nossa literatura foram aquelas escritas por homens que conheceram seus sujeitos e que os pintaram como o pintor pinta sua pintura: dentro de um quarto, uma rua, uma paisagem, com um marco e em um contexto rico com seus milhões de pontos de vínculos contemporâneos. (Edel, op. cit., p.47)

Os biógrafos que conheceram seu sujeito em vida puderam assimilar uma representação de seus biografados; tiveram uma concepção de sua personalidade e uma imagem na qual apoiarem suas evidências documentais. Em alguns casos, os documentos podem alterar-lhes essa imagem, mas isso não altera o feito de que, ao recriar essa mesma imagem, passaram da vida ao documento e, depois, do documento à vida.

O que falta nas biografias de mortos (recentes ou remotos) é exatamente vivacidade. A dificuldade de acesso a *insights* e percepções diretas do *self* do personagem aprisiona os biógrafos em "aspectos exteriores": contextos históricos, culturais, descendência consanguínea (ler Capítulo 1), documentos oficiais e não oficiais etc.

O problema do fatalismo, tema central deste capítulo, está atado a essa impossibilidade, que conduz, inevitavelmente, a um desequilíbrio entre o que é exterior (contexto histórico e social) e o que é *self*. A obra (ou seu contexto histórico e social) acaba se tornando mais importante do que a própria pessoa – o biografado – que a concebeu. Tem-se, assim, um ser humano premeditado, incontroverso, "redondo", algo parecido com os personagens compósitos ficcionais, mas sem a vivacidade atingida pelos melhores textos literários de ficção.

A força das grandes personagens de ficção vem do fato de que o sentimento que temos de suas complexidades é máximo, mas isso se deve à unidade, à simplificação estrutural que o romancista lhes deu, como lembra Antonio Candido:

> Graças aos recursos de caracterização (isto é, os elementos que o romancista utiliza para descrever e definir a personagem, de maneira a que ela possa dar a impressão de vida, configurando-se ante o leitor), graças a tais recursos, o romancista é capaz de dar a impressão de um ser ilimitado, contraditório, infinito na sua riqueza; mas nós apreendemos, sobrevoamos essa riqueza, temos a personagem como um todo coeso ante a nossa imaginação. Portanto, a compreensão que nos vem do romance, sendo estabelecida de uma vez por todas, é muito mais precisa do que a que nos vem da existência. Daí podermos dizer que a personagem é mais lógica, embora não mais simples, do que o ser vivo. (ibidem, 1987, p.59)

Ou seja, na literatura de ficção o personagem inventado é até mais real que o ser vivo existente. Por mais complexo, o personagem fictício, este sim, é premeditado, como nos diz Candido. Creio que não podemos chegar à conclusão semelhante lendo biografias, tipo de texto cujo pacto com o leitor se baseia no fato de o personagem ter realmente existido, condição suficiente para que ele não deva ser "esquemático", como na ficção romanesca.

A INVENÇÃO É UM RECURSO fácil, valorizado pela mídia, que adora amplificar ficções históricas. Mas temos de insistir nas biografias, usando ou não técnicas narrativas, desde que o conteúdo narrado seja essencialmente factual. O livro de ficção serve para um encantamento momentâneo. O livro pode até perseverar, mas não é uma fonte de consulta, ao passo que uma biografia, quando bem escrita, é fonte de consulta, mesmo quando dramatizada por recursos narrativos.

Tenho certeza disso. Ora, se o sujeito consegue levantar tantos fatos, se conseguiu dramatizar, para que inventar? Gabriel García Márquez, por exemplo, dá uma versão para os últimos dias de Simón Bolívar em *O general em seu labirinto*. Ele fornece uma lista enorme de agradecimentos, uma coisa impressionante. Consultou até meteorologistas. No entanto, preferiu a ficção... Acho que existe preconceito em relação aos narradores de não ficção.

Há, sim, uma coisa extremamente preconceituosa e arrogante nesse beletrismo antigo, que diz que um jornalista não pode ser um beletrista e construir um relato dramático de grande intensidade mantendo-se estritamente jornalístico. O fato tem uma estética: a estética do fato. Na revista *Visão*, fiz matérias de capa bastante elaboradas e nem por isso menos jornalísticas. E olhe que despertei para a vida intelectual pela ficção, sobretudo via cinema e literatura.

Em relação ao Zweig, vi que podia reunir um relato jornalístico com padrão literário. Acho que a geração de biógrafos ex-repórteres trouxe uma boa contribuição para o biografismo brasileiro. O biografismo, com os jornalistas, passou a mexer em outras coisas além de arquivos consagrados e classificados – documentos da Biblioteca Nacional, por exemplo, tinham enorme *status* entre historiadores e acadêmicos.

A experiência de reportagem só ajuda. Um bom repórter sabe onde e como encontrar o que precisa; sabe refletir sobre os fatos. Me debrucei horas e horas sobre a foto do casal Zweig morto. Uma única foto, veja só! Fiz isso para tentar encontrar indícios de como o suicídio se deu. Os jornalistas são atentos às contradições e às lacunas dos documentos.

Abraão Koogan, amigo e herdeiro de algumas coisas de Stefan Zweig – os direitos vitalícios em língua portuguesa no Brasil, por exemplo –, se encontrou com Dines para falarem do projeto de *Morte no paraíso*.

Koogan era grande amigo de meu pai, me conhecia desde pequeno. Koogan me abriu seus arquivos. Nesses encontrei uma lista de telefones. Pedi a ele uma cópia. O livro de telefones de um morto são suas relações. Foi por ali que comecei. Acabou não sendo decisivo, mas ajudou. Os biógrafos acadêmicos do meu tempo de jovem não usavam esses elementos: só trabalhavam com obra e com correspondências. Tudo o mais era desprezado.

Dines entrevistou Gilberto Freyre sobre SZ. Infelizmente, nesse caso, não fui repórter suficiente. Freyre estava idoso e publiquei *ipsis litteris* o que ele disse. Sem checar. E ele errou, errou muito. Dei um retoque agora na terceira e na edição alemã [Morte no paraíso *foi traduzido para o alemão pela alemã Marlen Eckl para a editora* Büchergilde Gutenberg, *de*

Frankfurt; o título será uma tradução literal: Tod in Paradies]. Não foi por maldade, não. Freyre já estava com a memória fraca...

...Dines, eu estava aqui pensando se temos um biografismo diferente de outros países. Acho que não. Os anglo-saxônicos são craques nisso... Dines interrompe nossa conversa pra uma entrevista à Rádio Eldorado FM. Enquanto isso, anoto: "Apesar de suas lembranças fracionadas e às vezes desordenadas, Dines tem uma capacidade incomum de retomar o fio da meada. Não importa quanto tempo dure o intervalo, ele sempre volta à frase ou à ideia temporariamente abandonada. Neste momento, por exemplo, isto ocorreu".

Ao desligar o telefone, ele emendou:

...Os anglo-saxônicos são craques. Vou lhe dar dois exemplos: o Joseph Roth, jornalista alemão — estou escrevendo um posfácio para o livro dele a pedido da Companhia das Letras. A única biografia de Joseph Roth, feita por um norte-americano, não saiu nem em inglês. Saiu em alemão, primeiro. De repente, ao trabalhar com SZ, encontro uma biografia do Georges Bernanos de 1974, escrita por um... norte-americano. Tenho-a com uma dedicatória do Otto Lara Resende para mim. Uma biografia muito bem-feita, repleta de fotografias interessantes.

Os anglo-saxônicos escrevem biografias de pessoas que não são norte--americanas nem ingleses, e com toda desenvoltura. São muito atentos. Herdaram a densidade dos ingleses e acrescentaram toques freudianos e jornalísticos, mesmo quando não são jornalistas de formação ou de prática diária. O jornalismo moderno se incorporou à vida norte-americana. O intelectual norte-americano é leitor de jornais, revistas, sites. Isso penetra, cria um campo. Então é isso: o jornalismo contribuiu com o biografismo não apenas com técnicas de narrar, mas também no modo de pesquisar, de buscar as circunstâncias.

A PERGUNTA-CHAVE LOGO VEM, imediata, necessária: como acessar o *self*? No caso de um morto, esse acesso está dificultado por uma ausência inexorável. Mas há epifanias, manifestações ou percepções da natureza ou do significado essencial de uma vivência. As epifanias são uma apreensão intuitiva da realidade por meio de

118 SERGIO VILAS-BOAS

algo geralmente simples e inesperado, e em geral simbolicamente revelador.

Denzin define as epifanias como "momentos e experiências interacionais que deixam marcas na vida das pessoas". Biógrafos de vivos ou de mortos têm como encontrar esses momentos? Sim.

> Os significados dessas experiências são sempre fornecidos retrospectivamente, tal como foram revividos ou reexperimentados nas histórias que as pessoas nos contam sobre o que se passou com elas. (Denzin, 1989, p.72)

As epifanias aparecem de várias formas. Aparecem mediante: 1. um *grande evento*, que toca cada tecido da vida de uma pessoa; 2. um *evento representativo* ou cumulativo, que aponta erupções ou reações a experiências que têm tido continuidade por um longo período de tempo; 3. uma *epifania iluminadora*, que representa, simbolicamente, momento problemático de um relacionamento; 4. aqueles episódios cujos significados são dados na revivência (real ou imaginária) da experiência. (Denzin, 1989, p.72)

Evita-se o fatalismo procurando as essências da pessoa, nas quais se incluem, necessariamente, outras facetas mais ou menos desenvolvidas do que a faceta profissão/carreira, ou tentar entender como a pessoa construiu ou desconstruiu objetiva e subjetivamente seu legado. Das epifanias brotam os modos como as pessoas vivem suas vidas, os caminhos que escolheram e os que deixaram de escolher para atender a seus chamados íntimos.

NO DIA 26 DE JANEIRO DE 2006, Dines me confidenciou sucintamente um episódio relacionado à separação de sua primeira mulher, Rosaly Bloch Dines, falecida. Já separados, ela fizera um acordo sobre os encaixotados pertences de Dines: ficariam na casa até que eu os buscasse, assim que possível. Quando consumaram o divórcio, Dines recebeu tudo de volta, menos uma caixa.

Falta a caixa com meus manuscritos, minha produção das horas vagas, e outros guardados. Descubro, então, que meus textos inéditos desapareceram. É bem verdade que eu era um autor bissexto. Mas havia ali um trabalho em progressão, um projeto, um título. Passei de 1975 a 1979 sem fazer nada literário. Escrevendo sim, na *Folha*, mas nada literário.

Quando comecei a trabalhar *Morte no paraíso*, senti que poderia deixar de ser um escritor de horas vagas, horas roubadas. Eu escrevia o dia inteiro. Isso nunca tinha ocorrido comigo, era algo novo sobretudo depois daquele trauma de ter um original destruído. Me lembro de que a Clarice Lispector, muito minha amiga, me disse que estava sofrendo com o que ocorrera comigo.

Clarice até mencionou um episódio de *Casa de bonecas*, do Ibsen, em que há uma situação parecida. No dia que soube do que aconteceu com a tal caixa, fui a um concerto. Estava arrasado, mas já havia comprado ingressos. Pensei: um dia vou retomar aquele livro. A sensação de estar escrevendo *Morte no paraíso* à luz do dia foi como no teatro: uma catarse. Acho até que minha ex-mulher também ficou aliviada por eu ter concluído e lançado *Morte no paraíso*.

Anoto e grifo: epifanias – momento em que aflora o real íntimo de uma vivência.

3
Extraordinariedade

Construir o biografado com base em hereditariedades consanguíneas (ler Capítulo 1) ou como mero serviçal de uma obra premeditada (ler Capítulo 2) banaliza, diminui a narrativa biográfica e o personagem. A mesma coisa podemos dizer de um biografado visto como anormal, gênio, ou Deus, como se o biógrafo estivesse nos dizendo o seguinte: "meu personagem tinha todas as qualidades para vencer, e, vejam só: ele venceu, claro".

Numerosos fatores influem nas realizações de uma vida. Para uma carreira florescer e se destacar, muitas sinergias têm de convergir: mentalidade e cultura regional e da época, condições socioeconômicas, grau de persistência, apoio de pessoas próximas (e até das distantes), autoestima, escolhas, chamados íntimos etc. O biografado e sua obra (material ou imaterial) contaram com muitos coadjuvantes.

Fama e sucesso são aliados próximos, mas não idênticos. A fama em geral significa que um indivíduo despertou a atenção de determinados campos ou da sociedade como um todo. Não se exige talento do indivíduo famoso, nem contribuição para uma área de especialidade. Já o sucesso, socialmente falando, está relacionado à conquista de confortos materiais (ou, mais raramente, algum tipo

122 SERGIO VILAS-BOAS

de prestígio) por meio de um esforço genuíno, deliberado e, talvez, com uma dose de sorte.

Howard Gardner, neurologista estudioso das biografias do que chama de "mentes extraordinárias da cultura universal", encara assim a questão:

> Uma pessoa obtém sucesso quando é recompensada por uma contribuição para um domínio ... Nossa cultura tende a confundir o famoso com o bem-sucedido: se você fica famoso, há oportunidades de adquirir recompensas materiais; se você se torna um dos homens mais ricos do mundo, está propenso a ficar no centro das atenções só por causa de seus trunfos. (Gardner, 1999, p.132)

Antes de avançarmos esse tópico, vamos aos textos biográficos. Primeiramente, *JK, o artista do impossível*, de Claudio Bojunga:

> O colega Pedro Nava se espantava com *a inesgotável energia e resistência do telegrafista*. Se Nava dormia mal, ficava imprestável durante uma semana. *Juscelino varava as madrugadas martelando o telégrafo e aparecia fagueiro às oito em ponto*, os olhos meio pisados mas sempre atentos. *Essa disposição lhe servirá na presidência*, quando depois de despachar no Catete embarcava no avião à noite para fiscalizar as obras de Brasília. Outro traço característico era sua capacidade de se recuperar com sonecas de dez a quinze minutos. Anunciava uma dormidinha e acordava inteiro. Traço *característico da personalidade do fazedor, não do pensador*. (p.70)

Historiadores e sociólogos, no entanto, tirarão inferências do distanciamento inicial de JK em relação à vida pública e de sua prática profissional liberal. *Nas enfermarias e depois no consultório, ele teria aprendido a ouvir com objetividade, a entender os medos e desejos do interlocutor*, a derrubar formalidades inúteis, sem perda de tempo e de autoridade. Ao perscrutar e diagnosticar. Juscelino *costumava atribuir a psicologia da observação*

BIOGRAFISMO **123**

à paciência, à tolerância e à decisão inflexível de atingir um obje-
tivo definido e necessário. (p.72)

Juscelino chegara no auge do movimento a atender 40 pacientes
num só dia. O relatório do Dr. J.Santa Cecília, chefe do Serviço
de Saúde do Setor do Túnel, mencionava *a resistência, a disci-*
plina e a inteligência de Juscelino. (p.103, *sobre a participação de*
JK como médico durante a Revolução de 1932)

Juscelino *escolhia o "risco calculado", guiado pela intuição.*
Sua trajetória de político empreiteiro seria marcada por *decisões*
ousadas e projetos audaciosos que provocavam ceticismo e sorrisos
constrangidos em auxiliares contrafeitos. Mas as resistências es-
barravam nas suas certezas íntimas e no riso confiante. Feito o
julgamento, Juscelino *seguia o seu impulso, entregando-se a tare-*
fas temerárias como se fossem simples e factíveis. Suas memórias
falam de *"audácia aliada à visão do futuro"* – um farol interno
iluminando regiões fora do campo da visão comum. (p.145)

JK foi uma lufada de ar. *Cordial, sorridente, comunicador nato,*
jovem – kennedyano "avant la lettre" –, JK desdramatizava,
anistiava, simplificava, driblava crises. Virava as páginas dos ódios
antigos, safava-se de enrascadas sem baixarias, sentia-se à vonta-
de no meio dos conflitos e tempestades. Era o camarada que *voava*
em qualquer tempo e pousava em qualquer campo. Acreditava que
o regime democrático produzia efeitos benfazejos a longo prazo. Desde seus tempos como prefeito de Belo Horizonte, intuiu
que a modernidade estava a reivindicar novas formas, daí a
Pampulha. Aliando-se a modernistas, JK *encorajou a saga da*
ruptura, a arte industrial, a aventura da renovação. JK foi a inven-
ção da forma. (p.468)

Fidel Castro, uma biografia consentida, tomos I e II, de Claudia
Furiati:

Fidel é um *Quixote moderno, o cavaleiro da triste figura,*
apólogo da alma ocidental que deu certo, derrotando não Moinhos de Vento, mas dragões verdadeiros, os quais, porém, ven-

cidos, renascem para a luta, e *o líder cubano, tanto quanto o herói cervantino, não conhece a paz*, mas sua Dulcinéa permanece preservada. (tomo I, p.22, prefácio de Roberto Amaral)

Correndo pela terra, quase sempre descalço, Fidel brincava de caçar com estilingue e arco e flecha, *mostrando boa pontaria. Às vezes, atingia uma lima em cheio.* A plantação de cítricos ampliara-se; além de laranjas, agora havia grapefruits, tangerinas e limas, que, como dizia Lina, eram bem *úteis nas doenças de infância, que costumavam pegar todos os irmãos e primos de uma vez só.* (tomo I, p.60)

Inquieto, afetivo, afoito, reflexivo e autoconfiante. A personalidade de Fidel era mesmo incomum e múltipla, com inteligência e dotes amplos. (tomo I, p.62)

No colégio, *praticava já diversas modalidades esportivas*, além do beisebol, basquete e futebol americano. *Tirava boas notas*, embora só se pusesse a estudar quando se aproximavam as provas. *Graças à sua desenvolvida memória, auditiva e visual, decorava rápido toda a matéria.* ... Aprendeu a fazer operações de dividir com rapidez, porque o padre Salgueiro, em vez das "mea-culpas" copiadas em folhas e folhas, impunha como castigo fazer contas, com seis cifras no dividendo e três no divisor. Em geral, eram umas 20 divisões por penalidade. (tomo I, p.92-93)

No beisebol, revelou-se o melhor dos pitchers (lançadores), sendo apelidado el rey de la curva. ... No track (corrida), o treinador Capi Campuzano, ao vê-lo praticar para a prova de 800 metros rasos, achou que não tinha estilo, mas Fidel terminou conquistando o segundo lugar da categoria no Carnaval de Relevos do Atletismo (maio de 1943). *Chegou a ser o recordista nas corridas de 200 e 300 metros livres.* Estabeleceu a marca também de 1,77m no salto em altura. No final da temporada de 1943-44, *foi proclamado o melhor atleta colegial.* (tomo I, p.115)

Se tinha sossego ou lhe cabia a vigília da guarda, juntava-se a Virginio, o cozinheiro, que os padres levaram na excursão. Fidel vivia conversando com ele, ocasião em que *aprendia as-*

pectos da vida dos trabalhadores na cidade e expressava opiniões, fruto de um incipiente raciocínio político. (tomo I, p.117)

Ocorre que *o ciclone Fidel caminhava por moto próprio*, conforme a sua natureza e formação que, de forma alternada ao que assimilava naquele meio ambiente, freava ou acionava o seu desenvolvimento. Alfredo Guevara não demorou a dar-se conta de que não podia conduzir ou controlar Fidel. Ele *constituía-se em um gênero original de contestador. A seu modo, um Quixote.* (tomo I, p.151-2)

Compelido por suas precoces e recorrentes leituras sobre a Revolução Francesa, Fidel, como dirigente, *cingia a combinação de um Robespierre, com Danton e Marat.* Propunha um socialismo popular não explícito, de feições burguesa e extremista. (tomo II, p.42)

Chatô, o rei do Brasil, de Fernando Morais:

Chateaubriand chegou ao Rio precedido por uma fama de que poucos brasileiros da época podiam desfrutar tão precocemente. Com 25 anos recém-completados, *era visto com grande fulguração*, o nome que se destacava daquilo que a preconceituosa elite do Sul chamava de "o exército do Norte" – os intelectuais que migravam para o Rio em busca de sucesso. Ele sobrevivera à repressão de Dantas Barreto sem se submeter à humilhação de ter de fugir de Pernambuco, como haviam feito seus chefes do PRP; forçara o partido a abandonar Rui Barbosa e redigira o manifesto de rompimento com o "Águia de Haia". Vencera Joaquim Pimenta *depois de revelar dotes de experimentada raposa política*, ao mobilizar até o presidente da República em sua defesa; *fora o adolescente que ousou provocar a vaidade de Silvio Romero; advogado recém-formado, impusera a Epitácio Pessoa uma amarga derrota nas barras do Supremo.* (p.95)

Como um profeta da guerra, Chateaubriand alertava o presidente [Getúlio Vargas], com um ano e meio de antecedência, para

126 SERGIO VILAS-BOAS

um tumor que começava a crescer e iria explodir em julho de 1932. (p.259)

O paralelo mais próximo que encontravam para comparar o poderio dos Associados era a cadeia do magnata norte-americano William Randolph Hearst, e mesmo assim esta ainda ficava, proporcional e numericamente, *muitos furos abaixo do verdadeiro Estado montado por Chateaubriand.* (p.613)

O anjo pornográfico, a vida de Nelson Rodrigues, de Ruy Castro:

É *quase inacreditável* que *o que se vai ler* aconteceu de verdade no espaço ode uma única vida. (p.7, 1. ed.)

Depois de quase inventar o teatro brasileiro, o autor de "Vestido de Noiva" viu-se na avenida Rio Branco, escura e deserta, caminhando feito um zumbi em direção à leiteria "Palmira", no largo da Carioca. (p.174)

A postura anti-intelectual que Nelson assumira a partir dos anos 50 faria com que *sua "ignorância"* fosse vastamente alardeada – o que *lhe convinha, porque valorizava mais ainda o lado revolucionário* de "O Vestido de Noiva". (Além de comercialmente rentável. Quem não fica fascinado por *um primitivo genial?* Mas não era a sua atitude quando a peça estreou. Ao contrário. Em 1944, Nelson queria ser reconhecido como um intelectual sério. Quando lhe perguntavam o que tinha lido de teatro, *citava Shakespeare, Ibsen, Pirandello com a casualidade de quem se referia ao "Gato Félix" ou ao "Marinheiro Popeye".* (p.177)

Nelson percebeu que passara a ser enxergado. Assim, antes que os outros o moldassem segundo suas fantasias, *ele resolveu esculpir o personagem de si próprio.* (p.242)

"Asfalto selvagem" não foi incomodado, mesmo porque aquelas coisas eram a oração matinal das páginas policiais. O que tornava "Asfalto selvagem" tão diferente (e mais "forte") do que "A vida como ela é..." era que, nele, *ao ouvir a voz interior de seus personagens, reconhecíamos a nossa própria voz.* (p.300)

Mesmo que se refiram a fatos incontestes, as frases assinaladas (grifos meus) são hipérboles dispensáveis, para dizer o mínimo. Mais respeitoso seria que essas frases pudessem ser expressas por reconstituições de cenas/episódios que dessem a possibilidade de interpretação para o próprio leitor. Do modo como estão, me soam fantasiosas.

Juscelino Kubtischek, Fidel Castro, Assis Chateaubriand e Nelson Rodrigues eram (também) pessoas "normais", possuidoras de um cotidiano "normal", por mais incomuns suas habilidades. Os quatro viveram sua vida com avanços e retrocessos, altos e baixos, euforias e frustrações, perdas e conquistas, projetos e inseguranças, sob luzes cintilantes ou às vezes imersos na escuridão. Ou serão gênios, todos eles?

Não, responderia o neurologista Gardner. Para ele, só a prática separa o comum do extraordinário. Ou seja, para ser é necessário fazer. Gardner interpreta a genialidade como fruto da dinâmica entre três elementos: a *pessoa* com seus talentos; a esfera – ou *domínio* – na qual a obra é realizada; e os julgamentos expedidos pelo *campo* de juízes circundante. A partir daí, baseado nos estudos de indivíduo (uma abordagem *idiográfica*), Gardner traçou quatro "formas de extraordinariedade" para as personalidades de Mozart, Freud, Virginia Woolf e Ghandi.

Mozart exemplifica o *mestre*, segundo Gardner. *Mestre* é o indivíduo que conquista domínio completo sobre uma ou mais esferas de realização; sua inovação ocorre dentro de uma prática estabelecida. No caso de Mozart, a mestria da composição musical de seu tempo foi tão completa quanto se pode imaginar, tanto quanto Bach, de uma época um pouco anterior, ou Brahms, posteriormente.

Freud exemplifica o *realizador*. Um *realizador* pode ter-se tornado mestre em domínios existentes, mas dedica suas energias à criação de um novo domínio. Freud, por exemplo, criou o domínio Psicanálise. Podemos imaginar Jackson Pollock como um inventor do domínio da pintura abstrata e Charles Darwin como o criador do estudo evolutivo em Biologia. Da cultura popular, indivíduos como Charles Chaplin e John Lennon também emergem como *realizadores* (enquanto Ella Fitzgerald é mais bem observada como *mestra*), na visão de Gardner.

Virginia Woolf, autora do romance *Orlando, uma biografia*, entre outros, exemplifica o criador *introspectivo*. A preocupação básica desse tipo de indivíduo, segundo Gardner, é a exploração da vida íntima: experiências cotidianas, necessidades e medos fortes, o modo de agir da consciência (a própria e a dos outros), de maneira que essas vivências psicológicas se tornem universais.

Gandhi exemplifica o *influenciador*, cujo principal objetivo é influenciar outros indivíduos. Com sua liderança, Gandhi exerceu influência sobre vários movimentos políticos e sociais por meio de seu poderoso exemplo pessoal e, menos diretamente, de seus escritos autobiográficos e persuasivos. Líderes políticos e militares influenciam diretamente, outros exercem influência indireta por intermédio de seus escritos (Karl Marx) ou convencendo líderes a perseguir determinado curso de ação (Maquiavel).

Ou seja, Gardner aceita, *aprioristicamente*, que existem "pessoas extraordinárias", e de um ponto de vista analítico clássico (eu diria determinista) procura saber "onde está a extraordinariedade nessas pessoas". Para isso, afirma que os extraordinários: 1. refletem – em geral explicitamente – sobre os acontecimentos da vida, tanto os importantes quanto os triviais; 2. sabem identificar a própria força para poder explorá-la; 3. aprendem com as derrotas e as transformam em oportunidades. (ibidem, p.149-55)

Com visão *apriorística* semelhante à de Gardner, o psicólogo cognitivo Steven Pinker tocou no mesmo ponto:

> Os gênios são laboriosíssimos. O gênio típico labuta arduamente por no mínimo dez anos antes de dar alguma contribuição de valor permanente. (Mozart compôs sinfonias aos oito anos, mas elas não eram realmente boas; sua primeira obra-prima surgiu no décimo segundo ano de sua carreira.) Durante o aprendizado, os gênios mergulham em sua área de atuação. Absorvem dezenas de milhares de problemas e soluções, e as-

sim nenhum desafio é completamente novo e eles podem recorrer a um vasto repertório de padrões e estratégias. Eles mantêm um olho na concorrência e um dedo ao vento e são perspicazes ou afortunados em sua escolha de problemas. (Os desafortunados, por mais talento que possuam, não são lembrados como gênios.) Atentam para a estima dos outros e para seu lugar na história. (O físico Richard Feynman escreveu dois livros descrevendo o quanto ele era brilhante, irreverente e admirado, intitulando um deles "Why do you care what other people think"?) Eles trabalham noite e dia e deixam muitas obras de subgênios. Os intervalos que passam afastados de um problema são úteis porque eles estão exaustos e precisam de descanso (e possivelmente para que possam esquecer os becos sem saída). Eles não reprimem um problema, mas dedicam-se a uma "preocupação criativa", e a epifania não é um golpe de mestre, mas um leve ajuste em algo já tentado anteriormente. Eles fazem incessantes revisões, aproximando-se gradualmente do seu ideal. ... Os gênios, obviamente, também podem ter recebido quatro ases na cartada genética. Mas eles não são anomalias com mentes totalmente diferentes das nossas ou diferentes de qualquer coisa que possamos imaginar, evoluindo em uma espécie que sempre viveu de sua inteligência. (Pinker, 1998, p.382)

Os prodígios exercem incrível fascínio em neurocientistas, psicólogos cognitivos e educadores. Em geral, os estudos dessas linhas de pesquisa giram em torno de mapeamentos para exibições de potencialidades, algo para servir de modelo aos mortais comuns. As pessoas consideradas extraordinárias excitam, orientam, alertam. Estátuas de grandeza estão presentes na imaginação de todos nós. Personificam o que há de sublime e repugnante na arte de viver.

Esse modelo um tanto autoritário tornou a biografia o veículo de divulgação das criaturas de grande quilate. Não mais santos e reis, como ocorrera até o século XVIII, pelo menos, mas algo talvez ainda muito perigosamente próximo da idolatria. E essa visão de personalidades superdesenvolvidas não é coisa só de cientistas.

130 SERGIO VILAS-BOAS

O crítico literário do *Correio da Manhã*, Álvaro Lins (1912-1970), por exemplo, compilou em livros alguns textos escritos entre 1940 e 1957 a respeito do gênero biográfico. Misturando e deturpando conceitos, Lins critica as chamadas biografias romanceadas. Na verdade, ele não estava se referindo a textos inventados, e, sim, a narrativas biográficas não ficcionais escritas com técnicas da literatura de ficção. Enfim, segundo Lins: 1. arte exige fantasia, ao contrário da biografia; 2. juízos históricos devem prescindir de afetos; 3. biógrafo que humaniza necessariamente lisonjeia; 4. uma coisa é o que a pessoa *realmente* (grifo do autor) é; outra é o que ela é *idealmente* (grifo do autor). E, em seguida, Lins nos oferece de bandeja um sintoma para esse culto à excelência (grifos meus):

E o objeto principal da biografia, a matéria humana que a caracteriza e a justifica, não é o geral, aquilo que é comum a todos os seres, mas o particular, *aquilo que está ligado exclusivamente a um determinado ser.* ... Voltaremos, assim, para a reconstrução do *verdadeiro conceito de biografia*, ao mais primário e simples de todos os princípios, sem o qual, porém, todos os outros ruirão como num edifício sem apoio: ao conceito de que *a biografia é a história de um homem, mas do grande homem e não do homem comum, do que é excepcional e não do que é vulgar, do que está acima de nós e não do que está na linha média da existência.* Pois a humanidade – revelada em atos criadores, sentimentos, paixões e dramas – não é feita com essa *massa cinzenta e mole dos homens em rebanho, das criaturas uniformes e sem história.* (Lins, 1964, p.359-62)

Discordo frontalmente do crítico literário pernambucano: ele repele a ideia de que a biografia é uma arte (como apregoavam Virginia Woolf e André Maurois); recusa a "normalidade" (o comum, o cotidiano presente na vida de qualquer pessoa viva) como um dos componentes de uma biografia. Em contrapartida, insinua que a biografia seja um relatório objetivo sobre atos de grandeza; chegar a delimitar o que é histórico ("grandes homens") e o que não é (a "massa cinzenta de homens em rebanho e sem história").

BIOGRAFISMO **131**

Entre outras coisas, Lins não leva em conta que esse extraordinário (genial) manifesta-se repleto de superlativos opiniosos. Leo Lowenthal detectara algo suspeito na montagem das biografias de celebridades do início do século XX:

> Quando examinamos o material sobre como autores avaliam seus biografados, o que nitidamente mais se sobressai é a preocupação dos biógrafos em justificar seu herói por meio de superlativos indiscriminatórios. (Lowenthal, 1961, p.115)

Esse persistente reforço ao incomum preconcebido, restituído hoje em dia por biógrafos comercialmente bem-sucedidos, transforma muitas biografias em épicos. Mas agora de forma mais sutil do que na Antiguidade ou no Renascimento, tempo das hagiografias. Esse impulso de atribuir ao indivíduo uma incrível força criadora é característico de antigos estágios de consciência. Os gregos antigos, por exemplo, designavam os feitos com nomes de heróis epônimos supostamente responsáveis por eles, e atribuíam seus épicos a um bardo chamado Homero e suas leis e instituições a um Licurgo ou a um Sólon.

A mesma tendência aparece no Renascimento, período em que Plutarco, biógrafo moralista, tornou-se figura muito mais popular e influente do renascimento clássico do que os historiadores da Antiguidade. Isso perdurou até o começo do século XX, quando ainda se lia e se ouvia muito frases do tipo "a história é a biografia dos grandes homens". Somente no final dos anos 1970 começaram a surgir sérias acusações de que os historiadores da grandeza estavam promovendo, advertiu E. Carr, um "assassinato em massa dos personagens históricos por tratá-los como marionetes das forças sociais e econômicas". (ibidem, 1989, p.41)

JOSÉ MARIA CANÇADO OFERECEU-NOS UM TRECHO exemplar em referência às inúteis tentativas de seu biografado – o poeta Carlos Drummond de Andrade (1902-1987) – de ignorar as relações indissociáveis entre vida e obra:

o biográfico é o que desorganiza a obra. Se o biográfico pode, de vez em quando, explicar a obra, a obra jamais pode explicar o biográfico: este é o diabo, o amarrotamento, o não sentido, o supérfluo, o sombrio, o escandaloso, o chiste, o anedótico. Não é verdade que a obra dispensa o biográfico: ela gostaria que ele desaparecesse para sempre ... Com os escritores, que se tornam sujeitos na obra, o biográfico, justamente porque faz deles sujeitos de coisa nenhuma, costuma armar confusões difíceis de recompor. (Cançado, 1993, p.262)

Dines acredita que não poupou seu Zweig do biográfico, humanizando-o:

A biografia desse biógrafo esconde-se caprichosamente no que escreveu, talvez para se preservar de futuras devassas. Pudor de se mostrar, pudor de se ver. Muitos o veem como retraído, outros como exibicionista; dá a impressão de um sonhador perdido, mas conhece o teor do que sonha. Diletante para alguns, incansável trabalhador para outros. Idealista, lírico, ingênuo, generoso – qualificações usadas como elogio, na época serviram para diminuí-lo. Profundo ou superficial, mediador ou mero repetidor – o contorno preciso perde-se na vasta produção. Unanimidade: um homem delicado. Por delicadeza, perdeu a vida.

No retrato que fez de si mesmo, Zweig é o oposto dos quase quarenta retratos que traçou de outros (entre perfis, ensaios e biografias propriamente ditas). Despersonalizou-se nas memórias para valorizar o entorno, mas na escolha dos personagens lá está, inteiro, fac-similado. Fascinou-se com os derrotados e ao escrever sobre si mesmo fixou a derrota de seu mundo. Chegou à perfeição de se abstrair quase por completo dos fatos estelares da própria existência, embora nas miniaturas históricas tenha pinçado episódios pessoais ao combinar *la grande histoire* com a *petite histoire*.

Não resisto em perguntar a Dines o que o fez movimentar grandes estoques de energia para biografar SZ, um projeto que, ao que parece, Dines não terminará nunca. Acho que é o fato de ele reunir tantos elementos: foi amigo do Freud, que o psicanalisou; envolveu-se com a ditadura mansa do Estado Novo e acabou fazendo um livro sobre o Brasil e matando-se no Brasil. Tudo começou com o título: *Morte no paraíso*, que resume a ópera toda. O sujeito que inventou o paraíso nele se matou.

Não fui agarrado pelo SZ. Ele era um escritor que todo mundo lia, meu pai me presenteou com livros dele. Foi muito mais por um desafio artístico do que, digamos, por uma proximidade ou uma semelhança existencial entre mim e ele. Até porque ele era egoísta, frágil, covarde... O Abraão Koogan disse pra mim: "SZ era um covarde. Ele fugia de tudo". Decidiu vir para o Brasil pela segunda vez porque não conseguiu enfrentar o problema da triangulação amorosa com Friderike (primeira mulher) e Lotte (sua secretária, que se tornaria a segunda).

No Brasil, ele simplesmente se ferrou. Fez todas as opções erradas. Foi morar em lugar distante, em condições precárias, num bangalô muito simpático, muito charmoso, mas sem alguns confortos da época, como fogão a gás e aquecimento interno. Sua empregada, que, segundo consta, não era boa cozinheira, usava um fogão de lenha. Os ônibus da linha Rio-Petrópolis, na época, eram péssimos. A estrada era cheia de curvas. Zweig não conseguia, por exemplo, ler no ônibus. Como disse ele próprio "não se consegue nem pensar dentro desse ônibus trepidante".

Ele sempre viveu rodeado de amigos e admiradores na Europa, mas, ao final da vida, no Brasil, estava sozinho. O problema é que renunciava pela metade, nunca fazia uma renúncia de fato, autêntica. Mentia para seus correspondentes na Europa. Dizia que Petrópolis era tão seguro para um judeu quanto os Estados Unidos, embora soubesse que isso era apenas uma meia-verdade.

Não posso dizer que sou um admirador da literatura ou da pessoa de Zweig. O que acho que consegui fazer é ter um certa compaixão por ele. Compaixão é querer compreender, nada de ter pena ou de poupá-lo. Com isso também não quero dizer que fui condescendente. Refiro-me à compaixão em sentido amplo. Eu o mostrei também em suas fraquezas: sua indefinição política, que irritou o filho de Thomas Mann, Klauss Mann. O próprio SZ escreveu sobre a compaixão.

O único romance dele, *Coração Inquieto* (*Be Aware of the pity*, título original em inglês, muito mais apropriado, aliás) – porque os demais livros eram novelas – é um livro sobre a compaixão, na verdade. Há um componente de piedade do Zweig em relação à Lotte, uma ex-solteirona asmática (doença que inadaptava as pessoas, na época). *Coração inquieto* foi escrito enquanto ele estava apenas namorando a Lotte. O título em inglês é muito claro: cuidado com a pena.

Não foi um gigante da literatura como alguns dos amigos e correspondentes, mas é um singular fenômeno de sobrevivência literária. Alguns de seus livros foram desprezados e, no entanto, continuam sendo recuperados. Mistérios da arte: a grandeza ou durabilidade de determinadas obras obedecem a regras ilógicas, alheias aos porteiros do Olimpo.

Romain Rolland está quase ignorado na França atual (apesar do Nobel em 1915), mas o antigo discípulo continua intensamente reeditado, revisto, citado, biografado e cultuado em seu país. Numa Alemanha que busca reencontrar-se com seu passado idealista, Zweig apaixona com a mesma intensidade os netos de seus primeiros leitores. Nessa Espanha moderna capaz de rever-se europeia e até mesmo centro-europeia, suas memórias foram incluídas no rol dos livros do ano, sessenta anos depois de publicadas. No Brasil e em Portugal, é best-seller em sebos e alfarrabistas, sai dos espólios para as estantes numa reciclagem vital que desafia a troca de gerações.

Escritores considerados "maiores" não resistem às releituras; Zweig, tido por alguns como "menor", cresce com elas. Tem sempre algo de novo a dizer através dos biografados, escolhidos a dedo em sua galeria de devoções.

Detestado pela direita católica e reacionária, atacado pela soberba nacionalista, desprezado pelos militares, identificado pela esquerda (então na clandestinidade) como agente da máquina de propaganda de Vargas, desdenhado pelo pernósticos como escritor comercial, Zweig ficou praticamente sozinho. A despeito dos cem mil leitores brasileiros que compravam as coleções de seus livros e só lhe aumentavam o desconforto de ser bem-sucedido.

Zweig e o suicídio são velhos companheiros, pelo menos no campo literário: a morte voluntária está presente em pelo menos oito de suas histórias. Diante da catástrofe mundial, Zweig recolheu o velame da criatividade e envergou o luto, a morte entendeu a mensagem e veio

BIOGRAFISMO **135**

buscá-lo. Não se sabe se tomou Veronal, Adalina ou morfina, certo é que se intoxicou consigo mesmo.

A solidão foi decisiva, mas também contribuíram a passividade de Lotte, a futilidade da Academia de Letras, a fúria do *Correio da Manhã*, o carteiro omisso, a pobreza da biblioteca de Petrópolis, as firulas de Montaigne, as cobranças dos amigos em 1933 e o alto pedestal onde a fama o colocara e donde a angústia o derrubou.

A HISTORIOGRAFIA – COM A NOVA HISTÓRIA Francesa e a História Oral – conseguiu se libertar dessa camisa-de-força epistemológica, o que possibilita *insights* interessantes também para o biografismo. A Nova História forneceu diversas medidas para o entendimento da escrita biográfica e para a finalidade deste capítulo, que é apresentar perspectivas de entendimento sobre a cotidianidade inerente ao humano e sobre os coautores da "obra" do biografado, opondo-me à ideia de um ser humano *self-made*.

A Nova História (ou *La Nouvelle Histoire*, porque se trata de algo *made in France*) nos revelou algo que, dito hoje, parece óbvio: tudo tem história. Por isso interessou-se primordialmente no detalhe, tanto quanto no essencial; na clareza tanto quanto na substância; no registro não oficial tanto quanto no documento; na covardia tanto quanto na coragem.

La Nouvelle Histoire é, fundamentalmente, o título de uma coleção de ensaios editada pelo medievalista Jacques Le Goff, que também auxiliou a edição de uma maciça coleção de ensaios de três volumes acerca de "novos problemas", "novas abordagens" e "novos objetos" da História. Essa corrente de pensamento está associada à Escola dos Anais, agrupada em torno da revista *Annales: Économies, Societés, Civilisations*, fundada em 1929.

O historiador Peter Burke (1992, p.10-6) lista seis zonas de contraste entre a "antiga" e a "nova" História, que sintetizo a seguir:

- A Nova História começou a se interessar por virtualmente toda a atividade humana. "Tudo tem uma história", tudo tem um passado que pode em princípio ser reconstruído e relacionado ao restante do passado.

- Os historiadores tradicionais pensam na História como essencialmente uma narrativa dos acontecimentos, enquanto a Nova História está mais preocupada com a análise das estruturas.
- A História tradicional se concentra nos feitos dos grandes homens, estadistas, generais ou eclesiásticos. Os novos historiadores estão preocupados com as opiniões de pessoas comuns e com sua experiência de mudança social.
- O paradigma da História tradicional manda basear-se em documentos. Para se ocuparem de maior variedade de atividades humanas, os historiadores tiveram também de examinar maior variedade de evidências – visuais, orais e estatísticas.
- Maior variedade de questionamentos por parte dos novos historiadores: ocupar-se tanto dos movimentos coletivos quanto das ações individuais; tanto das tendências quanto dos acontecimentos.
- Preocupação com a abrangência da atividade humana e interdisciplinaridade: aprender a colaborar com antropólogos, economistas, críticos literários, psicólogos, sociólogos, jornalistas etc.

Todo biógrafo autoconsciente reconheceria que o mundo das experiências comuns, que se movimentam entre o público e o privado, é importante em uma biografia que pretenda escapar à visão rasa (típica do jornalismo de noticiários) de que uma pessoa constrói sozinha seu universo consagrador. Alberto Dines, na contracorrente, escreveu no prólogo da primeira edição de seu *Morte no paraíso* (1981, p.68) que "a história dos vencedores tem muitos coautores".

O herói perfeito é uma negação

Hoje em dia, ninguém hesitaria em aceitar – e talvez até praticar – que tudo tem uma história. Todos os seres vivos e todos os objetos inanimados também têm uma história. O que era previamente

BIOGRAFISMO **137**

considerado imutável para a História tradicional passou a ser encarado como uma construção cultural, sujeita a variações no tempo e no espaço. Por esse ponto de vista, a infância, a morte, a loucura, o clima, os odores, a sujeira, a limpeza, os gestos, o corpo, os sapatos, a feminilidade, a masculinidade, a homossexualidade e até o silêncio têm uma história.

A História tradicional concentrava-se apenas nos feitos dos grandes estadistas, generais ou ocasionalmente eclesiásticos. Mas a maioria dos novos historiadores estão preocupados com as opiniões e vivências da "pessoas comuns" e sua participação social no processo histórico. O desafio, no caso, é mostrar como o cotidiano de fato faz parte da História, e relacionar a vida cotidiana aos "grandes acontecimentos".

O paradigma-chave da História tradicional manda basear-se em documentos. Para se preocuparem com maior variedade de atividades humanas, os historiadores tiveram também que examinar maior variedade de evidências. Algumas são visuais, outras orais. A corrente conhecida como História Oral deriva daí. A História Oral é uma história construída em torno de pessoas, como diz Paul Thompson (grifos meus):

> Ela lança a vida para dentro da própria história e isso alarga seu campo de ação. *Admite heróis vindos não só dentre os líderes, mas dentre a maioria desconhecida do povo.* Estimula professores e alunos a se tornarem companheiros de trabalho. Traz a história para dentro da comunidade e *extrai a história de dentro da comunidade.* Ajuda os menos privilegiados, e especialmente os idosos, a conquistar dignidade e autoconfiança. *Propicia o contato – e, pois, a compreensão – entre classes sociais e entre gerações.* E para cada um dos historiadores e outros que partilhem das mesmas intenções, ela pode dar um sentimento de pertencer a determinado lugar e a determinada época. Em suma, contribui para formar seres humanos mais completos. Paralelamente, a história oral *propõe um desafio aos mitos consagrados da história,* ao juízo autoritário inerente a sua tradição. (ibidem, 1998, p.44)

Raramente vemos nas estantes das livrarias um livro sobre "pessoa comum" – uma expressão, aliás, anti-humanista. Ontologicamente falando, uma pessoa comum está para existir. A epistemologia da complexidade não está à nossa disposição porque as ciências e o mundo são complexos. A complexidade é humana tanto quanto a humanidade é complexa.

Logo, a expressão "pessoa comum" ou "simples mortal" não faz sentido nem filosófica, nem psicologicamente, como afirma Joseph Campbell:

> Não creio que exista isso de "simples mortal". Cada um de nós tem a possibilidade do êxtase em sua experiência de vida. O que é preciso fazer é reconhecê-lo, cultivá-lo e seguir em frente. Sempre me sinto incomodado quando as pessoas falam em "simples mortais", porque jamais conheci um homem, ou uma mulher, ou uma criança "simples". (ibidem, 2003, p.173)

DINES MENCIONA UM LIVRO "INTERESSANTE" de Antonio Candido a respeito de um funcionário público brasileiro da época do Segundo Império – uma figura exemplar, mas anônima, ou seja, não reconhecida como "ator da História" pelos historiadores. É um trabalho extraordinário, editado pela própria filha do Antonio Candido com o título... deixe-me ver... Enfim, editado pela filha dele, que é um encanto de pessoa. O nome do livro*... Depois eu me lembro. Então, quando você (Sergio) prestou aquele exame de qualificação na ECA/USP...

Em 25 de novembro de 2004, prestei exame de qualificação para meu doutorado na ECA/USP. Naquele estranho dia, meu pai completava 65 anos de idade e duas semanas em coma na UTI de um hospital em Belo Horizonte, após uma queda em casa, que lhe custou um traumatismo craniano gravíssimo. Meu pai faleceu na semana seguinte ao exame de qualificação, precisamente em um triste, cinza e frio 2 de dezembro de 2004. Dines foi membro da banca de qualificação.

---

* Candido, Antonio. *Um funcionário da monarquia*: ensaio sobre o segundo escalão. São Paulo: Ouro Sobre Azul, 2002.

Dines prossegue: Quando você prestou aquele seu exame de qualificação na ECA/USP, e fez a proposta de trabalhar com aquele poeta mineiro, o Antônio Barreto, achei muito legal. Pensei: ele vai pegar uma pessoa não muito ilustre e por intermédio dessa pessoa dar um panorama, mostrar que nem só de ilustres vive a biografia. Mas você mudou de ideia porque o Antônio Barreto talvez não lhe rendesse uma boa discussão sobre o fazer biográfico... Apesar de ele ser uma figura interessante, não é biógrafo. Entendi.

Na verdade, caro Dines, Barreto e eu não conseguimos ajustar uma agenda em comum. Como ele mora em Belo Horizonte e eu em São Paulo, era difícil nos articularmos. Chegamos a ter um encontro tête-à-tête na casa de Barreto, em fevereiro de 2005. Passamos quase um dia inteiro falando sobre a vida. Um ótimo prenúncio. Mas não pudemos prosseguir.

Outro fator pesou: em seguida à morte de meu pai, minha mãe, que também mora em Belo Horizonte, atravessava um período complicado. Tanto ela quanto eu e o meu único irmão, aliás. Desgastes físicos e existenciais. Minha mãe exigia cuidados. Sua saúde esteve bastante debilitada em seguida à morte de meu pai. Em minhas idas a Belo Horizonte (poucas, infelizmente, por causa de minha carga de compromissos), procurei priorizar os assuntos familiares... Enfim, não tive fôlego para conversações como estas, que exigem muita atenção, muita dedicação, como você está vendo...

Mas, Dines, sinto que, independentemente de quem é a pessoa biografada, a gente busca o comum no conhecido e o extraordinário no anônimo. O que acha? Acho que é por aí. Tem uma frase do Shakespeare que diz: "...cada um em seu tempo desempenha diferentes papéis". Não consegui me lembrar de qual peça dele extraí essa frase.

Olha que coincidência: em meu livro *Biografias & biógrafos*, coloquei uma epígrafe do Graciliano Ramos que diz mais ou menos a mesma coisa: "Só posso escrever o que sou. E se os meus personagens se comportam de modo diferente é porque não sou um só". E também não me lembro de onde a extraí.

O universal e o singular caminham juntos, de mãos dadas. O que, em nós, é extraordinário e o que é comum? Não sabemos dizer, nem eu nem Dines. (*Risos.*) Uma das consequências de se fazer uma jornada ao passado, como o personagem Jonathan, do filme *Uma vida iluminada*, que assistimos juntos é... Encontrar a si mesmo, em si mesmo ou no(s) outro(s). O extraordinário vai acontecendo devagar. No percurso, a gente se dá conta. No percurso, a gente consegue enxergar o singular. A humanidade que buscamos está em todos os seres humanos.

Dines acredita que há um legado antibiográfico na cultura ibérica. De um polo a outro, a cultura portuguesa vai do antibiográfico ao tribalismo: os impérios dos amigos, os índex de pessoas proibidas, as listas negras, os vetos, a falsa veneração. Dines estava na lista de palestrantes de um seminário internacional organizado pelo Museu da Pessoa no Sesc Vila Mariana, em São Paulo. No dia 14 de agosto de 2003, não pôde comparecer porque estava gripado. Foi substituído pelo jornalista Luiz Egypto, parceiro de Dines no Projor (Instituto para o Desenvolvimento do Jornalismo). O Projor é a pessoa jurídica de vários projetos, entre eles o do Observatório da Imprensa. Egypto nos leu o *paper* que Dines havia preparado:

"O biografismo brasileiro ou luso-brasileiro não se desenvolveu por razões que a Antropologia poderia estudar: a sociedade tribalista, fechada, não admite o Outro, só admite iguais. E desta forma nosso biografismo foi prensado entre a apologia ou hagiografia e a iconoclastia. Ou somos reverentes ou irreverentes, impolutos ou vilões. Quando digo nós refiro-me a nós, biógrafos ou biografados.

"Mirrou a nossa galeria de vultos ilustres, menos por falta de atributos de nossa gente e mais pelo partidarismo que encosta no paredão aqueles dos quais divergimos ou simplesmente não gostamos e coloca aqueles com os quais concordamos no pedestal da perfeição.

"Esta penúria não significa que devemos considerar insignificante a escola biográfica que floresceu até os anos 1960 e 1970 do século passado: Pedro Calmon, Raimundo Magalhães Jr., Luis Viana Filho, José Honório Rodrigues – para citar apenas alguns –, magníficos biógrafos e magníficos historiadores.

"Exemplo desta aversão aos grandes vultos é o caso de Rui Barbosa, que talvez tenha tido mais biógrafos-detratores do que biógrafos-biógrafos.

"O patrono do nosso jornalismo, Hipólito da Costa, antes mesmo de ser aquinhoado com alguma evocação positiva, foi vítima de uma sucessão de aleivosias de concorrentes mais longevos ou pósteros enciumados com os seus feitos e glórias."

No Brasil, como em outros países, o biografismo é moldado por uma indústria. Não, não. É uma pergunta, não uma afirmação. Ah, bom. Hoje em dia, se você não se preocupar com a vida sexual de sua "celebridade", você está falhando. Isso virou uma exigência. Silvio Bach fez um documentário sobre o Zweig baseado em meu livro e insinuou que ele era bissexual, sem que eu tenha dedicado uma linha sequer a esse assunto, simplesmente porque não localizei nenhuma evidência concreta, confiável a respeito. Tornou-se obrigatório hoje em dia classificar as pessoas conforme suas escolhas sexuais. O biografismo moderno exige que se enquadre o personagem num gênero: machão, hétero, bi, gay, sei lá. Uma coisa ridícula...

Mas... Dines, vejamos um ponto: existem gradações e tipologias dentro do que chamamos, genericamente, de "celebridade". Antonio Candido, por exemplo, é célebre, mas uma pessoa que raramente aparece na mídia... Sim, isso me faz pensar em um jogo múltiplo do biógrafo ou num jogo provocado pelos próprios editores de livros. Por exemplo: a Imprensa Oficial lançou uma coleção de biografias (ou seriam perfis?) de jornalistas.

No mesmo momento em que me convidaram para escrever o prefácio do volume sobre o Juca Kfouri, me disseram que estou na lista dos possíveis personagens da coleção. O prefácio sobre o Kfouri, escrevi com prazer. Mas sobre ser biografado, respondi: me tirem da lista. *Por quê?* Porque não quero. *Por quê?* Porque não quero. Se alguém quiser escrever, escreva, mas não com a minha colaboração. Dines, sua justificativa me remeteu a Gabo, que disse para seu biógrafo Dasso Saldívar: "Escreva sobre mim como se eu estivesse morto". Mas... No seu caso é diferente, você está fazendo uma pesquisa na qual eu próprio tenho interesse, e da qual sou parte, por ser biógrafo e jornalista.

ALÉM DE TUDO, UMA PERSONALIDADE não se repete, e por isso os comportamentos continuam nos desafiando. O ser humano é um microcosmo no interior do cosmo. As velhas dicotomias – corpo-mente, matéria-espírito, razão-emoção e outras tantas que impregnaram a era moderna – revelaram-se insuficientes para a com-

142 SERGIO VILAS-BOAS

preensão da realidade. É um equívoco, portanto, acreditar que o que não é quantificável e formalizável não existe ou não passa de resíduo do real.

Podemos acrescentar à discussão outra dicotomia: herói-anti-herói. Minha hipótese é de que as biografias deste nosso tempo (o início do século XXI) são épicos velados, que negam o ideal democrático do herói cotidiano. Há uma idolatria implícita nesses superlativos biográficos que desumanizam em vez de trazer para a Terra o universal/singular imbricados na existência.

Certa vez iniciei uma aula de Jornalismo Narrativo sobre o tema contracultura e New Journalism[1] com a seguinte pergunta: "Quem são seus heróis?". Por medo de errar (não saber dizer "o que o professor quer ouvir") ou por surpresa com a pergunta feita de supetão, o fato é que a turma, majoritariamente composta por alunos na faixa dos 22 aos 30 anos, emudeceu. Até que, minutos depois, foram surgindo timidamente nomes como Chico Buarque, Machado de Assis, Fernanda Montenegro, Mick Jagger. E novo silêncio.

Esses voluntariosos que pelo menos tentaram arriscar uma resposta confundiram ídolos com heróis, embora as duas coisas possam, eventualmente, coincidir. A confusão é o que menos importa, aqui; que os ídolos deles sejam pessoas notáveis (ou não) em seu campo tampouco importa. O que importa é que aqueles jovens tinham uma noção ou moral, ou materialista, ou tecnológica de he-

---

1 "Fase histórica e efervescente de renovação do Jornalismo Literário nas décadas de 1960 e 1970 nos Estados Unidos, caracterizada pela introdução de novas técnicas narrativas (fluxo de consciência e ponto de vista autobiográfico), grande exposição pública e popularidade, reivindicação de qualidade equivalente à literatura. Abundantemente praticada em revistas de reportagem especializadas em JL, publicações alternativas, livros-reportagem e até mesmo em veículos da grande imprensa. Registra a ascensão para a fama de grandes mestres da narrativa do real, como Gay Talese e Tom Wolfe, assim como o salto para a produção de não ficção de nomes consagrados da literatura, como Norman Mailer e Truman Capote." TextoVivo Narrativas da Vida Real. Verbete elaborado por E. Pereira Lima. Disponível em <http://www.textovivo.com.br/conceitos.htm>.

rói/heroína. Em suma, meus alunos tiveram enorme dificuldade de declarar suas referências.

Quem é herói/heroína? O cara que fez o gol da vitória do seu time no último domingo? O piloto de Fórmula 1 que chegou na frente depois de passar quase toda a prova em décimo lugar? A sua avó, que te criou com dificuldades depois que seus pais morreram? O Antônio Nóbrega, que valoriza cultura popular em um mundo globalizado? O porteiro do seu prédio, que consome 120 horas de vida por mês dentro de ônibus e trens lotados para fazer o trajeto casa-trabalho-casa na capital paulista? Você mesmo, apenas por ter nascido?

Todos esses/essas são heróis, sim. Mas também, e sobretudo, as pessoas que deram a sua vida por algo muito além delas mesmas. Mitológicos ou de carne e osso, os heróis estão sempre prontos para enfrentar uma situação, mesmo quando recusam-na ao primeiro chamado. Joseph Campbell explica por que a figura mítica do herói, para ele, tem "mil faces":

> Porque existe uma certa sequência de ações heroicas, típica, que pode ser detectada em histórias provenientes de todas as partes do mundo, de vários períodos da história. Na essência, pode-se afirmar que não existe senão um herói mítico, arquetípico, cuja vida se multiplicou em réplicas, em muitas terras, por muitos, muitos anos, muitos povos. Um herói lendário é normalmente o fundador de algo, o fundador de uma nova era, de uma nova religião, uma nova cidade, uma nova modalidade de vida. Para fundar algo novo, ele deve abandonar o velho e partir em busca da ideia-semente, a ideia germinal que tenha a potencialidade de fazer aflorar aquele algo novo.
>
> Os fundadores de todas as religiões se consagraram a buscas como essa. O Buda recolheu-se em isolamento, depois sentou-se sob a árvore *bo*, a árvore do conhecimento imortal, onde recebeu a iluminação que iluminou toda a Ásia por vinte e cinco séculos.
>
> Depois de ser batizado por João Batista, Jesus se isolou no deserto por quarenta dias e dali voltou com sua mensagem.

Moisés foi ao topo da montanha e retornou com as tábuas da lei. E você tem aquele que funda uma cidade – quase todas as velhas cidades gregas foram fundadas por heróis que partiram em expedição e viveram aventuras surpreendentes, a partir das quais cada um fundou uma cidade. Você pode também dizer que a fundação de uma vida – a sua vida ou a minha, desde que vivamos nossas próprias vidas, em vez de imitarmos a vida de alguém – provém igualmente do mesmo tipo de busca. (Campbell, op. cit., p.144)

Para Campbell, há duas espécies de heróis mitológicos. Alguns escolhem realizar certa empreitada, outros não. Em um tipo de aventura, o herói se prepara responsável e intencionalmente para realizar a tarefa. É uma escolha consciente, fruto de uma profunda reflexão interior. Há também as aventuras nas quais somos lançados de repente. Não era nossa intenção, mas de repente estamos na jornada. "A aventura para a qual o herói está pronto é aquela que ele de fato realiza."

Grinberg acompanha o conceito formulado por seu mestre C. G. Jung, que diz que herói é aquele

que incorpora as mais poderosas aspirações e revela a maneira pela qual elas são idealmente compreendidas e realizadas. Representa a vontade e a capacidade de procurar e suportar repetidas transformações em busca da totalidade ou de um significado. Implica não só a capacidade de resistir, mas também a de sustentar conscientemente a tremenda tensão entre os opostos. (Grinberg, 1997, p.226)

Não é necessário ser um superdotado para realizar a aventura na qual se lançar ou ser lançado. Talvez o arquétipo do herói espreite cada um de nós, sem que saibamos, sem que tenhamos consciência. Uma das muitas distinções entre a celebridade e o herói é que um vive apenas para si, enquanto o outro age para redimir a socie-

BIOGRAFISMO **145**

dade, porque a vida provém da morte; ou a bem-aventurança provém do sacrifício:

A coragem de enfrentar julgamentos e trazer todo um novo conjunto de possibilidades no campo da experiência interpretável, para serem experimentadas por outras pessoas – essa é a façanha do herói. (Campbell, op. cit., p.43-4)

Metaforicamente ou não, o herói é aquele que participa corajosa e decentemente da vida, no rumo da natureza e não segundo o rancor, a frustração e a vingança pessoais. Mesmo quando age pensando em algum benefício próprio, o herói real empurra e é empurrado para a frente por muitas pessoas, próximas ou distantes, pessoas de seu tempo ou de tempos vindouros. As ações do herói propagam-se, criando campos morfogenéticos.[2]

A concepção contemporânea ainda não aceita o herói subjetivo. Aceita o herói concreto, com atributos padrão como vigor, determinação, agilidade. A coragem também é incluída na cartilha, mas sempre no sentido de se adaptar, nunca de reagir às condições presentes. Mas a coragem "significa força para deixar o que é familiar e seguro. É necessária não só uma decisão crucial pela própria liberdade como nas pequeninas opções de cada momento", escreve o psicólogo Rollo May.

A idolatria do herói concreto se deslocou de sua função primordial, arquetípica, para o território do custo-benefício. Aldous Huxley classificou a idolatria superior da era moderna em três ca-

---

2 O trabalho do cientista Rupert Sheldrake sugere que todo sistema é regido por um campo de memórias que se propagam por meio de um processo não material chamado *ressonância mórfica*. Refere-se ao fato de que a realidade material está cercada e interpenetrada de energia. A concentração de certas energias, em um determinado local, em um certo momento, configura um campo de forças que condiciona a transformação da realidade concreta. O *campo morfogenético* é uma concentração de um tipo de energia que permite à natureza aprender coisas novas, realizar ações inovadoras, descobrir novos caminhos (Sheldrake, R. *The new science of life*: the hypothesis of morfic resonance. London: Blond & Briggs, 1981).

146 SERGIO VILAS-BOAS

tegorias principais: tecnológica, política e moral. Em ensaio originalmente escrito em 1946, escreveu que a idolatria tecnológica é a religião cujas doutrinas são promulgadas, explícita ou implicitamente, nas páginas de propaganda. E complementa:

> Pouco menos ingênuos são os idólatras políticos, que substituíram o culto dos aparelhos mecânicos redentores pelo culto das associações sociais e econômicas redentoras. Imponha-se o tipo certo de organização aos seres humanos, e todos os seus problemas, desde o pecado e a infelicidade até o nacionalismo e a guerra, desaparecerão automaticamente. ... Os idólatras morais são realistas na medida em que percebem que os aparelhos mecânicos e as organizações não bastam a garantir o triunfo da virtude e o aumento da felicidade e que os indivíduos que compõem as sociedades e utilizam as máquinas são os arbítrios que finalmente determinam se haverá decência nas relações pessoais, ordem ou desordem na sociedade. ... Os moralistas deixam de ser realistas e cometem idolatria na medida em que adoram, não a Deus, mas aos próprios ideais éticos, na medida em que tratam a virtude como um fim em si mesmo... (Huxley, 1991, p.276-7)

Um problema humano atual, que afeta o biografismo, é precisamente o oposto daquele que tiveram os homens dos períodos comparativamente estáveis das grandes mitologias norteantes, ainda hoje (neste 2006) vistas como "inverdades". Naqueles períodos, todo o sentido residia no grupo, nas grandes formas anônimas, e não havia nenhum sentido no indivíduo em si mesmo.

Agora, ao contrário, não há nenhum sentido no grupo – nenhum sentido no mundo: tudo está no indivíduo. Esse sentido é totalmente inconsciente? Sabe-se o alvo para o qual se caminha? O que move as pessoas atualmente? Campbell acha que todas as linhas de comunicação entre as zonas consciente e inconsciente da psique humana foram cortadas e fomos divididos em dois. Reforço

BIOGRAFISMO **147**

o comentário de Campbell com uma crítica de Edvaldo Pereira Lima à "esquizofrenia ocidental":

> o homem ocidental dos últimos dois séculos, pelo menos, viu-se crescentemente esquizofrênico, na medida em que a sociedade exigia-lhe frieza, racionalidade, objetividade. A máquina trituradora do consumismo, das ideologias políticas, do nacionalismo separatista, da ciência materialista, de boa parte dos meios de comunicação de massa, do sistema educacional cartesiano, enfim, aprisionou seus sentidos, deixando-o estrangeiro de si mesmo, reduzido a uma porção diminuta de sua autoconsciência. A emoção genuína perdeu espaço no gelo cirúrgico da lógica e a apreensão intuitiva definhou-se diante da impotência totalitária do raciocínio linear. (Pereira Lima, 1994, p.191)

Pereira Lima propõe que a jornada humana se desloque da individualidade ególatra para uma "consciência superior", algo independente do corpo, mas não da vontade, tal como a Física Quântica aponta. Para este autor, a etapa final da Jornada do Herói (formulada por Joseph Campbell) é a descoberta do "potencial divino", inerente à humanidade, e a busca do que chama de Ser Humano Integral, que é "a longa navegação rumo à nossa plenitude enquanto seres oriundos de uma consciência superior, onipresente e amorosa, que nos ampara no nosso processo de evolução".

Tocamos no ponto da união possível entre ciência e espiritualidade (não necessariamente religiosa – eu próprio não sou religioso). Essa convergência é pano de fundo sugestivo, a meu ver, pois oferece uma perspectiva mais aprofundada, menos primitivamente cartesiana, para o biografismo. Até porque é fácil assimilar que todos temos duas porções: a porção Newton (de Isaac Newton), que quer entender tudo em termos de objetividades, ciências e matemáticas; e a porção William Blake (1757-1827), místico poeta britânico que desenvolveu seu retrato do mundo em versos com base em suas percepções intuitivas.

148 SERGIO VILAS-BOAS

A metáfora da integração Newton-Blake é uma vertente atual e visível, com influências não só nas artes (biografia *é* uma arte), mas também nas ciências. Ela decorre, entre outras coisas, do entendimento crescente sobre a natureza da criatividade, como destacou o físico nuclear Amit Goswami, indiano residente nos Estados Unidos. Aos poucos, lembra-nos Goswami, vai perdendo força a ideia de que cientistas só trabalham com ideias racionais e matemáticas. "Einstein disse muito claramente: 'Não descobri a Teoria da Relatividade apenas com o pensamento racional'. As pessoas não levam a sério tais declarações. Mas Einstein falou isso sério."[3]

Goswami, que desde a década de 1980 vem pesquisando o ponto de união entre a Física Quântica e a espiritualidade, lembra que Einstein sabia que a criatividade era importante, e ela unia o consciente ao inconsciente de maneira cristalina (para ele). Quase cem anos depois, as pesquisas sobre criatividade estão mostrando que os cientistas também dependem da intuição, dependem de visões criativas para "criar" sua ciência; e nem tudo é racional, matemático.

A criatividade precisa ser vista não como peça de ficção, mas como um potencial humano para gerar transformações ou percepções que afetem o íntimo e o entorno de quem cria. As pessoas biografáveis mortas, que se destacaram em seus respectivos campos, são desenvolvidas em alguma(s) faceta(s). Por faceta(s), leia-se: enfrentamento(s) ou desafio(s). São adaptativas, criativas e talvez até constantes em alguma(s) faceta(s), jamais em todas. Acima de tudo, fizeram escolhas, e aí o biógrafo deve considerar que a recusa é uma das várias opções possíveis.

Mas, nas biografias contemporâneas, rigidamente convencionais, só podemos visualizar os biografados em termos de carreira/trabalho, ou seja, nós os vemos como uma suposição, embora pareçam muito concretos. É como se só ações concretas gerassem resultados concretos; é como se o biógrafo tivesse enfiado no cérebro de

---

3 RODA Viva, Amit Goswami 2001. TV Cultura, Log On/Culturamarcas, São Paulo, 1 DVD, colorido, sonoro, 2005.

seu biografado uma espécie de *software*, o *software* da previsão. No fundo, no fundo, o que o biógrafo realmente realizou foi acionar esse *software*, nada mais.

E o *hardware*? O *hardware* é o cérebro do sujeito. Sim, OK, a consciência e a inconsciência passam, transitam pelo cérebro. Mas o cérebro é apenas um dos pontos de imanência da criatividade. E parece haver já uma leitura (não compacta e tampouco uniforme) sobre outros aspectos que contribuem – e que impedem – o florescer dessa "super-realização" que tanto fascina e ao mesmo tempo cega os biógrafos.

Amit Goswami procura demonstrar que o universo é matematicamente inconsistente sem a existência de um conjunto superior – no caso, a noção profunda de "um algo mais" por trás das ocorrências inobserváveis e, portanto, não passíveis de sofrer qualquer interferência do observador. Goswami acha que, se esses estudos se desenvolverem como de fato prometem, a noção de Deus será objeto de ciência e não mais de religião.

> Não existe Matemática Quântica para o evento da mudança de possibilidades em eventos reais, que os físicos chamam de "colapso da onda de possibilidade em realidade". É essa descontinuidade do colapso que nos obriga a buscar uma resposta fora da Física. O que é interessante é que se postularmos que a consciência, o observador, causa o colapso da onda de possibilidades, escolhendo a realidade que está ocorrendo, podemos fazer a pergunta: qual é a natureza da consciência? E encontraremos uma resposta surpreendente. Essa consciência que escolhe e causa o colapso da onda de possibilidades não é a consciência individual do observador. Em vez disso, é uma consciência cósmica. O observador não causa o colapso em um estado de consciência normal, mas em um estado de consciência anormal, no qual ele é parte da consciência cósmica. Isso é muito interessante. O que é a consciência cósmica diante do conceito de Deus, do qual os místicos e teólogos falam? (ibidem)

150 SERGIO VILAS-BOAS

ACREDITO QUE TRABALHEI TODAS as facetas de Stefan Zweig. Mas, no final da terceira edição, você escreveu: "Ficou claro que não existe biografia definitiva, todas insuficientes. Uma vida – na realidade, a vida – é irreproduzível em todas as suas dimensões". Isso não significa que é impossível cobrir todas as facetas de uma vida? Sim, significa, claro. O que eu quis te dizer agora há pouco é outra coisa. Quis dizer que tentei abrir ao máximo, que tentei fazer o que achei que era relevante dentro do que está humanamente ao meu alcance. Descobri muitos aspectos inexplorados do Zweig. O que é bonito na biografia, aliás, é isso: você muda um ângulo e capta outra vida.

Peço a Dines que me diga três *turning points* na vida de Stefan Zweig. Depois de uma pausa, ele enumera: primeiro, a publicação de *Jeremias* (1917), escrito durante a Primeira Guerra Mundial, que foi o primeiro grande sucesso da carreira dele, um sucesso internacional, e no qual Zweig encontrou uma forma de se firmar na vida – porque ele, como já lhe disse, era um homem muito frágil. Seus dois esteios, na época, eram a Friderike, primeira mulher, e o amigo Romain Rolland.

Outro *turning point* foi sua parceria com Richard Strauss, em 1931:

Avança e recua, solta-se e encolhe – um homem e suas contradições. A maior delas tem música de fundo, partitura assinada pelo mais importante compositor alemão vivo.

Há dois anos (desde 29 de outubro de 1931), Zweig está envolvido em estranha e perigosa relação com o famoso compositor Richard Strauss, o monstro-sagrado dos nacional-socialistas. Com a parceria já em andamento, e Hitler no poder, Strauss é nomeado comissário nazista para a música, diretor da *Reichsmusikkammer* – um dos três músicos de estatura internacional que emprestaram seu nome ao regime nazista (os outros foram o pianista Walter Gieseking e o maestro Furtwangler).

Quando começaram a colaboração, era impossível prever que o agitador Adolph Hitler tomaria o poder e impensável a adesão de um dos maiores nomes da música internacional ao furioso esquema que seria imposto à Alemanha intelectualizada. A intensa e sigilosa correspondência entre o compositor e o escritor em torno do projeto – quase uma conspiração – prolongou-se até 1935, quando já não pairam dúvidas sobre as intenções nazistas.

Zweig, para Strauss, é um milagre; Strauss, para Zweig, é a glória. Melômano, colecionador de partituras originais, tão apaixonado por música que sua mesa de trabalho é a mesma que pertencera a Beethoven, alçado a parceiro de um dos mais célebres compositores, Zweig vislumbra novos caminhos como artista.

Mas a Gestapo intercepta as persistentes correspondências – consideradas "conspiratórias" – entre Strauss e "um judeu". Strauss acaba demitido do cargo. Zweig, por sua vez, começa a ser perseguido. Os fascistas invadem sua casa e o deixam acabrunhado. Ou seja, primeiro SZ se firma como escritor, mas em seguida sucumbe diante da vaidade, sabendo no que estava se metendo. Resultado: entra na lista negra dos nazistas.

Logo em seguida ao episódio com Strauss, separa-se de Friderike, depois de ser flagrado aos abraços com Lotte em um quarto de hotel em Nice, França. Esta é uma reviravolta importante. Lotte não sabia o que fazer com um homem mais velho, famoso e dependente dela. Imatura, asmática e inexperiente, Lotte era o oposto de Friderike, mulher forte, que não titubeava. Zweig imaginou que podia dar uma banana para Friderike e, apesar disso, que ela continuaria administrando tudo: as cartas de leitores, contratos, as viagens etc.

O *último turning point* foi o exílio no Brasil, vindo dos Estados Unidos. Aqui começou seu suicídio. O *establishment* intelectual brasileiro dos anos 1940, partidarizado e conservador, acusou Stefan Zweig de ter sido comprado pela máquina de propaganda de Getúlio Vargas,

> mas não sabiam os acusadores que o preço fora um visto de residência numa época em que os campos de concentração europeus se enchiam com aqueles que não conseguiam passaportes e salvo-condutos para países neutros.

Dines encontrou bem mais do que pretendia e, de sua nova imersão no mundo zweiguiano, retornou convencido de que as biografias não têm limites. São insubmissas e insubornáveis. "Se a primeira versão pode ser vista como uma aquarela, esta [*a terceira, lançada 23 anos depois*] seria uma água-forte."

É POSSÍVEL ESCAPAR À ARMADILHA da articulação de marionetes (biografados) e ventríloquos (biógrafos)? Se sim, isso é recomendável?

Permitam-me reiterar que a biografia seja também uma metabiografia, e esta leve em conta a normalidade tanto quanto a suposta extraordinariedade da pessoa biografável, que, aliás, pode ser qualquer pessoa. Porque normalidade e extraordinariedade não é nem uma forma nem uma fôrma; não são concretas nem objetivas; não são virtudes nem defeitos *a priori*. Por isso defendo que o biógrafo apresente facetas diversas de seu herói, e não apenas a extraordinária carreira.

Mais: sugiro voltar os olhos e os sentidos também para os coadjuvantes, os coautores da obra da pessoa em foco. Mesmo que o protagonista tenha atendido a seu chamado íntimo, mesmo que esteja movido por ideais coletivos não egoicos, mesmo que seu repertório seja humanista, mesmo que seu comportamento apresente traços provavelmente ideais para enfrentar a aventura, mesmo que... Não importa. O fato é que uma pessoa não é, não foi, não poderá ser um simples *self-made* nascido com o gene da vitória.

4
VERDADE

Um véu de verdade absoluta encobre as biografias, a visão dos biógrafos e a percepção de resenhistas e prefaciadores. O biógrafo pode atingir a verdade sobre o biografado? Pode-se recompor, filosoficamente falando, a totalidade da vida de um indivíduo pela escrita? Não. Entretanto, há certa tradição biográfica estabelecida, um modelo tácito que opera com uma cronologia ordenada, uma personalidade coerente e estável, ações sem inércia e decisões sem dúvidas.

Como na escrita da História, que é uma resposta provisória sobre o passado, a escrita biográfica também transporta a carga de seu autor, suas impressões pessoais, sua formação, sua história de vida, seus compromissos com a sociedade que o formou e consigo – o mesmo amplo conjunto de valores, aliás, que constituem o biografado, evidentemente.

Na apresentação de seu *Morte no paraíso* (1. ed.), Alberto Dines demonstra suspeita pela verdade biográfica:

O desapego ao passado, tanto em cultura como em política, cria aberrações como o cientificismo vanguardeiro e estéril, constrói modelos institucionais que desprezam os valores pelos quais o homem luta há milênios ... Se a busca da verdade somente fosse possibilitada pela técnica e prospecção, a história do pen-

154 SERGIO VILAS-BOAS

samento seria irrelevante, nossa vida intelectual teria começado em 1944 com a divisão do indivisível, o átomo. (1. ed. p.26)

Essa "declaração de consciência" sobre os limites e as possibilidades da biografia não é comum entre os biógrafos brasileiros. Fernando Morais, por exemplo, manteve na apresentação das várias edições de seu *Olga* a seguinte afirmação (grifos do autor): "Este livro não é a *minha versão* sobre a vida de Olga Benário ou sobre a revolução comunista de 1935, mas aquela que acredito ser a *versão real* desses episódios". (2.ed., p.19)

Roberto Amaral, no prefácio de *Fidel Castro*, tomo I – *do menino ao guerrilheiro*, de Claudia Furiati, escreve:

> A tessitura da realidade, a construção dos fatos, a arrumação da história, a objetivação do sonho, o leitor vai encontrar na narração de Furiati, como o relato digno de um partícipe, porque ela tem absoluto controle sobre os fatos que conta, expõe, descreve, documenta. (tomo I, p.18)

Marcello Cerqueira, por sua vez, no prefácio ao tomo II, *do subversivo ao estadista*, justifica as escolhas de Furiati:

> O silêncio levou a autora a procurar o histórico ajudante de Fidel, comandante Jesús Montané, entregando-lhe o projeto da biografia. Após três meses, lhe respondeu com uma aparente contradição: Fidel abriria todos os seus arquivos secretos, confidenciais e reservados... mas não queria ser biografado. Afinal, a solução *sui generis*, sugerida por ele mesmo, deixava explícita sua concordância – seria uma biografia consentida. Ele só a leria depois de publicada, podendo dela discordar. (tomo II, p.12)

Ruy Castro adianta-se na introdução:

> Esta é uma biografia de Nelson Rodrigues, não um estudo crítico. Aqui se encontrará onde, quando, como e por que Nel-

son escreveu todas as suas peças, romances, contos e crônicas, mas não espere "análises" ou "interpretações". O que se conta em *O anjo pornográfico* é a espantosa vida de um homem – um escritor a quem uma espécie de ímã demoníaco (o acaso, o destino, o que for) estava sempre arrastando para uma realidade ainda mais dramática do que a que ele punha no papel.

Esses efeitos especiais de certeza aparecem também fora dos prefácios, apresentações e notas de autor. Aparecem na própria narrativa biográfica, em situações geralmente hipotéticas, inverificáveis, mas em tom sentencioso, como nestas passagens extraídas (grifos meus) de *JK, o artista do impossível*, de Claudio Bojunga:

> A vida e a carreira de Juscelino *se dividem em antes e depois* do encontro com Júlio Soares, amigo desde os tempos da rua Carandaí. (p.75)
>
> O Dr. Kubtischek fez um trabalho beneditino em [*Eduardo*] Frieiro: incisões de dez em dez centímetros, lancetando dezenas de focos purulentos, que se espalhavam pelo corpo do mal-humorado escritor. Frieiro abriu os olhos no dia seguinte. Depois de uma semana voltou para casa. Ao se encontrar com dona Noêmia, Juscelino disse-lhe sem mais nem menos: "Hoje vou dar duas altas, uma ao Frieiro, que já está bom e pode voltar às suas atividades, outra a mim mesmo, pois encerro com o caso do seu marido minha atividade profissional". Guardou o avental, cumprimentou dona Noêmia, que arregalou os olhos, e *entrou definitivamente* para a política. (p.161)
>
> O relacionamento íntimo e fácil com os humildes *ficou resumido* na amizade de toda a vida com o motorista Geraldo Ribeiro, que ele conheceu na véspera da posse na prefeitura. Juscelino o descreveu como rapazinho moreno, retraído e afável, herdado do antecessor José Osvaldo de Araújo. (p.170)

A ideia de verdade, somente a verdade, nada mais que a verdade é uma sombra no trabalho dos biógrafos. No meio jornalístico,

156 SERGIO VILAS-BOAS

então, é unânime que a primeira obrigação do jornalista é com a verdade – com "dizer a verdade". Vai chover amanhã? O trânsito está ruim hoje? O meu time ganhou? O que disse o presidente? Kovach e Rosentiel afirmam que, no jornalismo, a verdade cria uma sensação de segurança que se origina da percepção dos fatos. E complementam:

> O interessante é que as sociedades opressoras tendem a desprezar definições literais de verdade e precisão, da mesma forma como fazem os pós-modernistas hoje, embora por diferentes razões. Na Idade Média, por exemplo, os monges diziam que havia uma hierarquia da verdade. No mais alto nível estavam as mensagens que nos contavam sobre o destino do universo, questões do tipo "existe de fato o céu?". Depois vinha a verdade moral, que nos ensinava a viver. A isso se seguia a verdade alegórica, que ensinava a moral das histórias. Finalmente, no fundo, a menos importante, a verdade literal, que os teóricos diziam ser geralmente irrelevante e vazia de significado. Como explicava um manual do século 14, usando uma lógica similar a de um erudito pós-moderno de hoje um produtor de Hollywood, "não importa se é verdade histórica ou se é ficção, mesmo porque o exemplo não é dado pelo seu próprio valor, mas sim pelo seu significado". (Kovach e Rosentiel, 2004, p.6)

Por sua própria natureza, o jornalismo cotidiano é reativo e pragmático, nada filosófico ou introspectivo. No dia a dia, jornalistas escrevem pouco ou quase nada sobre assuntos como "o que é fato" e "o que é verdade"; e o pouco que existe não é lido pela maioria dos jornalistas que cobrem "a agenda do dia". Além disso, persiste, neste 2006, a mentalidade do jornalismo como um ofício que se aprende por osmose, não na escola.

Um dos resultados do autodidatismo são declarações ingênuas do tipo "a imprensa é um espelho da sociedade", "jornalismo é a verdade sobre os fatos", "selecionamos o que o público quer saber", "imparcialidade e neutralidade são a base do jornalismo" etc.

BIOGRAFISMO **157**

Tais "slogans" tornam os jornalistas passivos, meros reprodutores de fatos. É como se pensassem que a verdade é alguma coisa que surge sozinha como o pão que cresce no forno. Os jornalistas-biógrafos guardam essa mesma mentalidade. Fernando, Ruy, Bojunga e Claudia parecem condicionados ainda à ideia de que a verdade pode ser atingida em sua totalidade apenas com informação e volume. Grandes volumes!

SAEM, ENTÃO, EM BUSCA DA biografia definitiva, expressão intrigante, não, Dines? Transmite uma falsa impressão de "palavra final sobre a pessoa". Fernando Morais, com sua "versão real", atingiu a verdade sobre Olga Benário Prestes ou sobre Assis Chateaubriand? Não, claro que não. Biografia definitiva? Duvido. Uma carta nova, uma foto, um recorte, um depoimento desconhecido e a biografia definitiva já era, observa Dines: Aliás, *Olga* não é uma biografia. É um pedaço de vida calcado no trabalho de Ruth Werner e sem o devido crédito.

Dines é reincidente biógrafo de um biografado que se recusa a desaparecer. Considera-se mais bem aparelhado para rever seu Zweig do que há 25 anos, quando publicou a primeira edição de *Morte no paraíso*. "Zweig continua o mesmo: vida, obra e morte não se alteraram. Mas certas biografias precisam ser reescritas a cada geração. Uma vida, qualquer vida, transcende seu registro: indispensável continuá-lo."

Entre julho e novembro de 2005, Dines e eu nos correspondíamos pelo menos semanalmente. Mas ele ainda estava impossibilitado de me receber pessoalmente por causa de sua agenda cheia e por seu envolvimento com a versão em alemão de *Morte no paraíso*. Foram necessários, por exemplo, esclarecimentos sobre o período em que Zweig se exilou no Brasil, que inclui lugares e personagens desconhecidos dos públicos europeu e norte-americano. Por e-mail, perguntei-lhe como estava indo a "versão alemã". Dines me respondeu assim:

> Terminei o Epílogo e por causa dele preciso dar alguns retoques em dois ou três capítulos anteriores. Neste fim de semana vou reescrever os agradecimentos. Em seguida, me trancar para revisar o texto inteiro em alemão. Vai ser fogo! A tradutora vem ao Brasil passar três semanas em novembro para os "confrontos" finais. Depois disso, baixará a pressão.

Mas fiquemos em contato. No outro dia eu ia te escrever um e-mail sobre a "teoria do quebra-cabeça". Quando você monta um *puzzle* todas as peças são essenciais e a última – qualquer que seja – é decisiva. Acho que vale para a montagem de uma biografia. No outro dia fui à Biblioteca Nacional do Rio só para verificar duas "coisinhas", dois detalhes. Estas coisinhas revelaram-se "coisonas". É claro que se eu tivesse usado estas informações no início também seriam importantes, mas foram relevantes com o retrato inteiro já pronto.

Abração

Dines

29.9.2005

Teoria do quebra-cabeça: teoria ou metáfora? Acho que você quis dizer que se a suposta última peça é maior ou não tem o mesmo contorno da última lacuna do *puzzle*, o biógrafo tem de "ficar em aberto" (caso a obra já esteja solta no mundo, publicada, como no seu caso). E agora?

Abração

Sergio

29.9.2005

Teoria ou metáfora, no caso, seria a mesma coisa. A última peça só é importante porque é a última peça e não porque mostra um detalhe vital da imagem. A sua importância decorre do fato de você já ter entendido tudo a respeito do biografado. Então aparece um papelzinho insignificante, uma data, uma opinião e... faz-se a luz.

Abração

Dines

29.9.2005

Zweig reaparece mais definido: nesse intervalo [*de 23 anos*], o acervo a seu respeito foi enriquecido por obras inéditas, diários íntimos, enxurradas de cartas, pletora de ensaios, pequenas e grandes biografias. O jogo de espelhos multiplicou-se, a soma dos diferentes olhares deu-lhe nova dimensão, nem maior nem menor.

Michelangelo, quando terminou de esculpir seu Moisés – biografia em mármore – deu-lhe uma martelada para que falasse. Queria continuar o diálogo com sua criatura. Publicada, não significa que uma biografia tenha sido encerrada. Mister prosseguir – é contratual. Sem envolvimento verdadeiro, pode se converter em biofagia.

Perguntei a Michael Holroyd, considerado o grande mestre da biografia inglesa contemporânea (autor do monumental retrato de Lytton Strachey, o renovador do biografismo inglês), por que razão voltou a enfiar-se num texto concluído um quarto de século antes (em seguida à empreitada da biografia de George Bernard Shaw): "...eu queria verificar como meus biografados (e eu mesmo) haviam se transformado durante o intervalo. Strachey, na minha primeira versão, apareceu como figura dos anos 1960, apóstolo do *flower power* e do *let's make love, not war*. Nos anos 1990, mudou de posição, passei a vê-lo como o historiador da era vitoriana que contrabandeou comportamentos desviantes para a herança nacional britânica e tornou-os atraentes graças a seu estilo irresistível".

BIOGRAFIAS REVELAM TANTO QUANTO ocultam. Podem nos parecer superconsistentes sob o disfarce da historiografia, da psicologia, do ensaio literário e da linguagem jornalística ágil, às vezes criativa e instigante, como no caso de Ruy Castro. Mas trazem mais a retórica da verdade do que a verdade da retórica. Uma hipótese é a da validação: por convenção tácita ou presunção, uma biografia só pode ter validade se expressar (ou fazer parecer que expressa) a verdade, nada mais que a verdade. Luiz Viana Filho pondera que...

o biógrafo jamais conseguirá sair do seu trabalho com a satisfação dum matemático, que acaba de resolver uma equação e está seguro da exatidão dos resultados. Para ele, restará sempre margem de erro e de dúvida, consequência da nossa capacidade de discernir e destrinchar o que há de complexo em qualquer existência. ... no estágio atual do conhecimento humano, poucas coisas poderiam ser tão jactanciosas, e por isso mesmo ridículas, quanto um biógrafo pretender haver escrito a "vida verdadeira" de alguém. Evidentemente, poderá fazê-lo, mas jamais poderá ter a certeza plena de o haver conseguido. Afirmar, portanto, que alcançara aquela meta seria apenas impostura. (Viana Filho, 1945, p.53-4 e 57)

Verdade, para ocidentais, significa apenas, ou sobretudo, fatos científicos. Fatos verificáveis, comprováveis. Mas se recapitularmos as últimas questões que nos perturbaram – sobre as quais tivemos de ponderar para descobrir se nossas as hipóteses eram verdadeiras ou falsas – perceberemos que poucas tinham algo a ver com assuntos passíveis de ser provados por métodos rigorosamente científicos.

Que rumo dar à carreira, como ajudar a filha com problemas na escola, trocar ou não trocar de carro no momento, decidir sobre a forma de tratamento da doença do pai etc. – são questões que nos ocupam. Provas técnicas ou pesquisas científicas raramente são decisivas nesses casos.

Eis o ponto: a verdade científica, que pauta os biógrafos, não é o mesmo que a verdade íntima, que pauta os biografados.

A verdade, para a ciência, é sinônimo de objetividade. A objetividade é condição *sine qua non*, evidente e absoluta, de todo o conhecimento que se possa chamar de científico, no sentido clássico do termo. Os dados nos quais os cientistas baseiam as teorias científicas são objetivos, por serem verificáveis.

Morin considera isto "absolutamente incontestável". Em contrapartida, o mesmo autor contesta que uma teoria seja objetiva:

> Não, uma teoria não é objetiva; uma teoria não é o reflexo da realidade; uma teoria é uma construção da mente, uma construção lógico-matemática que permite responder a certas perguntas que fazemos ao mundo, à realidade. Uma teoria se fundamenta em dados objetivos, mas uma teoria não é objetiva em si mesma. (Morin, 1998b, p.40)

A ciência adquiriu a função de proporcionar ao cidadão uma explicação coerente do mundo. Mas nem só de objetividade é feita a ciência, e muito menos o biografismo. Não há cosmovisão objetiva, porque a cosmovisão é exatamente algo que altera, de algum modo, a objetividade científica. Luiz Restrepo afirmou que a ciência não pode encher os vazios provocados pela falta de uma ideologia ou uma religião, e comentou:

> A partir de um interesse de domínio universal e de homogeneização cultural, é até compreensível que se afirme a necessidade de uma lógica cartesiana ou baconiana; mas se o que buscamos é interagir com o ambiente que nos cerca, atendendo à singularidade dos seres, teremos que recorrer a uma dinâmica gnosiológica aberta ao conhecimento efetivo do contexto e da diferença. ... A generalização é apenas um momento do conhecimento que, para ser válida, deve articular-se a uma fase de contextualização, a uma aventura práxica, pois só a sensibilidade nos orienta para interagir corretamente com a singularidade dos seres e dos entornos. (Restrepo, 1998, p.39)

Seres e entornos não se mapeiam. Cremilda Medina adverte que o mapa não é território. Uma coisa é o território, outra é o mapa que se desenha do território. O mapa é uma criação humana; e a demarcação do território, idem.

Se houve algum momento em que se acreditava ideologicamente que a cartografia humana era um paradigma definitivo para, com técnica e tecnologia, produzir um retrato objetivo do mundo, hoje não se pode entender com essa dureza objetivista a mutante capacidade de simbolizar um território em um mapa. (Medina, 2003, p.78-9)

A célula-mãe da biografia é exatamente o humano e seus entornos, ambos imensuráveis, incalculáveis, indecomponíveis. Em uma biografia, enfrenta-se o real. Mas, como diz Cremilda, não está em jogo a razão ou a irracionalidade, e, sim, uma esfera que transcende a dicotomia racional/irracional. O que brota é um universo fluido, misterioso, não racional. Quando se constrói ou reconstrói um personagem ou uma história de vida, as fronteiras do real e do imaginário se diluem. Ela pondera assim:

No complicado contexto de protagonismo humano, de ideias e de intervenções concretas do conhecimento científico e tecnológico, se entrelaçam pontos de vista. Escrevem-se então artigos em que o discurso se aprofunda na argumentação. Já nas narrativas vivas, imagens, sons ou relatos linguísticos se remetem à vida cotidiana, ao conhecimento comum, às sabedorias locais e universais. Nas histórias de vida a construção narrativa se vale da intuição no contato humano; na armação de conteúdos conceituais, prevalece a oficina da racionalidade complexa, capaz de costurar nexos. São procedimentos complementares, não dicotômicos. O casamento do discurso especializado com a vivacidade da aventura humana tece uma narrativa complexa. (Medina, ibidem, p.117-8)

Ana Taís Portanova Barros sublinhou que o desejo de realismo do jornalismo, a obrigação que este assume de "veicular o real", levou à constituição de um sistema de técnicas que exigem códigos necessariamente repetitivos. Desde que a "máquina newtoniana" começou a deletar os imaginários, estamos lançados em mais um jogo binário perverso: o falso *versus* o verdadeiro.

Nesse contexto de dicotomia praticamente ideológica, a verdade só poderia estar nos fatos, porque os fatos são o real, o real concreto; e o real concreto é aquele que se apresenta materialmente à nossa percepção. Deslegitima-se, portanto, o simbólico, que lida com o impalpável. Mas, segundo Ana Taís M. P. Barros, a...

realidade não é dada, não é em si ... Apesar de o objetivismo querer que exista um só mundo, independente do sujeito, a realidade se instaura quando o homem a percebe – e, por isso, o imaginário funda o real. Querer determinar o significado de tudo por antecipação, sem levar em conta a subjetividade de um ser que se relacione com esse tudo, de uma só vez desmitologiza (ou seja, dessacraliza) o mito e cria superstições. (Barros, 2003, p.78)

Entendo que o processo biográfico possa ser aperfeiçoado com um entendimento mais sofisticado sobre a natureza inexora-

BIOGRAFISMO **163**

velmente subjetiva de suas ações e reflexões. Os biografados não são consistentes, lógicos, simples e diretos como os biógrafos tentam nos fazer crer pela via da ostentação de seus perdidos e achados, seus gigantescos arquivos de informações, suas memórias prodigiosas, suas ideias fixas. Quando um biógrafo aceita a ideia do doutrinamento pessoal, o arquivo se converte em um lugar de registro, um pequeno recipiente vira instrumento para recuperar. Assim, poderão ver que o falso se funde ao verdadeiro, o relevante se descola com facilidade do resto e os acúmulos de testemunhos podem ser desafiados pelas próprias destilações do escritor a partir de monótonas massas de papel informativas.

Um biógrafo capacitado sabe que a lógica dos desejos individuais possuem deformações e perversidades; que uma das habilidades do humano é ser racional e irracional simultaneamente, tanto quanto imaginativo e enganoso. Em vez do esquema descendência-fatalismo-superlativações, a vida escrita poderia conter as ambiguidades que todos possuímos, e das quais estamos profundamente conscientes, no íntimo. Leon Edel me complementa:

> A nova biografia aprendeu o que a antiga nunca conseguiu entender: que nos contradizemos a nós mesmos e que somos ambivalentes, que a vida não é tão consistente nem tão intelectual como a biografia desejaria, e que quando nos aproximamos tanto quanto possível do caráter, da personalidade e da natureza do temperamento e do gênio, escrevemos o tipo de biografia que mais se aproxima da verdade. Na luta com materiais difíceis de manejar, o biógrafo pode recordar como Madame Curie e seu marido fundiram toneladas e toneladas de resíduos de pechblenda durante muito tempo com o fim de obter por último uma quantidade muito reduzida de rádio: o equivalente dessa quantidade, no processo biográfico, seria o espírito humano misterioso, oculto e raramente visível, seus mitos internos e a propulsão interna que o conduz do despertar diário à existência. (Edel, 1990, p.89)

164 SERGIO VILAS-BOAS

Guardadas as proporções, a biografia que se atinge e se publica é algo incidental, como qualquer outra coisa estudada pelas ciências, ou como qualquer matéria jornalística publicada em periódicos. Não há nenhuma "pessoa realmente real" por trás de um texto biográfico. O biografado existe em um "sistema de discurso". Mas um dos postulados da (meta)biografia, esboçados nas primeiras páginas, é o de que há uma pessoa lá fora (fora da biografia convencional) que viveu uma vida interior e exterior, e essa vida precisa ser escrita simplesmente porque *é vida e é obra, simultaneamente*. A "pessoa real" existiu, talvez já tenha morrido, deixou sua marca em outras pessoas e experimentou emoções tipicamente humanas como vergonha, amor, ódio, culpa, raiva, desespero, compaixão etc. Essa pessoa que sente, pensa, vivencia é o real possível em um processo biográfico. Sua história de vida pode ser elevada ou diminuída pelo biógrafo. Mas daí a, como observa Norman Denzin, "argumentar por um quadro factualmente correto de uma pessoa 'real' é ignorar como as pessoas são criadas na forma de textos e de outros sistemas de discurso". (Denzin, 1989, p.23)

Biografia (livro) é um corpo no mundo, jamais *o mundo*

Há muitas lacunas entre a realidade, a experiência e a expressão. Textos narrativos costumam ser interpretados como evidência documental sobre certas situações reais. Mas esses textos não são essas experiências. São alguma outra coisa, e essa coisa não é o que esses textos passam a ser. Qualquer realidade só pode ser obtida quando conseguimos elevá-la a um patamar superior a ela própria, examinando-a sob um quadro amplo de referências, como aponta Edvaldo Pereira Lima:

> Isso significa, em termos sistêmicos, confrontar o segmento de realidade sob escrutínio com o panorama amplo da ordem hierárquica onde se insere. Quanto mais abrangentemente loca-

BIOGRAFISMO **165**

lizarmos o segmento com referência ao conjunto da ordem hierárquica, melhor poderemos encontrar-lhe o sentido ... Simultaneamente, convém lembrar que qualquer acontecimento é fruto de uma série de forças que o determinam. Ou, em termos de física moderna, fazendo uma analogia, é uma onda energética em movimento rumo à sua transmutação em massa. Encontro o sentido e o significado da massa que agora percebo aos meus olhos, se vislumbro corretamente a sua trajetória ao longo de seu deslocamento contínuo – desde o passado até o presente, prosseguindo para o futuro –, e nas relações com outras ondas energéticas e massas. (Pereira Lima, 1993, p.239)

O biógrafo toma um indivíduo humano como figura central. Constrói os episódios do início ao fim com esse indivíduo. Metaforicamente, a biografia está para a História como o sistema ptolomaico, segundo o qual as estrelas giram em torno da Terra, está para o sistema de Galileu, que considera um planeta como algo relacionado ao universo; assemelha-se ao que uma tela significa para um pintor de retratos: o fundo que ilumina o rosto. Ou seja, a biografia é (ou poderia ser) uma narrativa de paradoxos e contradições também.

As condições historiográficas tampouco justificam o véu de verdade absoluta das narrativas biográficas contemporâneas. Evidentemente, a História não é uma acumulação de fatos e, sim, a narração deles. Os fatos que dizem respeito ao passado, se forem reunidos sem arte, são compilações; e as compilações, ainda que sejam úteis, não são mais História da mesma forma que a manteiga, os ovos, a salada e o alho não são uma omelete, como dizia o biógrafo inglês Lytton Strachey (1880-1932).

Strachey conquistou reputação exatamente por trazer seus célebres biografados para o âmbito do cotidiano e por romper com a obsessão (em voga) pela megabiografia. Strachey produziu relativamente conciso – cerca de 350 páginas – em *Rainha Vitória* (1921). Uma opção incomum, na época. Mas biógrafos ainda juntam centenas e centenas de fichas de dados acerca de seus sujeitos à medida que vão conduzindo a pesquisa e sentem-se no dever de colocar cada uma delas em seus textos.

Emergem relatórios autopsiais, compêndios pesadões, vendidos como "obra completa" ou "biografia definitiva" e suplementados por índices remissivos desnorteantes e longas listas de agradecimentos e de referências bibliográficas (Whittemore, 1988, p.10). Esses "acessórios" não necessariamente tiram o prazer da leitura (texto bom independe disso, claro), tampouco são necessariamente comprovação de qualidade ou transparência. É como se quisessem nos dizer: aqui está *tudo*.

Mark Kramer, jornalista e diretor do programa de Jornalismo Narrativo da Fundação Nieman na Universidade Harvard, me ofereceu um comentário curioso num dado momento em que nos correspondíamos por e-mail a respeito das relações entre biografia e Jornalismo Literário. Para Kramer, mesmo as biografias de peso físico são como "caldo de galinha em cubos".

Mesmo nas megabiografias, com suas "trocentas" páginas, o sabor galinha do cubinho está tão hiperconcentrado que já perdeu totalmente o sabor original:

> Ao concentrar oitenta anos de vida em quinhentas páginas, qualquer idealização, romantização ou ideologização também se torna hiperconcentrada. E isto conduz à possível identificação de uma grande probabilidade de distorções magnificentes. Creio que deve ser uma disciplina especial dos bons biógrafos considerar e corrigir os possíveis efeitos de uma vida hiperconcentrada.[1]

Raros os biógrafos que têm a coragem do professor de literatura José Maria Cançado, autor de *Os sapatos de Orfeu: uma biografia de Carlos Drummond de Andrade*. Cançado conseguiu escrever

---

1 Kramer, M. "Biography and Narrative Journalism". Mensagem recebida por svilasboas@textovivo.com.br em 23 set. 2005.

BIOGRAFISMO **167**

uma obra excelente em "apenas" 362 páginas.[2] Cançado antecede sua narrativa com uma breve "nota do autor" que, observem, se opõe à ideia da *versão real* presumida por Fernando Morais na apresentação de *Olga*:

> Esta é *uma* [grifo do autor] biografia de Carlos Drummond de Andrade. Como isso, o que se quer é fugir da larga tolice de um certo entendimento essencialista da verdade, e assinalar o caráter de construção, de elaboração, e até de artifício, desse relato. Não, claro, no sentido de ficção, mas de disposição e organização das informações, dos dados e das situações. Não é preciso dizer que o tempo de uma narrativa, mesmo biográfica, não é o tempo do vivido. (Cançado, 1993, p.13)

Há observação valiosa, elaborada pela escritora Virginia Woolf (1882-1941), apreciadora da arte biográfica e especialmente das biografias escritas por Lytton Strachey: Uma biografia só pode ser considerada completa, dizia Virginia Woolf, se apenas explica seis ou sete eus, enquanto uma pessoa bem pode ter milhares. E todos esses eus pertencem à mesma pessoa – a pessoa procurada pelo biógrafo.

A fenomenologia de Edmund Husserl e Maurice Merleau-Ponty também nos indica que a verdade não é um fato verificável, e buscá-la não é função exclusiva do intelecto. A verdade é uma motivação do ser humano como um todo, que evolui na direção consciente do pensar-sentir-agir. Mas não pode haver experiência sem percepções, porque toda consciência é, em alto grau, consciência perceptiva.

A experiência não provém de antecedentes nem do ambiente físico e social. A experiência caminha em direção a eles e os sustenta, pois, como afirma Merleau-Ponty,

---

2 Refiro-me à 1ª edição, publicada em 1993 pela editora Scritta. *Os sapatos de Orfeu* foi relançado em 2006 pela editora Globo sem alterações.

sou eu quem faz ser para mim essa tradição que escolho retomar, ou este horizonte cuja distância em relação a mim desmoronaria, visto que não lhe pertence como uma propriedade, se eu não estivesse lá para percorrê-la com o olhar ou para senti-la amplamente. (Merleau-Ponty, 1999, p.4)

Na raiz de todas as nossas experiências e de todas as nossas reflexões encontramos então um ser que se reconhece a si mesmo imediatamente, porque ele é seu saber de si e de todas as coisas, e conhece sua própria existência não por constatação e como um fato dado, ou por uma inferência a partir de uma ideia de si mesmo, mas por contato direto com essa ideia.

A consciência de si é o próprio ser do espírito em exercício. É preciso que o ato pelo qual tenho consciência de algo seja ele mesmo apreendido no instante em que se realiza, sem o que ele se romperia. (ibidem, p.496-7)

Assim, o "penso, logo existo" é uma limitação, pois o interior e o exterior são inseparáveis da existência. O mundo está inteiro dentro de mim e eu estou inteiro fora de mim. Compreendo o mundo porque para mim existe o próximo e o distante, primeiros planos e horizontes, e porque assim o mundo se expõe e adquire um sentido diante de mim, ou seja, finalmente porque eu estou situado nele e porque ele me compreende. Merleau-Ponty sublinha também que a noção de mundo é inseparável da noção de sujeito:

Nós não dizemos que a *noção* de mundo é inseparável da noção de sujeito, que o sujeito se pensa inseparável da ideia do corpo e da ideia do mundo, pois, se só se tratasse de uma relação pensada, por isso mesmo ela deixaria subsistir a independência absoluta do sujeito enquanto pensador e o sujeito não estaria situado. Se o sujeito está em situação, se até mesmo ele não é senão uma possibilidade de situações, é porque ele só realiza sua ipseidade sendo efetivamente corpo e entrando, através desse corpo, no mundo. Se, refletindo na essência da subjetividade, eu a encontro ligada à essência do corpo e à essência do mundo, é porque minha existência como subjetividade é uma e a mesma que minha existência como corpo e com a existência do mundo, e porque finalmente o sujeito que sou, concretamente tomado, é inseparável deste corpo-aqui e deste mundo-aqui. O mundo e o corpo ontológicos que reconhecemos no coração do sujeito não são o mundo em ideia ou o corpo em ideia, são o próprio mundo contraído em uma apreensão global, são o próprio corpo como corpo-cognoscente. (ibidem, p.547)

Estamos no mundo. Coisas se desenham, um indivíduo se afirma, cada existência se compreende e compreende as outras. Nossos pensamentos errantes, os acontecimentos de nossa vida e os da história coletiva pelo menos em certos momentos adquirem um sentido e uma direção comuns e se deixam apreender em termos de uma ideia. O biografado e o biógrafo são sujeitos no mundo. O mundo está dentro deles, e vice-versa. Portanto, a biografia (livro) é um corpo no mundo, jamais *o mundo*.

No fundo, embora isso escape ao senso comum, os biógrafos não tecem *a* ou *uma* verdade sobre alguém. Eles tecem percepções (racionais e sensoriais) sobre alguém. Os biografados estão ou estiveram ali, antes de qualquer reconstrução que se possa fazer deles. A compreensão de alguns eus (*selves*) será viável, creio, se o biógrafo romper com suas obrigações cartesianas e assumir-se verdadeiramente como sujeito no mundo, sujeito do sujeito em foco e sujeito assumido (declaradamente presente) no mundo de sua narrativa (ler Capítulo 5).

Virginia Woolf apontou-nos o caminho dos eus, dos *selves*. Eus integralmente imperfeitos, alguns coerentes, outros paradoxais, outros inacessíveis pela experiência sutil ou concreta. Um biógrafo não precisa buscar a verdade absoluta do Grande Eu, muito menos defender essa busca diante de entrevistadores que, em sua maioria, desconhecem a arte de biografar. O que necessitam, ao que parece, é procurar alguns eus (*selves*) ou facetas à luz e à sombra desse Outro que também é (sou) Eu.

Em quadro amplo, multidimensional, a ideia de "biografia definitiva", portanto, é risível, embora consiga retomar-se a si mesma e projetar-se em falas, em intenções, em atos. Empregada inadvertidamente, essa crença acaba adquirindo o status de *ser*, embora o mundo (que contém o livro biográfico) nunca é senão uma obra inacabada; não está – nunca estará – terminantemente constituído.

"Biografia definitiva" é uma internalização. Resenhistas, editores, prefaciadores, críticos e/ou biógrafos internalizam projeções de campo. Os parâmetros costumam girar em torno de pesquisa e extensão. Em outras palavras: tamanho, quantidade e cronometria (ver Capítulo 6.). A confiabilidade é conferida a este ou àquele biógrafo já identificado com o campo biografias. São percepções físicas e, exatamente por isso, não isentas de deformações de conteúdo.

A própria noção de conteúdo – quando ancorada apenas em informação, volume e veracidade – envolve uma distância, exatamente porque fabrica uma profundidade espacial, e o espaço, concretamente, é um *lugar-nenhum*. No entanto, a qualidade é o esboço de uma coisa, a coisa é o esboço do mundo. A *episteme biográfica* em progresso não deveria esboçar espaço, forma e conteúdo estanques. O biógrafo tem o direito (autoral) de estribar-se em seus conhecimentos, vivências e percepções para aventar conjeturas. Seu papel não é simplesmente informar.

Vejamos outras barreiras ocultadas pelo véu da verdade absoluta. Uma delas é a prova (o documento), eterna questão da historiografia. Os biógrafos de mortos, por exemplo, em geral só podem se ater a documentos escritos ou orais. Viana Filho, narrador da vida de mortos (biógrafo de Rui Barbosa, Joaquim Nabuco e Machado de Assis), sugere que, ao contrário, os biógrafos busquem no conjetural, transparentemente, os elementos de que precisam para inferir a partir dos documentos.

BIOGRAFISMO 171

Os documentos em si (ou a interpretação que se dê a eles) continuam legítimos, sim. Mas documentos são matérias exteriores. O professor e biógrafo Richard Holmes, da University of East Anglia, Inglaterra, acha que toda prova documental é testemunhal e, portanto, uma "terceira via". Mas o biógrafo de um morto não pode realmente dizer com segurança que seu personagem, por exemplo, pensou ou sentiu uma determinada coisa. Construções narrativas com "ele/ela pensou" ou "ele/ela sentiu" só seriam possíveis com a participação efetiva do personagem. Se fossem possíveis, imprimiriam um toque reflexivo-literário atraente, a meu ver. No entanto, em biografias de mortos de longa data, o "pensa/pensou" e o "sente/sentiu", quando aparecem, e raramente aparecem, talvez signifiquem mais ou menos o seguinte: há indícios, com base em cartas ou diários ou relatos de diálogos, de que ele/ela pensou, ou de que ele/ela sentiu tal e tal coisa em dado momento. Por esse caminho, o biógrafo fica continuamente excluído, ou dispensado, do pacto que estabeleceu com seu biografado. Fica na posição do repórter de noticiários que ouve algo na confiança, *off the record*, e não pode fazer nada em relação ao que ouviu até encontrar um testemunho independente. O principal atrativo da biografia parece residir, em parte, em sua exigência por uma visão integral e coerente das relações humanas.

Isso está baseado no pressuposto profundamente esperançoso de que as pessoas realmente são responsáveis por suas ações, e que existe uma continuidade moral entre o sujeito interior e o sujeito exterior. A vida pública e a vida privada, ao final, acabam fazendo sentido uma para a outra; e uma não faz sentido sem a outra. Uma visão de vida dos gregos; o personagem se expressa na ação; e pode ser entendido, quando não necessariamente justificado. (Holmes, 1997, p.175)

Richard Holmes tocou na dicotomia verdade-mentira novamente e me remeteu a versos do poeta Manoel de Barros: "noventa

172 SERGIO VILAS-BOAS

por cento do que escrevo é invenção; só dez por cento que é mentira". Em um encontro há cinco anos, Manoel me provocou dizendo que "poeta não tem biografia; tem poesia". Creio que, dentro do poeta, há mais que poesia, mas a intimidade é a coisa mais difícil em biografia; e, quando atingida, é a mais notável.

A biografia convencional contemporânea tende ao esgarçamento do humano à medida que o biografado se torna adulto e coadjuvante de seu destino inexoravelmente glorioso. Mas, mesmo assim, é praticamente impossível, numa biografia respeitável, não surgirem momentos de intimidade, pequenas ocorrências cotidianas que dão um toque de sensibilidade ao calhamaço às vezes indigesto, porque o fogo queima tanto quanto a água corre.

Em cerca de quinhentas páginas (que vão do tomo I ao tomo II), a biografia *Fidel Castro*, de Claudia Furiati, por exemplo, é uma sucessão de golpes, conspirações, operações militares, assinatura de tratados, fugas, prisões, discussões políticas regionais e internacionais. Só lá pela metade do tomo II é que, finalmente, surgem dois tímidos toques dessa tal intimidade a que me referi:

> Fidel sofreu um enorme baque com a morte de Célia [Sánchez]. Se existiu quem o compreendeu por completo, fora ela. Aceitava as tensões de sua personalidade e as necessidades de seu ser original, como a da companhia de Lala ou das outras mulheres de sua vida, passageiras. O homem que cultivava a autonomia flagrava-se dependente. A intensa relação que com ela construíra no cotidiano, de repente se esvaiu, depauperando-o, em sua plena ascensão na arena internacional.
>
> Mas o elo entre Fidel e Célia tinha, na verdade, uma face conturbada. A imagem pura e heroica, que ambos deviam preservar enquanto espelhos da Revolução, impingira-lhes a sublimação e invadira o afeto, fazendo-o incompleto com o passar dos anos. Em Fidel, a carência de um amor comum se satisfaria em Lala, o segredo. Não que ele fosse ou se tornasse dúbio: ele encontrava-se inteiro em cada um de seus mundos. Já para Célia, todavia, não houve atalho; dedicava-se integral-

mente a ele – ou melhor, à Revolução –, sofrendo feliz. (tomo II, p.270-1)

Uma das prioridades dos afazeres no gabinete é manter Fidel pontualmente informado, alimentando a sua natural visão de largo alcance político. Ele recebe diariamente uma síntese das notícias das agências internacionais, confeccionada como um boletim-guia, separado por áreas de seu interesse. O trabalho de preparação desse boletim, além de exigir especialização, implica muita perspicácia sobre o ser de Fidel. É, portanto, a prerrogativa da seleta equipe da secretaria pessoal, pela qual transitam muitos informes confidenciais, alguns procedentes da Segurança do Estado, ou investigações de circuito interno para uma limpeza de redação, a serem encaminhadas a Fidel. Se ele resolve fazer anotações ao boletim, mudanças em textos e, eventualmente, redigir, como as fichas para um discurso, usa a tradicional máquina de escrever ou os faz à mão, pois o seu lado conservador ainda não o liberou para sentir-se à vontade com o computador e a internet. (tomo II, p.272)

Assim como os melhores retratos não são os que têm mais tinta ou os que nos mostram todos os poros de um rosto, também as melhores biografias não serão as que encerram maior número de documentos e citações, mas as que, no conjunto, nos proporcionem uma nítida e sincera impressão do autor sobre a vida e a personalidade de um ser humano, inclusive assumindo-se como portador de processos intelectuais e sensoriais.

Caso contrário, estaremos em vias de atribuir ao biógrafo de fulano mais "autoridade" que ao próprio Fulano. É o caso até de perguntarmos: afinal de contas, quem é o verdadeiro autor dessa vida que se escreve? Pergunta sem resposta, por enquanto. A única certeza é a de que precisamos de uma visão mais sistêmica para o trabalho biográfico.

Cole e Knowles, que me fornecem *background* sociológico para pesquisas envolvendo histórias de vida, afirmam que trabalhos biográficos sérios têm potencial tanto teórico quanto transformativo. O precedente reconhece a centralidade do "e daí?" e a força do trabalho de pesquisa produz *insights* sobre as vidas de indivíduos e, mais genericamente, sobre a condição humana, enquanto as constatações recentes nos impelem a imaginar novas possibilidades para aqueles sobre (e para) os quais pesquisamos. "Nós não somos agentes passivos de nenhum estado ou universidade ou qualquer outro agente social. Nossas responsabilidades estão relacionadas aos humanos." (Cole e Knowles, 2001, p.127)

DEPOIS DE 23 DE FEVEREIRO DE 1942, Zweig passou a ter duas leituras: a dos textos escritos e a do intrigante hipertexto final. A combinação explica a longevidade de um autor que todos consideravam "menor", condenado ao rápido esquecimento. Na formulação de biografias nas quais figuram as opções "vida e época" ou "vida e obra", o biógrafo suicida acrescentou outra: "vida e morte". A maneira de encerrar uma existência já não pode ser desconsiderada na era do livre-arbítrio.

A morte é parte da biografia de um morto. Acho que fazer uma biografia de alguém vivo é algo incompleto, porque o morrer faz parte do viver. À biografia de um vivo falta um elemento crucial – a morte. A forma de morrer tem a ver com a forma de nascer, com a forma de viver, e o suicídio possui um elemento de "vou pensar em como morrer".

Dines sorri e se autoironiza: mas nem vamos entrar muito nesse assunto senão eu logo bato as botas.

Referia-se ao fato de estar às vésperas de uma internação programada. Três dias depois, em 21 de dezembro de 2006, fez uma cirurgia no esôfago no Hospital Albert Einstein. Hérnia de esôfago? Não tenho, ou melhor, não sinto o refluxo, mas o médico acha que o refluxo desce para as vias respiratórias e me causa alergias. Devo ficar no hospital dois, três dias. Nosso próximo encontro terá de esperar a semana seguinte ao Natal. Na segunda-feira, dia 26, quero voltar trabalhar, se possível. Mas vou estar muito ocupado e...

Olha só, você tem uma gaveta no seu escaninho com a identificação "Biographia", com ph. Sim, tenho um projeto de fazer um levantamento bibliográfico de todas as biografias publicadas no Brasil. Isso entraria em um CD, no qual você poderia localizar por biografia, por biógrafo, por biografado, por assunto etc. Nome do projeto: *Biographica Braziliensis*. Não sou bibliotecário, nem biblioteconomista, nem bibliotecômano, mas seria interessante termos um "depósito" do que há de mais importante em biografia no Brasil.

Como lembra Norma Couri, esposa, Dines costuma bolar dezenas de projetos ao mesmo tempo. Mas não os retém. Ao contrário, divide-os com amigos, repassa alguns para quem estiver disponível e habilitado. O que mais deseja é ver projetos acontecerem, até porque sabe que lhe é humanamente impossível dar conta de tantas ideias. Nesta data, às vésperas do Natal, estava envolvido com a efetivação da compra do bangalô que pertencera a Stefan Zweig em Petrópolis.

A ideia é transformar a casa em um Museu da Literatura do Exílio no Brasil, algo assim. Muitos refugiados vieram para o Brasil na época da Segunda Guerra Mundial e escreveram e publicaram aqui. Além da Casa de Stefan Zweig, envolveu-se com um livro que a Biblioteca Nacional pretende publicar: a reprodução de toda a documentação em português sobre Stefan Zweig no Brasil – 1936 a 1942.

E ainda estou com o Antônio José da Silva, o Judeu. Sobre ele, tem este livro aqui, que acabou de sair, a propósito do seu tricentésimo aniversário de nascimento: *O judeu em cena* (Edusp, 2005) – organização, apresentação e cronologia de Alberto Dines e transcrição de manuscrito, versão para o português e notas de Victor Eleutério, historiador lisboeta.

Guardo o exemplar que Dines me oferece e agradeço. Em nossos diálogos, Dines falou-me bastante sobre a pesquisa que resultou no biográfico *Vínculos do fogo*, tomo I: *Antônio José da Silva, o judeu*, e outras histórias da Inquisição em Portugal e no Brasil (Companhia das Letras, 1992).

Tenho arquivadas em meu laptop todas as gravações integrais de todos os nossos colóquios realizados de dezembro de 2005 a maio de 2006. Salvei também todas as correspondências por e-mail a partir de setembro de 2005. Mas, por achar que aqueles *inputs* perturbariam o foco deste trabalho, preferi não abordar o processo de *Vínculos do fogo* por enquanto. Farei-o noutro momento, certamente.

O assunto "limites e possibilidades das biografias de vivos e de mortos" ressurgira naturalmente em duas ocasiões distintas.

Dines, entendo perfeitamente que, no caso específico de seu Zweig, a morte significa muito; diz muito de quem Zweig foi. Afinal, SZ suicidou-se em circunstâncias tétricas. Em contrapartida, a morte pode ser banal e irrelevante, nada dramática, nada enigmática. De repente o sujeito que nunca teve colesterol alto, pressão alta ou um estilo de vida sedentário... e plaf! Sofre um infarto fulminante...

Seguinte: o fato de o sujeito estar morto te obriga a um distanciamento. Você passa a ter de conversar sobre o morto, e as pessoas tendem a ser mais cautelosas ou mais abertas em relação aos mortos. Esqueça o fator invasão de privacidade. Não é esse o maior problema. O problema é de perspectiva, que se limita muito no caso de alguém vivo. O Michael Holroyd diz que o testemunho sobre alguém que está vivo é um, e o testemunho sobre alguém morto, outro.

É muito complicado biografar um vivo. A biografia de um vivo pode estar corrompida pelos relacionamentos pessoais, pelas "biografias de botequim" (nascidas de depoimentos aleatórios, apressados, manipuladores), burburinhos que emergem inevitavelmente. Uma biografia de personagem vivo pode ser inviável, e, o que é pior, inviabilizar outras no futuro. A perspectiva sobre um morto é bem mais interessante, sobretudo porque aí você tem a noção da vida inteira.

Não escrevo nem perfil. Prefiro um morto sobre o qual eu possa trazer um tempo perdido, e não apenas aspectos curriculares ou biográficos. A época em que a pessoa viveu é muito importante. Para mim, é mais desafiador trazer de volta a pessoa em seu tempo. Reescrevi *Morte no paraíso* porque as pessoas vão morrendo e, com isso, você vai ganhando liberdades. Certas coisas a gente não tem como dizer enquanto a pessoa está viva, simplesmente porque não temos nem noção de muitas coisas. Com o biografável morto, posso lidar melhor, vê-lo de maneira diferente, saber me situar no jogo de xadrez que é a vida. Não é o fato de o sujeito estar morto, e sim a perspectiva de poder enxergá-lo de outro ângulo. Isso não tem nada a ver com ofender ou lisonjear.

Dines reitera os anos dourados de infância, que é fruto de um tempo. Talvez, a maturidade humana aflora quando se adquire uma noção da própria biografia. Dines acredita ter, a essa altura, clara visão de sua biografia; e, ao que parece, sua visão não se prende a currículos ou carreira profissional. Como eu me vejo? Me vejo fruto daqueles tempos interessantes da minha infância: a guerra, o imperialismo, a vinda dos refugiados, os meus vizinhos, o Palestina Football Club... Sei que a infância não é determinante de nada. Mas no meu caso foi. Hoje me olho em retrospectiva e me entendo como homem e como judeu.

5
TRANSPARÊNCIA

Transparência é próprio de quem é transparente. Uma pessoa transparente inspira: clareza, luminosidade, autoconsciência; uma pessoa transparente compartilha, permite, assume (-se), expõe-se. Este capítulo aborda o fato de a maioria dos biógrafos não compartilhar com os leitores seus processos intelectuais e perceptivos. No entanto,

a única maneira prática de dizer ao público o quanto sabemos é revelar o máximo possível sobre nossas fontes e métodos. Como sabemos o que sabemos? Quais são as nossas fontes? Que tanto sabem elas? Que preconceitos mostram? Existem relatos conflitantes? O que não sabemos? Chamamos isso de Regra da Transparência. Consideramos essa regra o mais importante elemento na criação de uma melhor disciplina de verificação ... A mentira, ou o erro, está em pretender ser onisciente ou alardear mais conhecimento do que realmente temos ... Trata-se do mesmo princípio que orienta o método científico: explicar como aprendemos uma coisa e por que nela acreditamos – de forma que o público possa fazer a mesma coisa. (Kovach e Rosentiel, 2004, p.126-7)

Durante algum tempo, enquanto escrevia este livro, me perguntei: por que os biógrafos devem ser transparentes? A primeira coisa que me veio à cabeça foi: porque compõem, com seus personagens, um subjetivo jogo de espelhos que ultrapassa os fatos e as interpretações que venham a dar-lhes. Mas qual a finalidade de ser transparente? Confesso que, para essa pergunta, não encontrei respostas racionais. Mas sou capaz de reverter a pergunta: "por que não ser transparente?". Eis a questão.

Ora, não existe nenhuma regra declarada ou subentendida que impeça o biógrafo de dar transparência à sua narrativa pela inclusão (pertinente, sensata, comedida) de suas dúvidas, suas escolhas, seus conflitos, seus impasses, suas vivências ao longo da jornada biográfica; dizer, por exemplo, como chegou lá e até onde não pôde chegar por causa disso ou daquilo. Mas não uma ou duas linhas no prólogo. Refiro-me a expor-se no contexto do que se narra, a fim de imprimir franqueza e liberdade de espírito.

Cole e Knowles acreditam que a história contada por uma biografia convencional é, em alguns aspectos, tão ficcional quanto a narrativa inventada por um ficcionista, mas ainda assim persiste entre o público leitor a crença de que a biografia é uma arte dependente apenas de fatos. Certamente há biógrafos que inventam, mas eu não afirmaria que a maioria das biografias é invenção. Em contrapartida, a arte biográfica não é feita apenas de fatos verificáveis.

A narrativa sobre o biografado reflete elementos da vida do biógrafo também, embora esses elementos nunca nos sejam explicitados. O debate sobre a noção de literatura de não ficção segue em aberto, no que diz respeito à biografia tradicional, cujo processo parece engessado e intransigente. Raras são as biografias consideráveis nas quais os autores se assumem, se expõem, se permitem. Ao contrário, procuram se esconder atrás de seus "fatos-verdades".

O jornalista e crítico musical norte-americano Peter Guralnick, por exemplo, teve o bom senso (seria coragem?) de afirmar no Prefácio do primeiro volume de sua biografia de Elvis Presley (grifos do autor):

BIOGRAFISMO **181**

Esta é a *minha* história de Elvis Presley: não pode ser *a* história de Elvis Presley. Isso não existe; até mesmo uma autobiografia representa uma edição de fatos, uma seleção de detalhes, uma tentativa de dar sentido a vários acontecimentos da vida real. (ibidem, 1994, v.1, p.12-4)

Mas, diferentemente de Guralnick, os biógrafos preferem usar os prefácios e apresentações de suas obras para reafirmar: 1) a quantidade de documentos consultados sobre a pessoa; 2) a quantidade de entrevistas feitas (listam os nomes das centenas de entrevistados); 3) a imensurável quantidade de informações coletadas, que poderiam "gerar vários e vários volumes de livros sobre a pessoa".

Quantidade é garantia ou álibi? Talvez as duas coisas. O fato é que nós, leitores, não temos acesso à visão de mundo que orientou as movimentações do biógrafo no tabuleiro de xadrez que é o biografismo; não ficamos sabendo quais informações/interpretações decidiu descartar; não nos é garantido o direito de conhecer as dúvidas e impasses que inevitavelmente lhes ocorreram. Em geral, nem sabemos por que escolheram tal pessoa e não outra.

A biografia refere-se, sobretudo, a uma certa pessoa previamente escolhida pelo biógrafo por alguma associação livre, uma razão concreta ou uma intuição. Mas não se refere apenas à pessoa biografada, porque esta se constituiu por meio de uma rede de relacionamentos que ultrapassa o humano e avança rumo à relação da pessoa com toda a matéria, viva ou morta; com todos os artefatos que compõem seus pertences e não pertences; com todos os seus modos de lembrar e de esquecer – do próprio biografado e de algumas pessoas-chave com as quais se relacionou.

No entanto, nas biografias contemporâneas, a transparência raramente transparece (perdoem-me o trocadilho medíocre). Quando a transparência surge de repente, me surpreendo. Notem os trechos a seguir (grifos meus), extraídos do *Fidel Castro* de Claudia Furiati:

Intuí esse enredo em duas ocasiões. A primeira quando, em uma recepção no Palácio, *observei* Fidel cercado por um grupo de atiçadas venezuelanas que exibiam belos decotes nos vestidos justos. Perguntas tantas, curiosidades, risos, ele ali envolto mais de uma hora, com um solitário e permanente cálice de Martini branco na mão, até que soltou uma frase com desabafo: "Todos os meus amores são platônicos!". *Senti, de meu ângulo,* que ele não era precisamente um contemplativo, mas que apenas pusera um freio às atrações.

Outro ano, no encerramento do Festival de Cinema de Havana, no Palácio, *encontrava-me de novo por perto,* com ele conversando junto aos chilenos Elizabeth Menz e Miguel Littín, quando pediu a um ajudante que lhe trouxesse "flores de Célia" [palmas brancas da Sierra Maestra, preferidas de Célia Sánchez]. Vieram duas palmas que ele, em seguida, me presenteou, em um gesto de cavalheiro espanhol. *Senti que começava ali a compreendê-lo, quem sabe pudesse narrar um dia a sua história.* (tomo II, p.270-1)

Mas a expressão do Nobel colombiano [*Fidel como a imagem da solidão do poder*] *nos leva* além. *Ficamos* a cogitar se uma tamanha estatura não se esgota em si, margeando o total isolamento; se Fidel não é o general no labirinto ou o coronel a quem ninguém escreve, numa alusão aos personagens de nosso mestre escritor. *Assomam as perguntas* ante o estigma do poder revolucionário: ele recorre de fato a interlocutores, compartilha decisões, afinal escuta outras vozes ou acata apenas a sua? (tomo II, p.311-2)

Em *Fidel*, pelo menos há esses pequenos momentos (seriam epifanias autorais?) de exposição e meditação *dentro* da narrativa. A meu ver, isso enriquece e humaniza a obra. Em Jornalismo Literário sempre me referi a humanismo nos seguintes termos: tratar os seres humanos como genuínos protagonistas de histórias reais; compreender suas vivências; elevá-los a uma posição "superior" em relação às estatísticas.

Mas às vezes esquecemo-nos de dizer que a presença explícita do autor (seu humano ser) na reportagem também ajuda a huma-

BIOGRAFISMO **183**

nizar. Senti isso ao ler o compartilhamento – tímido, porém since-
ro – de Claudia Furiati nos trechos citados. Não porque ela usou a
primeira pessoa do singular. Estou me referindo, por enquanto,
à energia meditativa, autorreflexiva da autora. A autorreflexão,
como já disse, é a base para uma metabiografia, e um dos objetivos
da metabiografia é a transparência.

Outro *insight* me ocorreu ao ler trecho de Alberto Dines no
"Caleidoscópio" (a apresentação) de *Morte no paraíso* (1.ed, 1981):

> Minha disposição é a reportagem humanista – outra coisa
> não saberia fazer, ainda mais agora, quando a eletrônica e a ma-
> nipulação da objetividade criaram um novíssimo jornalismo
> que desloca definitivamente o New Journalism para a esfera da
> literatura.

Além da expressão "reportagem humanista", Dines me lem-
brou do New Journalism. Uma das qualidades do melhor New
Journalism era exatamente a transparência. Mas raramente se lê
alguma menção a essa característica, nem relacionada ao Jornalismo Literário e tampouco ao New Journalism.[1]

Tom Wolfe, um dos expoentes dessa fase histórica do Jornalismo Literário, sugeriu que o New Journalism exigia construção cena
a cena, imersão, pontos de vista variáveis e detalhamentos de "estilos de vida" (*lifestyles*). Cerca de vinte anos depois, em meados da
década de 1980, Norman Sims detectou, por meio de entrevistas,
que a primeira geração de *literary journalists* pós-New Journalism
havia ampliado esse conjunto de características marcantes.

Na nova lista de Sims, os entrevistados incluíram exatidão,
estrutura, voz autoral, responsabilidade e uso de metáforas, além
daquelas outras características apontadas por Tom Wolfe:

---

1 Para evitar confusões, esclareço que Jornalismo Literário e New Journalism (Novo
Jornalismo) não são sinônimos. Leia nota n.1 (p.142) do Capítulo 3.

Autores com os quais conversei mais recentemente adicionaram ainda "envolvimento" e "criatividade artística", algo não muito frequentemente associado com não ficção. Gênero inovador ainda em progresso, o Jornalismo Literário resiste a definições estreitas. (Sims, 1995, p.9)

Segundo Sims, a vivacidade evidente em textos de Jornalismo Literário é fruto da combinação do compromisso autoral com princípios e métodos que não são típicos do jornalismo de noticiários, e, sim, da Sociologia, da Antropologia, da História e da Literatura: "Jornalistas literários são atravessadores de fronteiras em busca de uma perspectiva mais profunda sobre nossas vidas e épocas". (ibidem, p.19)

Esse atravessar fronteiras constantemente em "busca de uma perspectiva mais profunda" nos leva a analogias inspiradoras para uma amplificação epistemológica do biografismo. Primeiramente, uma interface com a *autoetnografia*, que posiciona o eu (*self*) do antropólogo dentro de um contexto sociocultural como ponto de partida (ou ponto de vantagem) com base no qual se podem explorar elementos, assuntos e constructos socioculturais de maneira mais ampla.

Diferentemente da autobiografia, em que autor e narrador formam uma mesma "entidade" à procura de autoconhecimento e autorrepresentação, a *autoetnografia* reconhece que a "história pessoal" (*personal history*) – do autor, de um personagem e/ou de um grupo de personagens – ajuda a compreender contextos: familiar, institucional, social etc. "Sua finalidade é iluminar os sentidos de experiências passadas e como elas influenciaram ações futuras." (Cole e Knowles, 2001, p.21)

O antropólogo Clifford Geertz trabalhou também com a relação entre o antropólogo e a autoria. Para ele, há dois desafios em questão: de um lado, evitar tratar as pessoas como objetos; de outro, evitar o impressionismo etnocêntrico. Um sentido para esses desafios que envolvem o Eu e o Outro – "ser peregrino e cartógrafo ao mesmo tempo", segundo Geertz – seria uma metalinguagem, um "olhar para dentro da própria etnografia".

Geertz parte da ideia de separar e, naturalmente, avaliar duas etapas bem distintas do trabalho etnográfico. A primeira é a do antropólogo "estando lá" (*being there*), vivendo a situação de estar em campo; e a segunda, a etapa seguinte, corresponderia à experiência da escrita "estando aqui", no gabinete de trabalho. São etapas "interinfluenciáveis", segundo Roberto Cardoso de Oliveira. Questão central, no caso, é saber o que acontece com a realidade observada em campo quando ela é transplantada para o escritório.

> Se observar é um negócio tão pessoal, um pensativo passeio por uma praia sem sol não é também uma observação? Quando o sujeito assim se expande o objeto não encolhe?... Isto é literário. Ocorre com qualquer um que adota o que alguém poderia chamar, em trocadilho sério, de aproximação do eu-testemunhal para a construção da descrição cultural. ... Para ser um "eu--testemunho" convincente, é preciso, ao que parece, se tornar primeiro um "eu" convincente. (Geertz, 1998, p.78-9)

O fato de muitos antropólogos experimentais (os "pós-modernos") escreverem em primeira pessoa do singular não significa, necessariamente, que o texto seja intimista ou impressionista, como poderiam pensar os detratores "da polifonia, da polissemia e da ambiguidade poética" (Cremilda Medina constantemente recomenda a inclusão desses componentes tanto em relatos científicos quanto nos jornalísticos). Porque a escrita em primeira pessoa, como aponta Cardoso de Oliveira, deve...

> significar, simplesmente – e quanto isso creio que todos os pesquisadores podem estar de acordo –, que o autor não deve se esconder sistematicamente sob a capa de um observador impessoal, coletivo, onipresente e onisciente ... Isso me parece importante porque com o crescente reconhecimento da pluralidade de vozes que compõem a cena de investigação etnográfica, essas vozes têm de ser distinguidas e jamais caladas

pelo tom imperial e muitas vezes autoritário de um autor esquivo, escondido... (ibidem, 1998, p.30)

Os biógrafos demonstram em suas obras um "eu-convincente" ou um "eu-esquivo"? Infelizmente, a maioria das biografias contemporâneas é narrada oniscientemente, opção-convenção de que os biógrafos necessitam, talvez, para obter aceitação jornalística, literária, social e mercadológica. É como se o autor, sendo onisciente, tivesse firmado uma carta de convicções autocentrada a respeito de suas escolhas, suas interpretações e a estruturação da história.

Em narrativas de não ficção, a onisciência total reflete também a pretensa visão "cientificamente objetiva" das operações intelectuais. Aos jovens historiadores, por exemplo, ensinava-se desde cedo que a primeira pessoa – "eu" – precisa ser evitada a qualquer preço. O historiador iluminista inglês Edward Gibbon (1737-1794), autor de *A história do declínio e queda do Império Romano*, por exemplo, dizia que o "eu" é um dos pronomes mais repulsivos da História.

Mas John Clive, historiador alemão radicado na Inglaterra, morto em 1990, se deu ao trabalho de identificar o "eu" presente não só nos textos de Gibbon como também nos de historiadores proeminentes como Thomas Macaulay, Thomas Carlyle, Alexis de Tocqueville, Jules Michelet, Jacob Burckhardt, Elie Halevy e Henry Adams. Clive afirma que o motivo dessa aversão ao pronome eu reside em parte na modéstia e em parte no "pressuposto sempre convidativo, embora ilusório, de que o 'objetivo da objetividade' seja encorajado pela impessoalidade no modo de escrever – e talvez na convicção de que a boa apreciação dita uma distância entre autor e leitor". (Clive, 1989, p.25)

Clive estava ironizando. A "boa apreciação" não distancia autor e leitor. Ao contrário, aproxima-os. Mas uma narrativa da vida real toda à base do "eu-autor" jamais poderia ser uma orientação universal. Discernimento, isto sim, é a única orientação realmente universal.

No meio-termo, pitadas de "eu" e de "meu" adicionam levedura à massa do pão, uma sutil advertência aos leitores de que a escrita da história é, no fim das contas, uma empreitada humana e artística. (Christianson, 1993, p.171)

Leon Edel, em referência a Lytton Strachey, chama atenção para a necessidade de o biógrafo preservar sua "própria liberdade de espírito". Precisamos esperar, afirma Edel, que o biógrafo deixe a descoberto os feitos tal como os entende. Seu entendimento é inevitavelmente uma variável, maior ou menor, dependendo de sua capacidade de interpretação, análise e observação de si mesmo. Isso soa bastante óbvio e, sem dúvida, é a nossa melhor – talvez única – resposta (provisória) ao problema da onisciência, detalhada a seguir:

O biógrafo trabalha à luz de seus recursos particulares e de sua inteligência, porém dificilmente pode evitar suas próprias emoções e empatias; isto é, sua capacidade de empreender a aventura de descobrir as emoções de seu sujeito em uma expressão escrita ou verbal, e no seu desempenho. Quanto maior o domínio do biógrafo sobre a realidade, mais real será seu retrato criado. Tem assimilado em sua consciência muitíssimos documentos a respeito da vida do outro. O livro que resultará deve ser *sua* visão, *sua* forma, *sua* imagem. (ibidem, 1990, p.53).

Esse autor também se pergunta: por que [*os biógrafos*] não consideram experimentos com "pontos de vista"? Por que não consideram que seus sujeitos, em vez de serem achatados, ganhem uma qualidade tridimensional? Há casos em que os diários, ou as cartas, ou as memórias, ou mesmo as entrevistas de compreensão, de alguma forma, tornam isto parcialmente possível.

A biografia, por seu temor à ficção, não tem estudado suficientemente aquilo que pode tomar enquanto técnica. Há ainda muito espaço para testes e experimentos. (ibidem, p.165)

A rigidez em relação à onisciência é outra barreira à transparência. A onisciência férrea obscurece em vez de clarear. O narrador

188 SERGIO VILAS-BOAS

torna-se um ente "imperial, autoritário, impessoal, esquivo, oni-presente e escondido", para usar os adjetivos já apontados por Cardoso de Oliveira em relação a antropólogos objetivistas. Nesse ponto, inspirações podem ser extraídas das experiências do Jornalismo Literário. Mark Kramer afirma que o autor em Jornalismo Literário possui uma persona identificável: inteira, íntima, franca, irônica, bem-humorada, perplexa, avaliadora e até autodesafiante – "qualidades que acadêmicos e repórteres de noticiários muitas vezes tomam como não profissionais e não objetivas". E complementa:

> Tenho apontado que existe alguma coisa intrinsecamente política – e fortemente democrática – em relação ao Jornalismo Literário, alguma coisa pluralística, pró-indivíduo, antioficialista e antielitista. Isso parece inerente às práticas usuais de sua forma. O estilo informal interrompe as generalidades obscurantes de credos, países, empresas, burocracias e mestres. E as narrativas de vivências cotidianas põem sob teste idealizações contrárias à atualidade. A verdade está nos detalhes da vida real. (Kramer, 1995, p.19)

Eu diria que os detalhes do *making of* também ajudam a dar transparência à narrativa biográfica. Os documentários cinematográficos – especialmente os do chamado cinema-verdade[2] – são inspiradores nesse aspecto. O cineasta e etnógrafo francês Jean Rouch (1917-2004) cunhou o termo cinema-verdade em homenagem ao colega soviético Dziga Vertov (1896-1954), um dos primeiros a pensar de maneira sistemática e autoconsciente o cinema não ficcional. O termo, claro, gerou controvérsias. Muitos críticos viam

---

2 Com o surgimento do som direto (o som sincrônico ao movimento), na década de 1960, muitos documentários passaram a ser produzidos sob o nome "cinema-direto", que pretendia ser "uma mosca na parede", ou seja, mostrar o filmado sem incluir nesse filmado o processo de filmagem. O cinema-verdade, anos mais tarde, romperia com essa proposta.

BIOGRAFISMO **189**

essa vertente documental como pretensiosa por querer captar a verdade do mundo.

Mas não era bem isto. O que Jean Rouch queria – e fazia, de fato – era exatamente problematizar a questão da verdade na tradição do documentário. Como? Dizendo que a verdade possível dessa forma de cinema é aquela que inclui a presença dos cineastas e revela as condições de produção. Não se trata, pois, de filmagem da verdade, como o próprio nome levou a crer, mas no máximo de uma verdade do momento da filmagem, como também defende [*o documentarista brasileiro*] Eduardo Coutinho:

> A verdade da filmagem significa revelar em que situação, em que momento ela se dá – e todo o aleatório que pode acontecer nela. É importantíssima, porque revela a contingência da verdade que você tem... revela muito mais a verdade da filmagem que a filmagem da verdade, porque inclusive a gente não está fazendo ciência, mas cinema. (Lins, 2004, p.44)

Cabra marcado para morrer (1964-1984), *Santo Forte* (1997) e *Edifício Master* (2002) são alguns documentários de Coutinho exemplares do ponto de vista do cinema-verdade. Nesses três filmes, as equipes de filmagem aparecem, às vezes aparece o próprio diretor (em pessoa ou contextualizando o *making of* em *off*). O efeito desses recursos, a meus olhos, é a materialização (em imagens) da transparência que estou defendendo no biografismo – o meta da meta(biografia).

Cabra é metalinguagem sobre um filme de ficção inacabado de 1964, retomado em 1981 na forma de documentário. *Santo Forte*, por sua vez, narra experiências religiosas sincréticas de moradores da favela Vila Parque da Cidade, no Rio de Janeiro. *Edifício Master* expõe as vivências dos moradores de um edifício de classe média com 276 apartamentos quarto e sala no Leme, também no Rio. Em ambos os filmes mostram-se momentos do trabalho de campo, pitadas de *making of* daquilo que se processa fazendo e se faz processando. Uma evidência interessante é que, em ambos os filmes,

Coutinho pagou um cachê simbólico a todos os personagens, filmou todos os pagamentos e imagens de três desses momentos foram incluídas na edição final de *Santo Forte*.

Pode-se discutir esses procedimentos sob vários aspectos, mas não há como negar que são sintomas de transparência narrativa. "Mais do que um estilo, portanto, o cinema-verdade inaugura uma nova ética dentro do documentário, marcada pela noção de reflexividade." (Ramos, 2004, p.83) Essa "nova ética" parece pautar também o documentário etnográfico contemporâneo, feito com métodos antropológicos e, em muitos casos, com a participação direta de antropólogos no processo de pactuar, dialogar e criar polifonias com os grupos étnicos em foco.

Notícias de uma guerra particular (1999), de João Moreira Salles, é um exemplo de documentário autoral etnográfico contemporâneo. O tema é a violência urbana vista sob a ótica do tráfico de drogas em favelas do Rio de Janeiro. A violência foi observada em contexto espacialmente próximo à vida cotidiana dos personagens, embora o universo em foco seja culturalmente distante dos realizadores do filme. Pactuado a cada passo, resultado da observação participante, da vivência, da interpretação, do diálogo e de muitos personagens falando, *Notícias* combina "entrevistas com observação direta, narração em *off* com trilha sonora, presença objetiva e subjetiva dos realizadores". (Monte-Mór, 2004, p.112)

NOS ANOS 1950, DINES é apresentado ao documentarista baiano Isaac Rosenberg, que fazia trabalhos para o governo brasileiro, em especial para o Ministério da Viação e, dentro dele, para o Dnocs (Departamento Nacional de Obras contra as Secas). Queria estagiar com ele porque "achava que o documentário era o cinema puro".

Ao longo dos anos, Isaac Rosenberg colhera muitas imagens sobre a seca no Nordeste e foi guardando os negativos pensando na possibilidade de fazer "um grande filme no estilo do Orson Welles". Dines não foi sozinho ao primeiro encontro com Rosenberg. Levara consigo Alberto Shatovsky, amigo inseparável e companheiro em cinefilia. Ao conhecer aqueles dois "cinéfilos tarados", Rosenberg achou que havia encontrado os executores ideais para seu sonho.

Com material colhido em diferentes lugares e circunstâncias, Dines e Shatovsky conseguiram montar uma história, narrada pelo Cid Moreira (então no começo da carreira), com sonoplastia de Thomas Olenewa e trilhas de compositores modernos como Bernard Herrman e outros. *Secas* ganhou o prêmio do festival da Juventude Comunista, organizado por Yolandino Maia, poeta e crítico de cinema do jornal *Imprensa Popular*. Dines também passara a escrever crítica de cinema para a revista *Cena Muda*.

Seus intercâmbios intelectuais com cineastas eram intensos no final dos anos 1940 e início dos 1950. Foi quando conheceu David Perlov, uma das pessoas mais carismáticas com as quais diz já ter convivido: o "pai do cinema israelense". Pessoa extraordinária, com uma força vital impressionante. Perlov marcou-me por seu intelectualismo. A mensagem dele que melhor me batia era a mensagem estética.

Perlov foi um importante ativista do movimento Dror, do qual Dines fez parte. A palavra Dror, em hebraico, pode significar liberdade, libertação ou andorinha, o "pássaro da liberdade", que não sobrevive aprisionado.

Dror foi também o nome escolhido para um movimento juvenil pioneiro de ideias sionistas socialistas estabelecido na Polônia no final dos anos 1920 e na década de 1930.

As ideias ligadas ao movimento juvenil Dror, assim como as de outros movimentos juvenis pioneiros de diversas correntes sionistas socialistas, chegaram à América do Sul com os imigrantes judeus vindos da Europa Oriental nos anos 1930.

O Dror era um movimento político-educativo, que acreditava na capacidade revolucionária juvenil. Criado, organizado e referenciado por rapazes e moças de classe média, *sem discriminação sexual*, era *socialista* (numa sociedade capitalista), *judeu* (num meio predominantemente cristão), *sionista* e *kibutziano*.

No Rio de Janeiro, o Dror foi fundado em 1947 por dois jovens líderes do movimento vindos do sul, Efraim Bariach e Mauricio Kersh, hospedados pela família do jovem Alberto Dines (cujo pai era ativista comunitário, militante do Poalei Tsion no Brasil e ex-participante de movimento juvenil judaico na Rússia).

192 SERGIO VILAS-BOAS

Em linhas gerais, o Dror definia-se, já nessa época, como um movimento juvenil judaico sionista socialista kibutziano educativo, cuja finalidade era preparar os jovens judeus para a vida coletiva no *kibutz* em Israel. (Pinsky, 2000, p.10-33)

A participação no Dror formou Dines mais do que a escola, conta. Praticamente demarcou seu autodidatismo como jornalista, como professor universitário e como biógrafo. Dines não tem diploma de conclusão do segundo grau (ou científico, como se dizia). Em São Paulo, no famoso Seminário da Lapa, os jovens membros do Dror decidiram que, para fazer a revolução socialista, era preciso romper com laços burgueses, e um dos principais laços burgueses eram exatamente os diplomas. Aos dezessete anos, Dines parou de estudar.

Foi apenas uma mudança brusca, não um fardo que eu carregue até hoje – está vendo como sou otimista? (*Risos*) –, como ouço de alguns ex-membros do movimento. Meu pai? Meu pai achou normal. No segundo ano científico, Dines levou bomba em Matemática e Desenho. Pude fazer recuperação porque eram só duas disciplinas. Me recuperei, passei para o terceiro ano do científico, mas preferi não prosseguir.

Resolveu, então, acompanhar o fluxo do Dror, incluindo as experiências mais radicais. Juntou-se, por exemplo, ao grupo que partiu para um kibutz experimental então criado em Jundiaí (SP) com a finalidade de preparar jovens para a vida e o trabalho em colônias coletivas em Israel. "O primeiro grupo ingressou na Hachshará [*fase de preparação*] sem qualquer experiência e sem muita ideia de por onde começar a não ser uma vaga noção de como seria um kibutz", conta a pesquisadora Carla Bassanezi Pinsky.

O que sobrava em disposição e idealismo faltava em conhecimentos agrícolas. [*O grupo*] Enfrentou problemas com o terreno, em parte uma várzea sujeita à inundação em época de chuvas, em parte terras elevadas pobres para o cultivo. As formigas atacavam com frequência as plantações, comprometendo a produção. (ibidem, 2000, p.296)

Nos alojamentos, rapazes e moças solteiros dormiam separados, três ou quatro em cada quarto, os casais ficavam juntos. Os banheiros

BIOGRAFISMO **193**

eram do lado de fora, os chuveiros só tinham água fria. Em Jundiaí, Dines se dedicou ao cultivo de frutas e hortaliças irrigadas por canais e postas à venda, duas vezes por semana, no mercado de Jundiaí. Ele e seus companheiros criavam galinhas para consumo próprio e uma poucas vacas leiteiras. Os jovens também realizavam trabalhos de marcenaria.

Porém, nem todas as expectativas se realizavam, nem todos os planos se cumpriam. Alguns dos companheiros de Dines conseguiram concluir a formação no Ein Dorot ("Fontes das Gerações", em hebraico, nome do kibutz preparatório do Dror em Jundiaí, criado em 1949, ano em que Dines completou dezessete anos). Outros não concluíram, ou preferiram ficar, ou simplesmente abandonaram Ein Dorot, caso de Dines.

Antes da experiência no Ein Dorot, eu até havia feito um curso de mecanização agrícola na Universidade Rural do Rio de Janeiro, onde aprendi a pilotar trator de arado. Mas, no Ein Dorot, usávamos um trator manual. Enfim, eu tava na onda, tava pronto. Mas o obstáculo era a vida coletiva. Olha, a vida coletiva é uma coisa dificílima. Não havia escravagismo nem tirania. Mas, para uma adolescente desabrochando... era terrível, sobretudo porque estávamos, apesar de socialistas, impregnados do individualismo humanista de Romain Rolland, o guru do meu grupo.

Um dos livros do Rolland que continuam marcando Dines é *Um contra todos*, escrito durante a Primeira Guerra Mundial. Rolland achava que *todos* eram *a massa*, que queria a guerra. *Um* era o individualismo humanista. Enquanto era apenas um jovem idealista morando na casa de seus pais, os grandes confrontos íntimos se escondiam.

Mas, ao desabrochar intelectualmente, me vi diante de uma coletividade que tendia à dominação. Para mim, um conflito.

O fator positivo é que, no Dror, conheci pessoas que me marcaram profundamente, como o Mauricio Kersh, aquele que me deu de presente os cinco volumes do romance *Jean Christophe*, do Romain Rolland, e o próprio David Perlov, hoje um cineasta respeitado por críticos de cinema e cinéfilos do mundo todo. Perlov nasceu em Minas Gerais, mas foi criado pelo avô em São Paulo. Filho de um mágico de circo itinerante e ator de filmes mudos, aprendeu a ler e escrever muito tarde.

194 SERGIO VILAS-BOAS

Como Dines, Perlov abandonou o segundo grau. Apesar da vida pobre, incerta e idealista, Perlov se desenvolveu muito intelectualmente. Iniciou-se na pintura, virou um dos líderes do Dror. Aos 22 anos, viajou para Paris, onde passou seis anos estudando com Henri Langlois, curador da Cinemateca Francesa. Somente em 1958 iria para o kibutz Bror Hail, em Israel.

A partir daí, Dines perdeu o contato com Perlov.

Dines fala com entusiasmo sobre o ex-companheiro de Dror: Perlov sabia encarnar a verdade, a verdade incômoda, perturbadora, que a gente finge não existir. Um cara de uma integridade impressionante. Retilíneo, só fazia o que queria. Em sua passagem por Paris, descobriu o cinema documental. Fez coisas inovadoras, como o documentário *Diário* (1983), seis episódios de 60 minutos, com câmeras de cinema e com vídeo, que foi exibido no Museum of Modern Art (MoMA), de Nova York, veja só [*e no 7º Festival de Cinema Judaico de São Paulo, em 2003*]!

Ele teve filhas gêmeas, como eu [*as filhas de Dines se chamam Débora e Liana; seus outros filhos são Arnaldo, o mais velho, e Alexandre, o caçula; somente Alexandre mora no Brasil neste 2006*]. Perlov é uma das poucas pessoas que efetivamente leram o meu livro *Vínculos do fogo*, sobre o Antônio José da Silva. Depois de muitas idas e vindas, Dines acabou sendo uma das últimas pessoas no Brasil a vê-lo vivo. Foi doloroso. O final de vida dele foi agonizante.

O restabelecimento das ligações afetivas e intelectuais de Dines com Perlov se daria no ápice da maturidade cinematográfica de Perlov, e ocorreu um pouco depois do lançamento da primeira edição de *Morte no paraíso*, ou seja, na década de 1980. Com a diferença de que, desta vez, foi o mestre quem procurou o discípulo. Perlov vem ao Brasil e tenta localizar Dines. Encontra-o. A partir daí ficamos próximos novamente. Quando morei em Portugal, ele pegou o sabático dele e ficou conosco lá um tempo.

Divagação minha: Perlov talvez seja o que Dines, quando adolescente, pensara concretamente em ser: cineasta. Não pude aprofundar esse possível espelhamento aqui porque o *insight* só me ocorreu durante os últimos dias da redação deste trabalho. Como estamos tratando especificamente

BIOGRAFISMO **195**

de transparência, neste capítulo, achei honesto mencionar o fato. Ainda comentarei com Dines esta minha frouxa hipótese...

A supressão do eu-autor-autoconsciente é a negação da transparência

APESAR DAS DIFERENÇAS ENTRE as linguagens escrita e audiovisual, o Jornalismo Literário e o documentário do tipo cinema--verdade dialogam muito bem em termos de princípios e métodos. Em ambas as modalidades, a voz espontânea, íntima do autor tem importância fundamental, embora isso ainda incomode pessoas que insistem em versões idealizadas da realidade. Na escrita jornalística, foi essa "voz autoral" que deu visibilidade ao Jornalismo Literário na época do New Journalism (nos anos 1960).

As principais técnicas literárias para expressá-la eram: descrições minuciosas, diálogos, construção cena a cena, pontos de vista variáveis, digressões, monólogos interiores e fluxos de consciência – as três primeiras costumam ser usadas, eventualmente, pelos biógrafos contemporâneos. Edvaldo Pereira Lima lembra que a rica narrativa do Jornalismo Literário norte-americano, que, neste 2006, continua sendo empregada também em matérias do dia a dia (não se restringindo às reportagens especiais), utiliza pontos de vista múltiplos, conforme o caso:

A narrativa jornalística é como um aparato ótico que penetra na contemporaneidade para desnudá-la, mostrá-la ao leitor, como se fosse uma extensão dos próprios olhos dele, leitor, naquela realidade que está sendo desvendada. Para cumprir tal tarefa, a narrativa tem de selecionar a perspectiva sob a qual será mostrado o que se pretende. Em outras palavras, deve optar na escolha dos olhos – e de quem – que servirão como extensores da visão ao leitor.

No jornalismo, praticamente não se utiliza toda a variedade de combinações que esses recursos oferecem, tal como se manifestam na literatura. É mais comum o ponto de vista em terceira pessoa, ao estilo do narrador onisciente neutro. Em primeira pessoa ocorre o uso do foco denominado narrador-protagonista, com maior frequência. (ibidem, 1993, p.122)

Mark Kramer, atuante nesse campo, autor de várias narrativas de não ficção de curta e de longa extensão, acha que há outras técnicas (ou atitudes) típicas do Jornalismo Literário atual que podem encaminhar também o biografismo rumo a uma maior transparência:

discutir e meditar sobre as fontes e os depoimentos, afastando-se temporariamente do fio condutor para compartilhar com os leitores os sentidos da narrativa em andamento. (ibidem, 2005)

Indo além, Stephen Oates concorda que, para fazer seu personagem "reviver", o biógrafo tem de se apoiar na magia da linguagem, em diálogos (desde que inseridos exatamente conforme citados), em alusões, em detalhes confiáveis, em dinâmicas interpessoais e alguma força dramática, pois o biógrafo, não menos que o romancista...

se esforça pela frase bem-posta, pela metáfora cabível, pela aliteração florescente. No ato de composição, o biógrafo de alguma forma é um ilusionista – ele dá forma e ordem ao caos da existência; ele cria a ilusão de uma vida se desdobrando. Para mostrar uma vida sendo vivida, a maioria dos biógrafos optam por contar suas histórias sequencialmente, não topicamente ... Uma biografia exemplar apresenta uma pessoa viva em um mundo vivo; é escrupulosamente acurada, dramaticamente coerente e psicologicamente convincente – é verdade para a vida de seu sujeito e para a história. Por ser tanto imaginativa quanto factual, tem atingido aquele impossível amálgama atingido por Paul Murray Kendall – metade arco-íris, metade pedra. (ibidem, 1990, p.15-6)

BIOGRAFISMO **197**

Steve Weinberg, professor da escola de jornalismo da Universidade de Missouri (Estados Unidos), autor também de estudos de observação sobre como os jornalistas americanos estão influenciando a arte biográfica – ele é também biógrafo –, é outro defensor do estilo e da transparência. Mas, para Weinberg, o *boom* (a partir de meados da década de 1970) de biografias escritas por jornalistas norte-americanos revelou um "lado escuro", que é...

> o grande número de biografias de segunda linha – escritas por jornalistas e por acadêmicos – que carecem de orgulho próprio, habilidade ou talento inato, ou as três coisas. Há, infelizmente, um grande número delas. Algumas são minimamente bem pesquisadas (apenas muito minimamente), mas pobremente escritas. Outras são minimamente bem-escritas, mas pobremente pesquisadas. Algumas podem no momento ser obras de arte, mas omitem notas e referências, o que dificulta levá-las a sério. Algumas biografias feitas à maneira de Caro [*Robert Caro, primeiro jornalista americano a conquistar o Prêmio Pulitzer na categoria biografia – em 1975*] teriam se tornado ótimas não fossem os obstáculos externos, normalmente os de natureza jurídica, os quais biógrafo e editor não foram capazes de superar. (Weinberg, 1992, p.34)

Essa observação de Weinberg se aplica ao biografismo brasileiro, desde que houve um *boom* de biografias escritas por jornalistas nos anos 1990. Para este livro, examinei dezenas delas, que versavam sobre brasileiros vivos ou mortos, mais ou menos conhecidos – gente de qualquer área, mas com uma presença maior de futebolistas. No geral, a maioria delas são biografias, digamos, de segunda linha, estreitas, meramente informativas (eu diria até relatoriais) e, talvez por isso, já esquecidas.

Não é à toa que alguns textos biográficos perduram, mesmo sob o fogo cruzado das disputas acadêmicas ridiculamente polarizadas entre objetivistas e subjetivistas. Há textos que, se não se encaixam rigorosamente em ideologias, pelo menos revelam possibilidades

198 SERGIO VILAS-BOAS

interessantes de expressão. *The life of Samuel Johnson* (1791), por James Boswell, é uma obra controversa. Diria que ela representa para o biografismo mais ou menos o que *A sangue frio* (1966), de Truman Capote, representa para o Jornalismo Literário: objeto de debates acalorados e fonte de inspiração duradouros.

Não por acaso, um trecho luminoso da biografia escrita por James Boswell foi incluído na seção "Pioneiros" da imperdível coletânea *The art of fact*, organizada por Ben Yagoda e Kevin Kerrane. Talvez Yagoda tenha razão ao sugerir que Boswell antecipou o que Tom Wolfe, em seu ensaio intitulado "The New Journalism", chamaria de construção cena a cena. De fato, a biografia processa-se como atos de uma peça de teatro, com abundância de diálogos e detalhamentos *wolfeanos* de status de vida.

Yagoda lembra que teóricos há muito tempo notaram paralelos do jornalismo com o Princípio da Incerteza de Heisenberg na física: ao relatar algo, o autor, sutil mas irreversivelmente, altera-o. No trecho a seguir, Boswell destila sutilezas íntimas e indisfarçavelmente observa Dr. Johnson jantando com seu arqui-inimigo John Wilkes. Notem a palatável descrição do momento em que Wilkes serve vitela a Johnson:

O som animador de "O jantar está na mesa" trouxe-o de volta à realidade e todos nós sentamo-nos à mesa sem qualquer sintoma de mau-humor... O Sr. Wilkes sentou-se ao lado do Dr. Johnson e tratou-o com tanta atenção e educação que o Sr. Wilkes foi conquistando-o sem que o Sr. Johnson percebesse. Ninguém comia com tanto apetite como o Johnson, ou adorava tanto o que era saboroso ou delicado. O Sr. Wilkes foi muito solícito em servi-lo a vitela de primeira qualidade. "Com sua licença, senhor: – Por aqui, é melhor – Um pouco desta parte bem passada – Um pouco de gordura, senhor – Um pouco do recheio – um pouco de molho – Conceda-me o prazer de dar--lhe um pouco de manteiga – Permita-me que eu recomende-lhe espremer um pouco desta laranja; – ou Talvez o limão dê mais gosto." – "Senhor, senhor, muito obrigado, senhor", gritou Johnson, curvando a cabeça em sinal de agradecimento, virando-a para ele durante algum tempo com um olhar de "vitude ameaçadora", mas, pouco tempo depois, de complacência...

Falando a respeito da grande dificuldade de obter informações autênticas para uma biografia, Johnson disse-nos, "Quando eu era um caramada jovem, eu queria escrever A Vida de Dryden e, para obter material, entrei em contato com as duas pessoas que estavam vivas na época e o tinham visto, elas eram o velho Swinney e o velho Cibber. A informação fornecida pelo Swinney não passou disso, "Que, no Café Will's, Dryden tinha uma cadeira cativa, que era colocada perto do aquecedor no inverno e era, então, chamada de "cadeira de inverno"; e era levada para fora, para a sacada, no verão, e era, então, chamada de "cadeira de verão". Cibber não sabia dizer mais nada, somente "Que ele lembrava-se dele como um senhor decente, árbitro de sérias discussões no Café Will's". Deve-se considerar que Cibber estava, na época, bem distante de Dryden, talvez tivesse só um pé na sala e não ousava entrar com o outro. (Yagoda e Kerrane, ibidem, p.32)

Curiosamente, apesar de a maioria dos jornalistas-biógrafos brasileiros escrever de maneira convencional, sem um "eu-convincente" ou mesmo sem nenhum eu, dificilmente se encontra alguém redondamente contrário a uma biografia mais oxigenada, menos metida e nada megalomaníaca. O best-seller Ruy Castro, que fala de biografia como quem fala de uma notícia dada no telejornal da noite – ou seja, algo a que se possa atribuir todas as certezas possíveis –, talvez seja o biógrafo brasileiro que mais se dá liberdades. Liberdades de linguagem, diga-se, ainda que timidamente.

Como escreve sobre figuras muito populares e meio picarescas, sua racionalidade cartesiana acaba cedendo lugar a um estilo. "Folclóricos" ou "personagens de si mesmos", os biografados de Ruy Castro têm representação e autorrepresentação pública bastante marcadas. Ruy tenta escapar dessas "personas ardilosas", embora nem sempre consiga.

Em *O anjo pornográfico*, por exemplo, avaliza as declarações de Nelson Rodrigues a João Condé na seção "Arquivos Implacáveis" da revista *O Cruzeiro*. A seção versou sobre o que Nelson gostava e o que não gostava. Está lá na edição de janeiro de 1956 de *O Cruzeiro*, e certamente Nelson deve ter aproveitado a ocasião para reforçar o personagem-Nelson:

> Na coluna "gosto", escreveu: 1. Minhas peças. 2. Cigarro ordinário. 3. Música barata. 4. Criança desdentada. 5. Fluminense. 6. Filme de diligência. 7. Mulher bonita e burra. 8. Dramalhão. 9. Visitar cemitério. 10. Estar só. Na coluna "detesto", suas respostas foram: 1. Luar. 2. Chicória. 3. Cumprimento. 4. Varizes. 5. Teatro dos outros. 6. Samba. 7. Trabalho. 8. Psicanalista. 9. Sujeito inteligente. 10. Qualquer político. (p.291-2)

Vejamos outros dois momentos de *O anjo pornográfico*. O primeiro trecho a seguir é um raro momento em que Ruy declara estar vendo Nelson Rodrigues pelos olhos de outras pessoas, mas não as nomeia. Já o segundo trecho a seguir faz parte dos "Agradecimentos" de *O anjo*, nos quais Ruy escreveu três parágrafos sobre sua "longa convivência" com Nelson Rodrigues – como seu leitor e como seu "perseguidor". Eis os dois trechos:

> As *pessoas* repararam em Nelson quando ele entrou pela primeira vez na redação da "Última Hora": terno de linho azul-pérola amarrotado, gravata frouxa, camiseta regata por baixo da camisa social de manga curta. Tinha um jeito engraçado de andar, como se gingasse. Parado, lembrava um joão-teimoso. Quando tirou o paletó, revelaram-se os suspensórios, fininhos, de plástico. Daquela e de outras vezes, chegou de guarda-chuva. Conversava pendurado na pessoa, rodando o chaveiro. Quando juntava uma rodinha de estranhos na redação, puxava um colega pela manga e sussurrava:
> "Diz que eu sou o Nelson Rodrigues!"

Sua figura fazia um pitoresco contraste com aquela redação moderna, de estúdio de cinema, com móveis de alumínio, jardim de inverno e dois murais de Di Cavalcanti. (p.231)

Aprendi a ler com a "A vida como ela é...", na "Última Hora". Desde então segui-o pelos jornais e li mais Nelson Rodrigues do que qualquer outro autor nacional ou estrangeiro. Assisti a quase todas as suas peças. Vi-o na televisão, na rua, em casa de amigos e no Maracanã. Fomos contemporâneos por poucos meses no "Correio da Manhã" em 1967, embora ele raramente fosse ao jornal. Almocei duas vezes com ele e entrevistei-o uma vez. Sou amigo de vários dos seus "irmãos íntimos". Julgava-me capaz de ir a "O céu é o limite" para responder sobre sua vida – baseado nas pistas e indicações que ele deixou em sua obra. Mas foi só ao começar este trabalho que me dei conta da existência de muitos Nelsons no Nelson Rodrigues que julgava conhecer. (p.421)

Há uma questão crucial sobre pessoas "verdadeiras como personagens" e pessoas "verdadeiras para si mesmas". No dia a dia das relações humanas, notadamente, às vezes agimos em desacordo com nossas qualidades e traços usuais – em especial em situações de grande estresse, excitação ou depressão. Acredito que o leitor possa ver, pelo lado de fora, um relacionamento autêntico se desenvolver entre biógrafo e biografado, assim como acredito que, quanto mais profundo esse relacionamento, mais críticos serão os momentos em que equívocos de entendimento e interpretação tornam-se evidentes.

Um ponto importante: todos os biógrafos brasileiros citados até aqui são experientes na lida com múltiplas versões de fatos e têm responsabilidade moral, senão eu sequer os consideraria. Mas concordo com Leon Edel quando ele diz que a biografia tem sido uma arte pouco consciente de si mesma e que incorpora excessivamente normas empíricas *ad hoc*, superstições e preconceitos pessoais. Edel propõe que os biógrafos se abram a novas experiências narrativas:

Aos biógrafos só lhes resta um caminho: ensinar os críticos a ler uma biografia com uma consciência adequada de juízo ainda que o crítico não conheça o arquivo. Como o biógrafo distinguiu testemunhos confiáveis e quais não eram confiáveis? Como evitou se converter simplesmente na voz do sujeito? Como contou sua história? As informações apresentadas se justificam na narrativa? Essas perguntas poderiam ser respondidas com a simples leitura de qualquer biografia ... Para ter êxito, o biógrafo deve executar o extraordinário – e muito próximo ao impossível – ato de incorporar em si mesmo a experiência do outro, transformando-se por um tempo nessa outra pessoa, enquanto continua sendo o mesmo. Isto não significa que deva ser um ator. O ator é quem representa um papel; se introduz debaixo da pele de um personagem e continua sendo esse personagem dentro do cenário, ocultando seu próprio eu por completo. (ibidem, op. cit., p.25 e 32-3)

A supressão do eu-autor-autoconsciente-solidário é a negação da transferência (no sentido psicanalítico mesmo) inerente à biografia. Qualquer dicionário de Psicologia nos diz que transferência é o desenvolvimento de uma atitude emocional, positiva ou negativa, de amor e de ódio, do paciente em relação ao analista. Os biógrafos resistem a esse fato ao afirmarem (não em suas narrativas biográficas) que apenas estão executando seu trabalho e averiguando o que podem para montar um painel convincente.

O que não compreendem – e não deve mesmo ser fácil fazê-lo – é que, enquanto estão executando sua tarefa, seu inconsciente ou psique respondem, de muitas maneiras, mais do que as que cada biógrafo pensa conhecer, às suas percepções sensíveis sobre seu herói ou sua heroína: essa pessoa que se demonstrou atrativa (ou às vezes tediosa) ao ponto de se disporem a dedicar anos ao intento de expressá-la por escrito. Sobre este ponto, Edel expõe o jogo do "eu" e do "não eu":

Assim, pois, vemos que o biógrafo, primeiramente em um nível subliminar e depois de maneira mais consciente, está en-

BIOGRAFISMO 203

volvido em cada etapa de seu trabalho num jogo de "eu" e "não eu". O êxito da biografia depende do grau até o qual o biógrafo se separe de seu alter-ego – seu biografado. O biógrafo moderno deve buscar as maneiras aparentemente contraditórias do desapego, a participação, a observação, o interesse da verdade. Podemos afirmar que o poeta é seu poema, o romancista é seu romance. Pela mesma razão, o biógrafo sempre é sua biografia – *e não seu sujeito*. Quando o biógrafo aprende esta lição, pode distanciar-se, questionar-se, questionar seu material, sobretudo questionar suas preferências. Estas podem ser desejos pessoais mas que os feitos impessoais do caso. Agrada à justiça pensar em si mesma como cega e, portanto, imparcial; a biografia não pode permitir-se ser cega, porém seu objetivo sempre é uma imparcialidade adequada, uma necessidade de permitir ao sujeito viver sua vida como a viveu, e não como o biógrafo deseja que ele/ela a tivesse vivido. (ibidem, op. cit., p.75)

Os biógrafos são, no mínimo, coadjuvantes no processo biográfico. Clandinin e Connelly, epistemólogos da pesquisa qualitativa (focada em narrativas envolvendo vivências no campo da educação), chamam a atenção para um conhecimento de campo que é "conhecimento-em-ação", e o qual conduz a uma epistemologia baseada em "reflexão-em-ação".

Esses autores descrevem reflexão-em-ação como uma pesquisa em contexto prático na qual o pesquisador em ação não depende das categorias da teoria e da técnica estabelecidas, mas constrói uma nova teoria a partir de um caso. Esse tipo de pesquisa não separa os meios dos fins; define-os interativamente à medida que uma situação se delimita. (Clandinin e Connelly, 2000, p. 35, apud Schön, 1983, p.68-9)

Há ainda outras duas questões diretamente relacionadas à transparência, a meu ver: os contextos (do biografado, do biógrafo e do processo biográfico) e a natureza das fontes. Sobre os contextos, Clandinin e Connelly afirmam que, *dentro da* ou *na* narrativa biográfica, o exemplo universal é de primordial interesse. Mas, durante a ação de pesquisa – movida por um "pensar narrativo" (*narrative thinking*) –, a pessoa em contexto é o mais importante.

Os contextos são a geografia, os arranjos domésticos e de trabalho, o *ethos* e as nuances culturais dos cenários institucionais, os arranjos estéticos de um dado espaço; a dinâmica das relações interpessoais com colegas de profissão e também fora do âmbito do trabalho; os processos envolvidos nas atividades familiares, educacionais, religiosas e ocupacionais; e fazem parte desse leque, claro, os contextos do processo de pesquisa – ou, em outras palavras, o *making of*.

O contexto é um ponto de referência importante, um pano de fundo essencial para ajudar a entender a experiência e a vida do indivíduo. Há muitas maneiras de juntar informações contextuais. Em pesquisas qualitativas, um dos "padrões de boa pesquisa" é o pesquisador permitir que sua presença seja percebida e reconhecida em campo, sem falseamentos. Essa presença dentro do processo de pesquisa é uma extensão da reflexividade.

Norman Denzin acha que em qualquer texto biográfico, seja ele de que natureza for, o pesquisador precisa ser capaz de mostrar por que interpretou determinada coisa de um jeito e não de outra. Isso é um pilar necessário à defesa que estou fazendo da transparência como uma opção a mais no leque metodológico dos biógrafos. Textos biográficos não falam por si só.

Nesse ponto, para encerrar este tópico, devemos entrar em outro assunto que diz respeito à questão da transparência: a natureza das fontes. Todo biógrafo responsável vai fundo em seus encontros com fontes *estáticas* (diários, cartas, *clippings*, vídeos, certidões, fotos etc.) e com fontes *dinâmicas* (entrevistas orais ou por escrito). Distingo esses dois grupos de fontes a fim de chamar atenção para o fato de que as *estáticas* não dependem do filtro da memória humana no presente da pesquisa. Por outro lado, a atividade de lembrar em entrevistas é mutante. As fontes de um biógrafo são idênticas às de um historiador ou de um jornalista investigativo trabalhando para periódicos ou em seu próprio livro-reportagem.

BIOGRAFISMO **205**

Imaginemos, então, o escritório de um biógrafo, repleto de livros e papéis; cópias de certidões de nascimento e de óbito, relatórios, contratos, cartas simples (mas plenas de racionalizações e subterfúgios, exageros e ilusões, falseamentos e deliberações, malícias e gentilezas); cópias de manuscritos, diários, cadernetas, talões de cheque e textos de jornais e revistas; fotografias de arquivo pessoal e de domínio público; notas sobre árvores genealógicas; volumes de memórias escritas por contemporâneos nas quais o biografado é mencionado; e mais os diários e cadernos desses contemporâneos; e mais as biografias do sujeito eventualmente escritas por outras mãos; e mais as anotações e gravações.

Toda essa massa desatinada e caótica é documental, e documentos exercem forte pressão moral entre historiadores e, por analogia, entre biógrafos. E. Carr tem uma observação interessante sobre isso:

> O fetichismo dos fatos do século XIX era completado e justificado por um fetichismo de documentos. Os documentos eram sacrário do templo dos fatos. O historiador respeitoso aproximava-se deles de cabeça inclinada e deles falava em tom reverente. Se está nos documentos é porque é verdade. Mas o que nos dizem esses documentos-decretos, tratados, registros de arrendamento, publicações parlamentares, correspondência oficial, cartas e diários particulares – quando nos ocupamos deles? Nenhum documento pode nos dizer mais do que aquilo que o autor pensava – o que ele pensava que havia acontecido, o que devia acontecer ou o que aconteceria, ou talvez apenas o que ele queria que os outros pensassem que ele pensava, ou mesmo apenas o que ele próprio pensava pensar. Nada disso significa alguma coisa, até que o historiador trabalhe sobre esse material e o decifre. Os fatos, cessados pelo historiador antes que se possa fazer qualquer uso deles: o uso que se faz deles é, se me permitem colocar dessa forma, o processo do processamento. (ibidem, 1989, p.18)

As fronteiras da historiografia se ampliaram bastante ao longo do século XX. Esse fetichismo a que se refere Carr foi substituído por maior senso crítico dos historiadores em relação às fontes e maior sensibilidade para validar documentos. No entanto, documento é questão *sine qua non* para historiadores, seja qual for a modalidade historiográfica na qual operem ou a metodologia escolhida.

Ora, se estou propondo transparência, esse "processo do processamento" insinuado por Carr é de suma importância. Porque essa massa brutal e caótica de documentos a que teve acesso direto o biógrafo (tanto quanto o historiador) é uma porção ínfima, tremendamente fragmentária do "real biográfico"; e inevitavelmente repleta de lacunas que irão exigir "preenchimentos".

Paul Veyne chama essas operações de preenchimento de *retrodicção*, termo emprestado de uma teoria do conhecimento lacunar que é a teoria das probabilidades. Ou seja, haverá sempre incertezas quando não se pode dizer as probabilidades relativas a eventos. Exemplo em forma de pergunta: faz diferença saber se a "superfície nevada" que fulano atravessou bravamente era uma pérfida geleira ou uma inocente neve recém-caída? Veyne afirma que, como nosso conhecimento do passado é lacunar, acontece frequentemente de o historiador se deparar com um problema muito diferente:

ele constata a impopularidade de um rei e nenhum documento lhe diz a razão; ele tem que remontar, por retrodicção, do efeito a sua causa hipotética. Se ele resolve que essa causa deva ser as leis do fisco, a frase "Luís XIV tornou-se impopular por causa dos impostos" se encontrará escrita para ele; a incerteza, então, é esta: estamos certos do efeito, mas chegamos à explicação certa? ... Existe, de fato, grande número de lacunas no tecido histórico, pela razão que há também uma grande quantidade entre essa espécie muito particular de eventos a que denominamos documentos, e que a história é conhecimento por vestígios ... O curso dos fatos não pode, pois, se reconstruir como um mosaico; por mais numerosos que sejam, os documentos são necessariamente indiretos e incompletos; deve-se projetá-los sobre um plano escolhido e ligá-los entre si ... Mas, enfim, mesmo quando os documentos são jornais ou arquivos, falta uni-los entre si e não atribuir a um artigo do *Humanité* o mesmo significado que a um editorial do *Journal des Débats*, segundo o que sabemos, aliás, desses jornais. (ibidem, 1998, p.121 e 124).

Ora, tudo isso me leva à seguinte percepção: a geração e a interpretação de documentos têm contextos – os contextos em que os tais documentos foram gerados e os contextos em que foram interpretados pelo biógrafo em sua atividade. Ou seja, essa massa bruta, fragmentária e lacunar dos documentos (de todos os tipos e formas) é passível de explicitação pelo eu-convincente rumo à maior transparência.

O ALBERTO DINES NARRADOR SÓ aparece em primeira pessoa, comedidamente, no prólogo e ao final de seu *Morte no paraíso*. Ao longo da terceira edição porém, há várias contextualizações e ponderações sobre fontes pesquisadas e pessoas ouvidas. Dines usou e abusou das notas de rodapé. Ao todo, há 1.010 notas, mais do que o dobro do total de notas da primeira edição. As notas a seguir são provas de transparência raramente vistas em biografias escritas por jornalistas contemporâneos:

790: O depoimento de Friedenthal deve ser examinado com reservas. No momento em que escrevia elogios a Lotte, estava contratado pelo irmão dela, Manfred Altman, como executor literário e guardião da obra de Zweig. ... Traços da colaboração de Friderike podem ser encontrados na correspondência com Stefan, especialmente em 1936, quando ele solicita um levantamento referente à bibliografia de Fernão de Magalhães.

803: Impossível precisar a data exata do encontro. A única testemunha e narrador do encontro o situa perto da morte de Zweig, que deixou Bernanos muito chocado. Tudo indica que tenha ocorrido em fins de janeiro ou início de fevereiro de 1942. A última carta que redige a Roger Martin du Gard, em 9/2/42, Zweig cita Bernanos e seu retiro, e é a única referência.

869: Inspirado num dos relatos de Feder, um artigo do mesmo Arciniegas circulou vinte anos depois: segundo o colombiano, enquanto Feder e a mulher esperavam que Zweig terminasse de escrever, Lotte teria sussurrado aos amigos que incentivassem o marido a aceitar um convite para visitar a Colômbia: "Se conseguir convencê-lo a viajar, daremos uma trégua a este drama. Caminhamos para o abismo". O relato de Arciniegas, de segunda mão, com todas as características de autorreferência, carece de sustentação documental, pois apresenta Feder como "um professor americano", além de outros erros...

875: Os atestados de óbito (n. 2176 e 2177) permaneceram no Arquivo Público de Petrópolis, inéditos, até serem recuperados pelo Autor. De uma importante família de políticos locais, José de Morais Rattes não tinha grande experiência policial. Chegou a presidente do Tribunal Regional do Trabalho do Rio de Janeiro, e seu filho, Paulo Rattes, mais tarde, foi prefeito de Petrópolis.

880: O Autor serviu-se basicamente das fotos originais feitas por jornalistas. As únicas encontradas estavam nos arquivos de *O Jornal*, hoje pertencentes ao *Jornal do Commércio* (RJ). Donald Prater, na rápida incursão ao Rio de Janeiro, não se interessou em examiná-las ou reproduzi-las (só o fez na fotobiografia, com material fornecido pelo Autor, posteriormente difundidas). Algumas das fotos originais ainda conservam as dobras (maneira como na época os diagramadores selecionavam o conteúdo, sem cortá-las. Algumas foram publicadas sem os detalhes dos criados-mudos, centradas somente nos cadáveres.

885: O Autor serviu-se dos esclarecimentos fornecidos pelo professor de medicina legal Moisés Feldman em diversas entrevistas durante o ano de 1980. Citou várias autoridades: "Há substâncias desidratantes que podem favorecer a rigidez. Citam-se o éter, o álcool absoluto... nos indivíduos que morrem em pleno vigor, abatidos subitamente, a rigidez é tardia, duradoura, intensa (Flamínio Favero, Medicina Legal, p.100)...

Mesmo destacadas fora do conjunto a que se referem, essas notas revelam o senso de limite do "Autor" em relação ao biografar, além de um claro sintoma de autoconsciência. No contexto das biografias publicadas no Brasil, portanto, a atitude de Dines como biógrafo, ainda que tímida, é notável. Nas biografias escritas por jornalistas brasileiros, os *making ofs* e as autorreflexões simplesmente inexistem. *Morte no paraíso* dosa formulações enfáticas e condicionais. Dines usa a primeira pessoa do singular em momentos específicos, tão específicos que o leitor desatento talvez nem perceba.

Sintomática também é a frase "vi-o uma única vez": com essa frase eu estava exatamente dizendo que não sou uma testemunha crível porque vi Zweig uma vez e, apesar disso, consegui escrever centenas de páginas sobre ele. Acredito que o biógrafo precisa se preocupar com sua própria legitimidade de narrador perante os leitores...

A questão é de credibilidade, de mostrar-se crível, confiável a cada parágrafo. O leitor tem que sentir "pô, nesse autor posso confiar, vou em frente porque esse cara não tá me embromando". Você está dando fatos que o fascinam, mas, ao mesmo tempo, está oferecendo certa imparcialidade, algo que os leitores contemporâneos prezam.

Não temos impressões digitais de tudo. Mas podemos reunir evidências que, reunidas, formam algo. Até hoje não apareceu ninguém que me contestasse. Em alguns momentos, uso formulações como "aparentemente", "há indícios de", "ao que tudo indica" etc. Certos dramas do biógrafo cabem na biografia, sim, desde que você consiga apresentar suas dúvidas e ser assertivo. Aí sim, você conquista a confiança de quem lê.

Em contrapartida, os biógrafos se recusam a se colocar na história. Seria uma atitude honesta, mas se não formos assertivos, o leitor não compra. O leitor não quer coisas dúbias, ponderáveis. Não deixa de ser um desafio interessante contextualizar o biografar, mas duvido que você conquiste a confiança dos leitores só com dúvidas. Os leitores não podem duvidar da sua competência...

RECAPITULANDO: O BIÓGRAFO pode, se quiser, dar transparência à narrativa: posicionando-se comedidamente em primeira pessoa, sem emitir julgamentos morais, mas firmando um "eu-convincente"; oferecendo pitadas de *making of* para compartilhar processos intelectuais e intuitivos seus e dos outros; minimizando seu afã cartesiano; e tornando-se mais consciente sobre o seu relacionamento com o biografado – e, conforme o caso, expressando esse relacionamento *na (ao longo da)* narrativa.

6
TEMPO

Até este ponto, estamos inevitavelmente imersos na transdisciplinaridade, que é um modo de ser, de abordar e de conhecer que atravessa as fronteiras epistemológicas das disciplinas e estimula um diálogo entre os saberes. Além de ultrapassar as fronteiras epistemológicas das disciplinas, a transdisciplinaridade se situa entre as disciplinas, através e além delas e tem a finalidade de dar um sentido à vida pela fusão de conhecimentos variados.

Em um texto transdisciplinar, o pano de fundo é a disponibilidade racional-intuitiva do pesquisador movendo-se na direção de uma leitura personalizada de fenômenos visualizados simultânea, e não separadamente. Segundo Beserab Nicolescu, trata-se de um modo de pesquisar que envolve constante treinamento (exercício diário) de atitudes transpessoais, transculturais, transreligiosas e transnacionais. (Nicolescu, 1999)

Sigamos então em busca de sentido e forma diferentes para o produto social que materializa esse campo vasto, transdisciplinar – o livro biográfico, no nosso caso –, fixado no estruturalismo e em repetições osmóticas, com reflexos evidentes também na questão da temporalidade. No biografismo, tempo é outra limitação narrativa e filosófica, como veremos.

212 SERGIO VILAS-BOAS

A maioria das biografias à venda neste 2006 são prisioneiras do calendário gregoriano,[1] aquele com dias de 24 horas cada e anos de 365 dias cada (ou 366, os anos bissextos, que ocorrem de quatro em quatro anos). É o que está nessa "folhinha" sempre ao alcance de nossos olhos. Biógrafos de qualquer formação profissional narram episódios biográficos numa progressão que vai sempre, e no mínimo, do nascimento à morte, com base nessa tal "folhinha" arbitrada.

Até o momento, no que me foi possível verificar, não localizei uma única biografia que ousasse romper com essa linearidade lançada invariavelmente para a frente como uma flecha no infinito. As motivações para essa atitude unívoca em geral exigem algumas digressões fisicistas, filosóficas, psicológicas e narrativas. São múltiplas as abordagens sobre esse tema fascinante. Tentarei pelo menos oferecer uma visão geral seguida de outra sugestão de salto qualitativo.

Primeiro, acho interessante ouvirmos argumentos (prós e contras a cronologia rígida) por parte de quem biografa e/ou de quem reflete sobre o biografar. Há oitenta anos, André Maurois já dizia que é importante "seguir em todas as coisas a ordem cronológica", diferentemente do que faziam os antigos. Plutarco,[2] por exemplo, conta primeiro os atos dos seus heróis e, somente ao final, coleciona anedotas que ilustram o caráter.

Maurois, palestrante requisitado nas décadas de 1920 e de 1930, dava grande importância à cronologia, seguia o dogma da evolução humana em tudo idêntica à evolução das espécies. Uma de suas

---

1 Em 1578, o papa Gregório XIII, diante das diferenças criadas pelo calendário inventado por Júlio César (45 a.C.), convidou o matemático Christoph Clavius para propor um sistema menos infiel aos "fatos da astronomia". O novo calendário, vigente até hoje, foi proclamado em 1582.

2 Filósofo e historiador grego (48-125 d.C.). Seu *Vidas paralelas* estuda alternadamente um personagem grego e outro romano e, em seguida, compara-os. Além desse livro, escreveu mais de sessenta ensaios ou tratados curtos sobre temas de ordem moral, compilados sob o título geral de *Moralia*.

BIOGRAFISMO **213**

justificativas era a de que o biógrafo nunca deve antecipar descobrimentos sobre a pessoa, ou seja, não pode narrar um episódio da fase adulta, por exemplo, antes de uma ocorrência da fase infantil. "Nada tende a destruir mais o senso de movimento do que frases como 'embora sua impressão fosse favorável, ele descobriria que...'", escreveu o biógrafo André Maurois.

Em uma história de ficção (um romance, por assim dizer), o ponto de vista é de primeira importância. Três soluções são possíveis, anotou Maurois: ver tudo através dos olhos do protagonista; ou ver cada ação através dos olhos de cada um dos personagens alternadamente; ou tomar o ponto de vista de um criador e assim construir a ação dominada pelo próprio romancista.

Maurois prefere a primeira opção:

> Para biografias, eu francamente prefiro o primeiro método, embora eu não me esqueça da necessidade de ocasionalmente levantar tal posição a uma distância infinita, a fim de mostrar como o herói está refletido nos espelhos da imperfeição representados pelas pessoas com as quais conviveu.

Steve Weinberg registrou a cronologia como regra número um do método biográfico (grifo do autor): "*Primeiro*: uma vida deve ser narrada cronologicamente". Weinberg é contra o argumento de que a maioria dos leitores já conhece os personagens antes de começar a ler, e por isso o artesanato da biografia não devia ser sacrificado em nome da cronologia: "Diante da arte de [*Robert Caro*[3]] e outros em narrar vidas cronologicamente, acho a ideia de Edel inconvincente".

O acadêmico brasileiro Luis Viana Filho endossa a linearidade temporal em referência ao que declarou Maurois:

---

3 Robert Caro, biógrafo, foi um dos primeiros repórteres norte-americanos a conquistar o Prêmio Pulitzer na categoria biografia com *The power broker: Robert Moses and the fall of New York (1975).*

214 SERGIO VILAS-BOAS

Dos antigos poder-se-á dizer terem desconhecido a preocupação da cronologia. Dos modernos poder-se-á afirmar que, justamente pelo respeito à cronologia, obtiveram os melhores efeitos para suas descrições, realizando aos olhos do leitor aquilo que Maurois chamou "a impressão de descoberta progressiva".

Em posição intermediária parecem estar Paul Murray Kendall, que apenas reconhece o manejo do tempo como um dos grandes problemas biográficos. Kendall lembra-nos que um romance normalmente retrata apenas um fragmento da vida, que o personagem ficcional é uma criatura do tempo mental do romancista. Mas uma pessoa real, diz ele, é uma criatura do tempo existente e...

nós devemos ser capazes de compartilhar com essa pessoa real não apenas a incontroversa cronologia humana do crescimento, maturidade e morte, mas também padrões menores de experiência sequencial, pequenas obscuras acumulações de comportamento a partir das quais emergem novos elos de relacionamento entre o homem e seu mundo ... Mais: biografia é uma simulação, não o monumento da existência. O biógrafo não tem como reproduzir a concatenação presente dos eventos. Seu personagem pode, em um período de meses, desenvolver vários temas de sua experiência; mas se o biógrafo tentar acompanhar a gama de detalhes dia após dia, engendrará o caos. É preciso estender até os ouvidos dos leitores os ruídos conflitantes da passagem do sujeito através do tempo, molhar a língua do leitor com a salgada névoa da realidade; mas se é para tornar inteligível uma passagem, é preciso violentar o tempo: a desordem dos eventos será concisa, acontecimentos pulverizados através dos anos serão agrupados, a fim de revelar as bases contemporâneas do comportamento. (Kendall, in Oates, 1986, p.45-6)

O brasileiro Fernando Morais, que participou de debate no Rio de Janeiro com Alberto Dines, Ana Miranda, Jorge Caldeira e

Roberto Ventura (falecido em 2004, sem concluir a biografia de Euclides da Cunha na qual vinha trabalhando há anos), defendeu uma narrativa mais livre do calendário gregoriano, embora ele próprio não a tenha experimentado plenamente em suas obras:

> Eu, pessoalmente, não me sinto muito atraído pela estrutura cronológica rígida, do tipo nasceu assim, viveu assim, morreu assado. O recurso do *flashback*, por exemplo, pode dar mais vida ao texto. (Morais et al., 1995, p.102)

Assumidamente flexível é o já contestado Edel, biógrafo de Henry James e outros. Edel assume que, sendo singulares as vidas, deve haver uma forma de expressão para cada uma delas. Em termos de estrutura, acha desnecessário o estritamente cronológico. Isso se pode alcançar, segundo Edel, empregando os mesmos instrumentos que têm dado força narrativa à ficção – reminiscências, capítulos retrospectivos, capítulos breves, saltos da infância à madurez, visões do futuro, incursões no passado.

Ou seja, se esse é o modo pelo qual vivemos e nos movemos no mundo, a arte biográfica deveria refleti-lo:

> "Qual é a essência de uma vida e como separarmos essa essência da confusão eterna de dias e anos, do inexorável tique-taque do relógio, e restaurarmos o sentido desse mesmo tique-taque? Quais são os verdadeiros testemunhos desta ou daquela vida, e quais são falsos? Como escrever-se uma vida? Qual estilo honrará melhor a existência de um indivíduo que tinha um estilo próprio? E como falar, em especial, da vida da mente, que é, na realidade, a vida literária: a mente e as emoções de um escritor são das de generais e políticos cujas realizações intelectuais não foram escritas dia após dia sobre folhas de papel em um gabinete, e sim vividas no parlamento ou no campo de batalha?", escreve Leon Edel.

216 SERGIO VILAS-BOAS

Tratamento temporal interessante teve o romance *Orlando*, de Virginia Woolf. Sua sátira central está dirigida ao tempo e à história; o tema recorrente é que o tempo humano não está de acordo com o tempo dos relógios, e nosso modo mecânico de medir as horas não leva em conta a riqueza da vida contida em um único momento em que se pode abarcar a experiência de décadas.

O que Edel propõe é exatamente que a biografia de qualquer indivíduo seja recriada partindo de um passado total e não apenas do calendário mecânico. Uma biografia apegada ao calendário, afirma Edel, tende a fragmentar-se e perder o brilho.

> Ao ir atrás e adiante no tempo e ainda ao submergir-me no futuro que, para nós, leitores, pertence ao passado, no fim das contas, estou considerando o tempo como ele existe na realidade, ou seja, como algo fluido, irregular e com memória, como algo vivo, oscilante e evanescente. Me nego a ver-me encarcerado pelo relógio e pelo calendário.

O edifício biográfico, que é como Edel nomeia esse processo como um todo, se ergue com maior firmeza quando o biógrafo deixa de se dedicar à pretensão de reconstruir cada minuto e cria uma atmosfera-tempo similar à que cria o romancista, sem se distanciar dos (ou menosprezar os) documentos. O tempo, na visão de Edel, é o do biógrafo e também o do biografado, o qual se tenta recuperar.

Benito Schmidt apoia Edel:

> quero defender a ideia de que os biógrafos não devem se fixar na busca de uma coerência linear e fechada para a vida de seus personagens, mas que precisam sim apreender facetas variadas de suas existências, transitando do social ao individual, do inconsciente ao consciente, do público ao privado, do familiar ao político, do pessoal ao profissional, e assim por diante, sem tentar reduzir todos os aspectos da biografia a um denominador comum. (Schmidt et al, 2000, p.63)

BIOGRAFISMO **217**

Pereira Lima, por sua vez, entende as técnicas do livro-reportagem[4] como idênticas à narrativa biográfica extensa, que exige um hábil "tratamento de estruturação". Ou seja, não se trata apenas de armar uma sequência após outra na dimensão temporal e de distribuí-la no espaço como os elos de uma corrente. Trata-se, segundo Pereira Lima, de plantar as ações-chave ao longo do texto, "de ancorar a narrativa em pilares localizados de tal sorte que não deixem o teto desabar, para vergonha das paredes nuas". E levanta outras reflexões:

Há também a preocupação com a sequência de conflitos menores, que no seu conjunto somativo estruturam o *grande conflito* central da obra. Tal qual nos processos desencadeados sistemicamente: as ações de importação-transformação-exportação em cada subsistema são a sequência tempo/espacial de cada segmento da narrativa e as sequências somam-se, transmutam-se, integram-se, em diferentes planos espaciais e temporais, para tecer o conjunto global da narrativa. Há um ritmo nisto. Por isso, a cadência da narrativa deve acompanhar os ciclos ascendentes e descendentes de tensão, de modo que o leitor seja levado, ritmicamente, num *crescendum*, em ondas, até o ponto culminante em que a grande reportagem possa ser encerrada; de preferência no ponto exato em que fique o leitor enriquecido de estímulos e compreensão para reordenar – mediante a assimilação qualitativa do que acaba de fruir, agora gestando aquela nova mensagem incorporada ao seu universo de repertórios prévios – intelectual e emocionalmente – e à vi-

---

4 "Veículo jornalístico impresso não periódico contendo matéria produzida em formato de reportagem, grande-reportagem ou ensaio. Caracteriza-se pela autoria e pela liberdade de pauta, captação, texto e edição com que os autores podem trabalhar. Entre os tipos de livros-reportagem mais comuns estão a reportagem biográfica, o livro-reportagem-denúncia e o livro-reportagem-história." TextoVivo Narrativas da Vida Real. Verbete elaborado por E. Pereira Lima. Disponível em <http://www.textovivo.com.br/conceitos.htm>.

218 SERGIO VILAS-BOAS

são de mundo que o livro, centelha alquímica, ajuda-lhe a iluminar. (ibidem, 1993, p.125)

Em meio a perspectivas diversas sobre o manejo do tempo na biografia, estaremos todos nós em situação de dilema técnico ou numa simples circunstância epistemológica? Provavelmente as duas coisas. Desde que Heródoto foi considerado o "pai" da História e a Bíblia informou quem gerou quem, a maioria dos episódios passou a ser narrada cronologicamente, pelo menos no Ocidente.

Se não pensarmos a biografia como um relógio biológico marcado pelas batidas de um coração ou como a correnteza unidirecional de um rio, como pensá-la, então? Suspeito que soarei óbvio por tentar buscar nas ciências e na filosofia digressões preliminares sobre o tema tempo. Mas os depoimentos anteriores (contra, a favor ou indiferentes à cronologia rígida) questionam, a meu ver, a possibilidade de a biografia abarcar uma noção de tempo complexa.

ANTES DAS DIGRESSÕES SOBRE o tempo, sinto a passagem deste em companhia do outro. Sim, a vida irrompe muito antes do biográfico, em algum momento, algum *turning point*. O tempo é um carga de sentido interior que prevalece sobre todas as outras cargas em vida. Puxamos e somos puxados. Consolamos e somos consolados. Suportamos e somos apoiados. Escolhemos e somos escolhidos. O destino é o acaso, a confluência, a convergência, a sincronicidade, a conspiração respirada, a conspiração não conspirada, a trama de hipóteses tecida *a posteriori*. Como disse o próprio Zweig de Dines, "é mil vezes mais fácil reconstruir os fatos de uma época do que sua atmosfera emocional".

Datamos e somos datados... Em dezembro de 1973, aos 41 anos, o jornalista Alberto Dines iniciou a travessia por uma debacle. Após onze anos consecutivos no comando do *Jornal do Brasil*, foi demitido sumariamente sob a alegação de indisciplina, palavra usada pelo então *publisher* do *JB*, Nascimento Brito, morto em 2003. As intuições de Dines estavam sendo testadas. Vinha pedindo a Brito para ir embora, sair, pois o clima interno e externo no *JB* eram ruins. Intimamente, Dines procurava voltar-se para as coisas do espírito e da psique.

Em sua longa passagem pelo *Jornal do Brasil*, Dines consolidou as reformas gráficas iniciadas por Amílcar de Castro e Odylo Costa Filho. Criou um plano de carreira para os jornalistas, valorizando repórteres e rompendo com a ditadura do copidesque. Eu não queria acabar com o copidesque, mas também não podia destituir o repórter. Naquela época, tudo era muito literário. A pauta redigida pelo Armando Nogueira, por exemplo, era uma peça literária. Não havia no Brasil aquele esquema de *list of assignements*, como na imprensa norte-americana.

Dines introduziu no *JB* uma série de novidades, do ponto de vista da qualidade, do conteúdo e da organização: estabeleceu reuniões regulares para estimular a criação coletiva. Reuniões não eram algo sistemático nos diários brasileiros. Estou falando de reuniões com *brainstorms* coletivos e *sensitive training* pra fazer as pessoas se aproximarem. Bolamos também uma editoria de fotografia, organizamos um arquivo e um departamento de pesquisa, compramos e deixamos à disposição dos jornalistas dicionários e gramáticas. Os *Cadernos de Jornalismo*, publicados entre 1965 e 1973, são um marco na imprensa brasileira.

E a característica que eu mais gostava no Dines era a do dirigente. Ele é um bom comandante de redação, no sentido de se interessar pelas pessoas, pelos assuntos, gostar de descobrir valores; tinha, como todo bom chefe de redação, a volúpia de descobrir novos valores. E, assim, convivemos aquele tempo todo, mas tinha uma outra característica de comando, a rotina não o fascinava, ele cumpria a rotina, e tal, mas não era o assunto dele,

disse Wilson Figueiredo ao Museu da Pessoa.

Um legado não se perde, não se esquece. Mas as circunstâncias da demissão é algo que intriga Dines até hoje. Ele acredita que a ordem viera de escalão superior ao jornal, decisão de governo acatada por Nascimento Brito, o *publisher*. Sabe, até hoje acredito que o Brito, o Leitão de Abreu e o Ernesto Geisel conspiraram para "tirar o comando do *JB* das mãos de um judeu". Judeu, naquela fase da ditadura, era considerado subversivo.

E depois houve uma série de estranhas coincidências. Meu caso foi em 1973, o de Vladimir Herzog, em 1975. Depois de mim, todos os judeus que trabalhavam no *JB*, incluindo a Clarice Lispector, que era minha amiga, foram demitidos também. Os militares tinham alguma coisa contra judeus, não sei não. Paranoia? Já demitido, então, fui pra casa e liguei pra minha psicanalista. Otto Lara Resende, que nunca telefonava pra ninguém, me ligava duas vezes por dia pra saber como eu estava. O Otto soube de tudo antes...

No dia da minha demissão minha casa se encheu de gente que foi me abraçar, se solidarizar, mas isso não fez muito bem para alguns. Um a um, a maioria dos que me visitaram em casa no dia da demissão, foram demitidos.

O problema não foi só a demissão em si. O caso era que Dines não conseguia emprego em lugar nenhum. Viveu uma ansiedade terrível. Chegou a duvidar de poder continuar jornalista. Uma espécie de código de silêncio imperou mesmo entre amigos e admiradores leais, como Armando Nogueira e Roberto Civita, que declararam não poder fazer nada, devido ao delicado momento político que o Brasil atravessava. Geisel estava eleito, mas não empossado.

O Civita me aconselhou a ir para os EUA, me fechar numa universidade, escrever um livro, algo assim, até as coisas se acalmarem. Olha, vou te fazer uma revelação em primeira mão: meses depois desse conselho me surge um convite da Columbia University pra eu ser professor visitante. Não tenho prova, mas tenho certeza de que quem articulou isso foi o Roberto Civita.

Nunca perguntei ao Civita se foi ele mesmo o articulador. Quando eu insinuava que ele tramara minha ida para os Estados Unidos, ele desconversava. Civita seria capaz de me ajudar dessa maneira, até porque não podia fazer nada por mim aqui no Brasil. Sobre o conselho do Civita de eu escrever um livro, este não precisei atender. *O papel do jornal* (1.ed. em 1974, pela Artenova) já estava praticamente pronto na época de sua partida para os Estados Unidos.

Em meados de 1974, fui pra Columbia. Fiquei dois semestres, um ano acadêmico. Minha situação conjugal estava estremecida, por isso fui sozinho. Depois, mais ou menos na época do Natal, minha mulher e meus quatro filhos foram ficar comigo. Anos depois meu filho mais velho iria pros

BIOGRAFISMO 221

EUA pra ficar, porque queria estudar música. Arranjei pra ele um professor de piano. Eu morava num hotel de professores da Columbia, um local formidável. Quando voltei já estávamos na plenitude da distensão política. O Frias [*Otávio Frias de Oliveira*], nessa época, estava com carta branca para fazer experiências na sua *Folha*. Golbery do Couto e Silva e outras mentes do governo militar pretendiam criar um contrapoder. Deram luz verde ao Frias... Que acabou indo longe demais. Sim, a *Folha* perdeu as estribeiras. Os militares acharam que era preciso dar um basta e Frias fora avisado sobre seus colaboradores indesejáveis, incluindo eu e o Antônio Callado. O negócio do Geisel era não deixar abrir demais. Distensão lenta e gradual, somente. A minha coluna Jornal dos Jornais cobrava da imprensa independência, exatamente o que o Geisel não queria. O Frias então acabou com Jornal dos Jornais mas não com a minha coluna diária.

Dez anos depois dessa destituição de poder, o respeitado Alberto Dines – o "homem que introduziu mudanças importantes na gestão editorial de jornais diários e que consolidou as históricas reformas do *Jornal do Brasil* em seus anos mais gloriosos" – foi visto em situação distinta, completamente destoante no cenário da imprensa escrita brasileira, que, no início dos anos 1980, dava uma guinada na direção do fragmentalismo. No depoimento a seguir, Ricardo A. Setti lembra a situação distinta em que reencontrou Dines:

> Fui designado pela *Veja* para fazer a cobertura da Copa do Mundo na Espanha, em 1982. Era uma equipe de pessoas da *Veja*, mas tinha pessoas de outras revistas da Abril. Lá reencontro o Alberto Dines. Nessa época, ele já tinha sido diretor da *Folha* no Rio. Tinha criado – praticamente criado – a crítica de mídia no Brasil com a coluna Jornal dos Jornais, na *Folha*. Continuava exercendo uma grande influencia na imprensa brasileira. Respeitadíssimo.
>
> E reencontro o Dines como o quê? Como um repórter comum. Ele tinha ido fazer, aceitou uma encomenda para fazer uma reportagem para a revista *Playboy*. Estava lá o Dines, no meio de 400 jornalistas anônimos, com um crachazinho pendurado no pescoço, humildemente, modestamente, com o bloco de anotações no bolso, batalhando informações como todo mundo. Indo a treinos, tomando chuva, acordando cedíssimo, às vezes ficando muitas horas sem comer.

Achei aquilo uma coisa extraordinária. Esse homem, com essa grandeza, com essa importância na imprensa brasileira, desvestiu esse manto glorioso que ele tinha e voltou para o que eu chamei de chão de fábrica da profissão, junto com todos os outros, anônimo, sem botar banca, sem pose, batalhando uma história, correndo atrás de bastidores. Eu achei uma coisa exemplar para o jornalismo. Achei uma história exemplar que eu incorporei para o meu aprendizado. Quantas outras pessoas, em situação semelhante achariam que era demérito ser repórter, que era uma diminuição de status ou coisa parecida. O Dines não. Ele sabia, como ele sabe, que essa atividade que ele exercia ali era o coração da profissão. É a mais bonita, a mais importante. Se não é a mais importante, é o coração, é a alma da profissão. Então, eu tomei isso como uma lição de vida pra mim.

Naquela Copa do Mundo, depois que o Brasil perdeu para a Itália por três a dois, em Sarriá, Dines escreveu um artigo para a revista *Placar*, que virou chamada de capa, como lembra Juca Kfouri. A chamada de capa de *Placar* foi a seguinte: "Alberto Dines: 'quero Telê para presidente'". O que dizia o Dines sobre o Telê Santana? Dizia que o Telê era seu *Dom Quixote* predileto, a quem aprendera a admirar.

Mas o que dizia mais Alberto Dines sobre Telê Santana eu faço questão de ler com estes óculos de farmácia que eu peguei de um amigo aqui da Rede TV: "Quero gente como Telê no comando do meu destino como cidadão. Nunca me obriguei a ser vitorioso. Em lugar algum da minha agenda está consignado: ganhar! Abomino o triunfalismo imbecil e aplastrador. Se vencêssemos esta Copa de 1982, teria sido uma campanha sublime. Perdemos, e com tamanha dignidade, que roça na vitória. Gostaria de Telê como redator-chefe do jornal onde eu escrevesse, gostaria do Telê como amigo na hora do aperto, para me estimular a jogar com gosto de jogar. Telê é o grande espelho do nosso lado bom, exatamente o que precisamos para colocar a bola no centro e, sem olhar para o marcador, partir para uma virada,

declarou Juca Kfouri ao Museu da Pessoa.

Dines, se fosse escrever sua autobiografia, você começaria pelo episódio de sua demissão do *JB*? Acho que não. Porque dei a volta por cima. O trauma foi muito forte, mas não me abateu. Ao contrário, me provou que eu tava intuindo corretamente. Eu queria sair, sabia que não havia mais clima pra mim. E, olha, fui demitido outras vezes. Com cinco anos de *Folha*, em 1980, Boris Casoy me demitiu.

Começaria por onde, então? Da minha infância mesmo. (*Risos.*) Não tô pensando narrativamente. Mas quando revejo fotografias daquele tempo, ele me vem com uma força tremenda. Acho que minha infância foi um período decisivo. Como diz o Hobsbawm, todos os tempos são interessantes, depende de quem os vivencia. A intensidade de minha infância tem a ver com a era Vargas e se insere numa placidez forçada pela mão de ferro do Estado Novo.

Mas também pelo Brasil em si. Éramos um país harmonioso. Um pedacinho da Europa transplantado para os trópicos. As minorias privilegiadas, nas quais me incluo, embora meu pai não fosse rico, puderam desfrutar dessa época, da qual me lembro com prazer. Lembro dos integralistas; do início da Segunda Guerra; do fim da Segunda Guerra; dos personagens estrangeiros que se exilaram no Brasil etc.

Essa parcela da história da humanidade está incorporada em mim. Sinto que foi um privilégio ter vivido aquele período. Eu acho que começaria minha autobiografia por algum episódio específico da minha infância, talvez sobre o time de futebol de garotos da minha rua, do qual eu era uma espécie de mascote: o Palestina Football Club. Sim, o Palestina Football Club, que depois passou a se chamar Aliados Football Club...

"O QUE É O TEMPO? SE NÃO ME perguntarem, sei; se me pedissem para o explicar, seria incapaz de o fazer", escreveu Santo Agostinho. (*Confissões*, XI, p.14-7)

Desde sempre, uma compreensão sobre a concepção do tempo tem sido de grande importância para vários campos do conhecimento. Da Física à Psicologia; da Biologia à Filosofia; da Química à Literatura; da Historiografia à Astronomia.

O historiador Jacques Le Goff lembra-nos que o cristianismo marcou uma virada na História e na Historiografia porque combinou três campos: o tempo circular da liturgia, ligado às estações e recuperando o calendário pagão; o tempo cronológico, homogêneo e neutro, medido pelo relógio; e o tempo escatológico.

A história sempre dependeu, portanto, de datas. Datar é e sempre será uma das tarefas do historiador, mas, para Le Goff, a datação precisa estar acompanhada de alguma periodização para que se torne historicamente pensável, pois

> toda a história é bem contemporânea, na medida em que o passado é apreendido no presente e responde, portanto, aos seus interesses, o que não é só inevitável como legítimo. Posto que a história é duração, o passado é ao mesmo tempo passado e presente. (ibidem, 1984, p.181)

Fernand Braudel estabeleceu uma diferenciação dos tempos históricos em dois grupos: o "tempo longo", o do "drama dos grandes eventos", do qual o historiador deve se ocupar; e o "tempo curto", ocorrencial, campo de ação da crônica e do jornalismo, embora a História contemporânea se ocupe de acontecimentos imediatos também. "A História tem como tarefa paradoxal a transmissão daquilo que não pode ser contado e que, ao mesmo tempo, é necessário transmitir." (Schnaiderman et al. 2000, p.16)

Físicos, químicos e biólogos, por sua vez, encaram o tempo com certa perplexidade. Tudo está submetido ao tempo. Todas as coisas de que podemos falar são transportadas nesse rio que corre em uma direção única. A expressão "seta do tempo" é utilizada por físicos, por exemplo, para qualificar essa marcha avante e inexorável. Primeira razão da perplexidade: por que tudo vai no mesmo sentido, por que nada retorna no outro sentido, para a nascente, para a montante? Por que as coisas envelhecem?

Os cientistas constataram que existem pelo menos dez ou onze dimensões do espaço, ou talvez até mais, mas só há uma do tempo. Tudo é levado pelo tempo, tudo "envelhece" (exceto as partículas elementares). Estar submetido ao tempo significa haver transformação. Tudo o que o tempo toca se gasta e aniquila. Mas, por enquanto, sabe-se que as partículas não evoluem, não se transformam. Nunca ninguém viu um elétron ou um nêutron morrer.

Uma forma está obsoleta quando o corpo completa seu tempo, ou seja, as partículas que o constituíam se libertam e se mantêm prontas para uma nova aventura que resulte em uma forma inédita. É essa matéria imperturbável, lisa demais para que o tempo nela se prenda, que o físico observa fascinado, ou melhor, tenta observar, pois nesse nível a "realidade" é inatingível.

Uma das consequências notáveis da relatividade é exatamente o modo como revolucionou as ideias de espaço e tempo. Na teoria newtoniana, se um pulso de luz é enviado de um lugar para outro, observadores diferentes concordariam com o tempo que a jornada levou (desde que o tempo é absoluto), mas nem sempre concordarão sobre a distância que a luz viajou (desde que o espaço não é absoluto).

Considerando que a velocidade da luz seja apenas a distância que ela viajou dividida pelo tempo que levou, um observador diferente mediria diferentes velocidades da luz. Na relatividade, em contrapartida, todos os observadores devem concordar sobre a velocidade dos deslocamentos. Eles concordarão sobre a distância que a luz se deslocou, mas não sobre o tempo que durou o deslocamento.

O tempo tomado é a distância que a luz se deslocou – sobre a qual os observadores não concordam – dividida pela velocidade da luz, sobre a qual concordam.

A Teoria da Relatividade colocou um fim na ideia do tempo absoluto. Parecia que cada observador devia ter sua própria medida de tempo, gravado por um relógio que cada uma carregasse consigo, e que relógios idênticos transportados por observadores diferentes não necessariamente concordariam,

escreveu Stephen Hawking.

Ou seja, um evento é algo que acontece em dado ponto do espaço e a um dado tempo. Pode-se especificá-lo por quatro números ou coordenadas. Ainda assim, a escolha das coordenadas é arbitrária. Alguém pode usar três coordenadas espaciais bem definidas e qualquer medida de tempo. Na relatividade, não há uma distinção real entre as coordenadas de espaço e de tempo, simplesmente porque não há uma distinção real entre duas coordenadas.

O aumento da desordem ou entropia no tempo é um exemplo da tal "flecha do tempo", algo que distingue o passado do futuro, dando ao tempo uma direção. Há pelo menos três diferentes flechas de tempo, segundo Hawking: a flecha termodinâmica do tempo, a direção do tempo na qual desordem e entropia aumentam; a flecha cosmológica do tempo, direção na qual o universo se expande em vez de contrair; e a flecha psicológica do tempo, em que há uma direção que nos faz sentir o tempo passar – nela, lembramos nosso passado mas não o futuro. (Hawking, 1998)

O sociólogo Norbert Elias, por exemplo, formulou a questão de saber com que objetivo os homens necessitam determinar o tempo, partindo do pressuposto de que os indivíduos não têm capacidade de forjar, por si sós, um conceito de tempo. Para Elias, o tempo é inseparável da "instituição social", e por isso ele vai sendo assimilado pela criança à medida que ela cresce numa sociedade em que ambas as coisas (tempo e sociedade) são consideradas evidentes.

Assim, passado, presente e futuro, segundo Elias, são três instâncias que designam o tipo de conceito que se faz necessário para a representação das ligações entre as experiências humanas. Se a significação de passado, presente e futuro – em relação à série de mudanças que podem ser expressas, conforme a escala temporal de nossa era, por uma série linear de números (1605, 1606, 1607 etc.) – está em constante evolução, a razão disso é que os humanos e suas experiências estão em constante evolução.

O que são passado, presente e futuro, então? Segundo Elias, a resposta dependeria das gerações vivas em um dado momento. E, como estas se ligam constantemente, época após época, o sentido ligado a passado, presente e futuro não para de evoluir. Assim como nos conceitos temporais mais simples, de caráter serial, como "ano" ou "mês", expressa-se a capacidade humana de, no caso, experimentar como simultaneidade aquilo que não se produz na simultaneidade.

Elias assinala os paradoxos dos conceitos de passado, presente e futuro:

> Os conceitos de "passado", "presente" e "futuro", ao contrário, expressam a relação que se estabelece entre uma série de mudanças e a experiência que uma pessoa (ou um grupo) tem dela ... Poderíamos dizer que "passado", "presente" e "futuro" constituem, embora se trate de três palavras diferentes, um único e mesmo conceito. (ibidem, 1998, p.63)

Por outro lado, se comparássemos expressões como "mais cedo" ou "mais tarde" – aplicadas a processos físicos em andamento, recorrentes ou não –, com expressões como "agora", "hoje", ou "passado", "presente" e "futuro", aplicadas às mesmas sequências de acontecimentos, teríamos posições diferentes, segundo Elias. As concepções temporais do "hoje" representam um relacionamento de posições diferentes dentro de uma mesma sequência; ela será idêntica para todos os sujeitos de referência.

Já as posições internas ao fluxo que representam expressões como "agora" modificam-se quando as pessoas ou os grupos de referência se alteram. Isso porque as linhas de demarcação entre passado, presente e futuro modificam-se constantemente; os próprios sujeitos para quem um dado acontecimento é passado, presente ou futuro se transformam ou são substituídos por outros. "Os conceitos do tipo passado, presente e futuro não se aplicam ao nível físico, àquilo que chamamos de 'natureza'." (ibidem, p.64)

Elias argumenta que toda mudança "no tempo" é uma mudança "no espaço". Não devemos deixar-nos enganar pela ideia de que seria possível ficar em repouso no espaço enquanto o tempo escoasse. Nesse caso, seríamos a entidade que avança na idade. O coração bate, nós respiramos, nós digerimos; as células do corpo crescem, morrem. A mudança pode operar-se em nós num ritmo lento, mas nem por isso é menos contínua no tempo e no espaço. Todos envelhecemos cada vez mais, todos fazemos parte de uma sociedade em evolução, e todos somos habitantes desta Terra que não para de se mover.

O mais interessante é que vamos passando de uma forma situacional de representar o tempo para uma trama temporal contínua de malhas cada vez mais finas, que encerram e condicionam em sua universalidade toda a extensão das atividades humanas. Por isso, Elias contesta um axioma aceito por nossa época sem nenhuma comprovação: o tal abismo existencial que separaria a "natureza" da "realidade humana". "O estudo do 'tempo' é o de uma realidade humana inserida na natureza, e não uma 'natureza' e uma realidade humana separadas." (ibidem, p.79)

Sob vários prismas, mantemos com o tempo vívidas relações elásticas. Se meditássemos sentados em uma almofada e, de repente, tivéssemos vontade de consultar o relógio, constataríamos que se passaram apenas alguns minutos ou que estivemos ali há horas. As experiências de meditação Zen, ou de Tai Chi, entre outras, são antes de tudo uma certa maneira de explorar o tempo. São experiências subjetivas que permitem outra atitude com relação ao tempo. Não se trata mais de dominá-lo, mas sobretudo de apaziguá-lo, torná-lo familiar, fazê-lo nosso. Todas as sensações ligadas à passagem do tempo desaparecem na meditação. A arte sabe sentir e exprimir esse tempo que é subjetivo, interior, psicológico ou mesmo memorialístico.

O tempo é um pouco como o vento. O vento, a gente não o vê; vê os ramos que ele sacode, a poeira que ele faz subir. Mas o vento mesmo, esse ninguém vê. Eu me permito muitas vezes esta comparação: certamente vemos os efeitos do tempo, mas ninguém pode dizer que já viu o próprio tempo. Nós somos uma casa do tempo. Nosso corpo carrega todas as marcas dele, como se tratasse de intempéries. Somos os testemunhos, a prova do tempo. Mas não envelhecemos todos da mesma maneira, não morremos na mesma idade. Sabemos também que a felicidade queima o tempo, que os dias felizes passam depressa, e que a miséria o alonga, que ela é lenta, pesada e durável. Assim

BIOGRAFISMO **229**

não vivemos todos no mesmo tempo subjetivo, que é o único no fundo que nos importa. (Carrière, 1999, p.165)[5]

Adentrando o campo das narrativas simbólicas escritas, Walter Benjamin trouxe uma observação interessante sobre a "teoria do romance", para a qual o tempo só pode ser constitutivo se cessou a vinculação com a prática transcendental. Só no romance separam-se sentido e vida, e, assim, o essencial e o temporal; pode-se quase dizer que toda a ação interna do romance não é outra coisa senão a luta contra o "poder do tempo", segundo Benjamin:

> E dela ... emergem as legítimas vivências épicas do tempo: a esperança e a recordação ... Só no romance ocorre uma recordação criadora que acerta e metamorfoseia o objeto ... A dualidade de mundo interno e externo pode ser superada pelo sujeito "só" se ele vislumbra a unidade de sua vida inteira ... no fluxo da vida passada e concentrada na lembrança ... A percepção que apreende esta unidade torna-se a apreensão intuitivo-divinatória do sentido inalcançado e por isso indizível da vida. (ibidem, 1983, p.67)

Benjamin recoloca a narrativa em seus núcleos principais: o passado e a memória, dois núcleos necessariamente biográficos. Não há biografia do presente, entendido como o "agora" a que se referiu anteriormente Elias. O passado está dentro da flecha psicológica do tempo conceituada por Hawking como aquela em que há uma direção sensorial do passar do tempo marcada pelo lembrar/esquecer.

Para o historiador Eric Hobsbawm, o que é definido oficialmente como passado é e deve ser claramente uma seleção particular da infinidade daquilo que é lembrado ou capaz de ser lembrado. Em toda sociedade, a abrangência desse passado social formalizado depende, naturalmente, das circunstâncias.

---

5 Carrièrre é escritor e roteirista, parceiro de Buñuel e Godard.

230 SERGIO VILAS-BOAS

Mas sempre terá interstícios, ou seja, matérias que não participam do sistema da história consciente na qual os homens incorporam, de um modo ou de outro, o que consideram importante sobre sua sociedade. (ibidem, 1998, p.23)

Assim como o passado não é a História, mas seu objeto, também a memória não é a História, e sim um de seus objetos – ou o "nível elementar de elaboração histórica", no dizer de Le Goff. Em um nível um pouco menos elementar, porém igualmente complexo, o tempo externo (o tempo que nos faz envelhecer) não pode limitar (enquadrar em uma convenção) o "acontecimento lembrado", que nada mais é do que o vivido ressignificado.

As histórias mais autênticas são produto de um trabalho artesanal, segundo Benjamin, para quem narrativa é cultura, e se conserva em esconderijos, ou, no dizer de Michel Polack, "memórias subterrâneas", que só aparecem no momento oportuno. Assim, a narrativa pode ter o mesmo percurso que a memória (a "trajetória" da memória).

Da flecha para a espiral

Diante das considerações feitas neste capítulo, a concepção de tempo, no que se refere à narrativa biográfica, tende a: transmutar-se da imagem de uma flecha para a imagem de uma espiral; encaminhar-se mais para o modo como o biógrafo experimenta o tempo do que para o modo como o experimentara o biografado (exceto se ele/ela estiver vivo durante a pesquisa ou se ele/ela se relacionou com o biógrafo *tête-à-tête*); desviar-se do contextual construído com fontes *estáticas*, que não se alteram *per se* e são externas ao sujeito, e encontrar um equilíbrio entre o estático (os documentos) e o dinâmico (as lembranças).

Tratemos, primeiro, do ato de lembrar (considerando, claro, biografáveis vivos). Lembrar é uma questão de sobrevivência, como diz Ecléa Bosi. O passado conserva-se no espírito de cada ser huma-

BIOGRAFISMO **231**

no e aflora à consciência na forma de imagens-lembranças. Ao lado da história escrita, das datas, da descrição de períodos e dos intervalos regulares de tempo há lembranças que não desaparecem. Elas podem reviver em uma rua, em uma sala, em certas pessoas, em um estilo, em uma maneira de pensar, sentir, falar que são resquícios de outras épocas. Para Ecléa Bosi, a lembrança desempenha uma alta função:

> Não porque as sensações se enfraquecem, mas porque o interesse se desloca, as reflexões seguem outra linha e se dobram sobre a quintessência do vivido. Cresce a nitidez e o número das imagens de outrora, e esta faculdade de relembrar exige um espírito desperto, a capacidade de não confundir a vida atual com a que passou, de reconhecer as lembranças e opô-las às imagens de agora ... O receptor da comunicação de massa é um ser desmemoriado. Recebe um excesso de informações que saturam sua fome de conhecer, incham sem nutrir, pois não há lenta mastigação e assimilação. A comunicação em mosaico reúne contrastes, episódios díspares sem síntese, é a-histórica, e por isso é que seu espectador perde o sentido da história. (Bosi, 1998, p.81 e 87)

A memória possui um andamento, digamos, musical. A juventude seria *allegro*; a idade madura, *presto* ou *prestíssimo*; a idade mais avançada, *adágio* ou *pianíssima*. Essas "curvas melódicas" da vida, no dizer de Bosi, poderiam nos levar a crer em um "remanso da correnteza" ao longo do tempo. Mas, não: trata-se, segundo Ecléa Bosi, da precipitação do tempo girando sobre si mesmo:

> Chama-nos a atenção com igual força a sucessão de etapas na memória que é toda dividida por marcos, pontos onde a significação da vida se concentra: mudança de casa ou de lugar, morte de um parente, formatura, casamento, empregos, festas. (ibidem, p.415)

Quando olhamos para trás podemos localizar os marcos do nosso tempo biográfico no tempo solar decorrido. Além dos astros, há o tempo social, que recobre a passagem dos anos e das estações. À medida que o tempo social se empobrece de acontecimentos, afina-se e esgarça; vai pondo a nu aquele tempo vazio, sem aparas, como um chão infinito, escorregadio, em que os passos deslizam. Tempo que vence e muda os seres mais resistentes.

O ciclo dia e noite é vivido por todos os grupos humanos, mas tem, para cada um, sentidos diferentes. A noite pode ser um florescimento do social, uma intensificação do amor e da amizade que se expande e brilha sem as amarras da rotina. Para outras pessoas, o sono pode refletir as violências do dia. A memória aparece como força subjetiva ao mesmo tempo profunda e ativa, latente e penetrante, oculta e invasora:

> No discurso filosófico, a captação do tempo, quando possível for, é uma questão de conhecimento; na história de vida, perder tempo é perder a identidade, é perder-se a si mesma. (Bosi, 2003, p.45)

A memória é, sim, um trabalho sobre o tempo, mas sobre o tempo vivido, conotado pela cultura e pelo indivíduo, e esse tempo não flui uniformemente. Em cada sociedade, o homem torna o tempo um componente humano. Cada classe o vive diferentemente, assim como cada pessoa: a noite serena da criança, a noite profunda e breve do operário, a noite infinita do doente desperto, a noite paranoica do perseguido.

Rosenthal afirma que a história de vida não é uma cadeia atomística de experiências, cujo significado se cria no momento de sua articulação, mas sim um processo que ocorre simultaneamente contra o pano de fundo de uma estrutura de significação biográfica. Essa textura de significado se afirma e se transforma constantemente no fluxo de vida.

Ela é formada pela inter-relação entre os modelos de planificação e interpretação da vida "normal" existentes e pré-fabricados socialmente e os acontecimentos e as experiências de maior relevância biográfica e suas sucessivas reinterpretações. Essas reinterpretações, a que o biografado em geral não tem acesso consciente, mostram seus efeitos por trás dos indivíduos; são constituídas por sua estrutura biográfica geral – que às vezes se manifesta na narrativa como avaliação global –, modelando o passado, o presente e a vida futura que se antecipa. (Rosenthal, In Ferreira e Amado, 1998, p.195-6)

Sim, o biógrafo conhece de antemão alguns dos enredos que pretende contar, os quais usualmente atravessam uma ordem biológica – nascer, crescer, tornar-se o que sempre foi (ou deixar de ser o que não chegou a ser) e ... morrer. Mas, como vimos, a lembrança se refere à vida interior, à vida experienciada, que é uma espiral, não uma flecha. Essa espiral é uma trama da qual nem a História prescinde, como afirma Paul Veyne:

> A palavra trama tem a vantagem de lembrar que o objeto de estudo do historiador é tão humano quanto um drama ou um romance, *Guerra e paz* ou *Antônio e Cleópatra*. Essa trama não se organiza, necessariamente, em uma sequência cronológica: como um drama interior, ela pode passar de um plano para outro; a trama da revolução de Galileu o colocará em choque com os esquemas de pensamento da física, no começo do século XVII, com as aspirações que sentia em si próprio, com os problemas e referências à moda, platonismo e aristotelismo etc. (ibidem, 1998, p.42)

A biografia (peça de não ficção tanto quanto a História, como se espera que sejam) pode prescindir de uma trama? Dificilmente. Mas, antes de tentar compreender isto, é interessante assinalarmos a relação entre tempo e trama. Em Jornalismo Literário, a trama, no sentido de tecedura, é igualmente fundamental à narrativa; e esta requer, no mínimo, cenários, personagens, ações e uma "voz" de autor, alguém com uma personalidade discernível e algum sentido de relacionamento com o leitor-telespectador-ouvinte-internauta a fim de conduzi-lo(a) na direção de um ponto, um desfecho.

234 SERGIO VILAS-BOAS

Desse conjunto, as ações são o componente que mais nos interessa, no exato ponto em que chegamos. As ações, diz Mark Kramer, se desdobram através do tempo.

Eis a própria essência da construção narrativa: os eus-irradiadores da narrativa sobre os quais tudo o mais se apoia. Ações também oferecem uma maneira atípica de organizar o material – ou seja, dispondo-as tal qual experimentadas por um personagem em um cenário, entrecruzando demarcações ou acompanhando as vivências. (ibidem, 2005)

Tecnicamente, o Jornalismo Literário visualiza e opera o tempo de maneira mais fluida e aberta, de modo que tempo e narrativa se estruturem reciprocamente. Essa estruturação recíproca costuma ser negligenciada pela Epistemologia da História e pela Crítica Literária das narrativas ficcionais, que

tomam como verdade que cada narrativa tem lugar dentro de um enquadramento temporal acrítico, dentro de um tempo que corresponde à representação habitual que temos do tempo, ou seja, como um sucessão linear de instantes.

Em ambos os campos, a ênfase em modelos nomológicos e códigos paradigmáticos resulta em uma tendência que reduz o componente narrativo à superfície anedótica da história (*story*). Assim ambos, a teoria da história e a teoria das narrativas ficcionais parecem admitir que, em qualquer tempo que houver tempo, é sempre um tempo desenhado cronologicamente, um tempo linear, definido por uma sucessão de instantes. (Ricouer et al., 2002, p.37)

Referindo-se a narrativas de maneira geral (de ficção e de não ficção, escritas ou orais ou audiovisuais) Ricouer acusa tanto os epistemólogos "antinarrativistas" quanto os "críticos literários estruturalistas" de ignorarem a complexidade temporal da matriz narrativa constituída pela trama. Para Ricouer, ambos os lados fomentaram uma falsa dicotomia: a narrativa conforme o calendário usual ou a narrativa labiríntica.

Para ser bem direto, a contribuição das teorias narrativas têm sido sempre desinteressantes porque o *tempo* desapareceu do horizonte das teorias da história e da narrativa. Teóricos desses dois campos parecem movidos mesmo por um estranho ressentimento em relação ao tempo, o tipo de ressentimento que Nietzche expressou em seu *Zaratustra* ... o tempo da mais simples história também escapa à noção usual do tempo concebido como uma série de instantes sucedendo-se um ao outro ao longo de uma linha abstrata orientada em uma direção única. A fenomenologia do ato de acompanhar a história pode servir de ponto de partida. (ibidem, p.37 e 40)

Para haver narrativa, nossa atenção precisa ser movida adiante por milhares de contingências. É o que nos motiva a ir até o fim. Então, em vez de previsível, o final da história precisa ser aceitável, afirma Ricouer. Se fizermos um retrospecto dos episódios que nos conduziram até o final da história, diremos que tal final exigiu tal variedade de eventos e tal e tal cadeia de ações. Mas esse olhar em retrospecto é possível pelo

movimento teleológico direcionado por nossas expectativas enquanto seguimos a história. É o paradoxo da contingência, "aceito depois de tudo", que caracteriza a compreensão de qualquer história. (ibidem, p.40)

Toda narrativa combina pelo menos duas dimensões: uma cronológica e outra não cronológica. A primeira é a dimensão episódica, a que caracteriza as ações da história; a segunda é a dimensão configuracional, no dizer de Ricouer, em que a trama conecta também eventos reflexivos. Segundo Ricouer, contar e acompanhar uma história é se dar conta dos eventos para delimitá-los em segmentos sucessivos.

236 SERGIO VILAS-BOAS

Trabalhar essa dimensão configuracional é interessante para uma biografia que seja, simultaneamente, metabiografia. Ao ler o final no começo ou o começo no final, por exemplo, aprendemos também a ler o tempo (em si) em retrospectos – isso mesmo, *retrospectos*, no plural. A trama gera ação humana não apenas dentro do tempo, mas dentro da memória de quem acompanha a narrativa. Portanto, trama e memória são elementos temporais em planos bastante diversos: o plano do biógrafo, o plano do biografado, o plano do processo de biografar, o plano de quem lê...

Jean Pouillon posiciona geográfica e psicologicamente os autores de romances, por exemplo. Para Pouillon, há dois casos: o autor está "de fora dos personagens" ou "por detrás dos personagens". Se se coloca "por detrás" ou "de fora" de seu personagem, não procura saber *se* e *como* esse destino será experimentado; estando "por detrás", o destino é que há de exprimir a natureza supostamente inconsciente do personagem; se está "de fora", será a fatalidade devida ao ambiente em que se encontra. Em ambos casos, há um destino *a priori*, que o autor conhece de antemão.

Porque, se não está "com" os personagens, "é justamente por saber o que eles devem ignorar". Pouillon complementa:

> Conhecer melhor uma pessoa não é soerguer o véu que encobre uma estátua já toda esculpida: é viver em sua companhia de maneira a vê-la ir-se formando gradativamente, em ações que revelem de cada vez tudo o que essa pessoa é em dado momento (vemos assim que esse desvendamento progressivo não contradiz a tese de uma compreensão direta e total), que se relacionam sem dúvida com o que ela foi, continuando não obstante originalmente presentes e, como tal, imprevisíveis: essa ligação se faz graças ao que elas são hoje e não em consequência de uma pré-formação no passado ... o romancista termina por certo a sua obra antes de a lermos, mas o que dele se exige é ou que a escreva como nós a devemos ler ou então que nos obrigue a lê-la como ele a escreveu. (Pouillon, 1973, p.159)

BIOGRAFISMO **237**

Quando um transcurso de eventos narrados é textualmente apresentado como anterior, tendo-se completado anteriormente ao momento de sua visualização, estamos obviamente lidando com narrativa em retrospectiva (caso da biografia), com uma reconstrução do que aconteceu antes, com uma configuração dos estados e eventos anteriores para uma totalidade com coerência e significância global. Digamos assim: todos os fatos estão lá e também estão lá suas inter-relações.

Pesquisas em narratologia têm mostrado que mesmo nas narrativas em retrospectiva existem áreas "desnarradas": demandas sobre o que não ocorreu; menções a possibilidades que existiram em dado ponto mas não foram atualizadas no curso subsequente das ações; indeterminações não resolvidas sobre a natureza das ocorrências; e atos passados de finalização pelos sujeitos-narradores que são apresentados como "e se" (condicionais).

O "desnarrado" pode incluir não apenas estados e ações externas, mas internas também, relacionadas à esfera de conhecimento e crença (aquela que não era conhecida ou acreditada por um ou mais sujeitos-narradores); à esfera das obrigações (falhar em fazer o que devia ter sido feito); e à esfera dos desejos (falhar em desejar aquilo que se pode ou deve desejar).

Falando logicamente, a subsequente realização ou não realização de possibilidades que existem em um estado particular da história poderia permanecer desconhecida, e sua existência mesma pode também ser representada em uma maneira meramente hipotética, em vez de assertiva, tal como "ela pode ter tido a chance de se casar com um homem rico". As biografias que localizamos nas estantes das livrarias parecem pretender uma zona de indeterminação tendente a zero, como se tudo fosse 100% factivo por natureza.

É precisamente o encerramento temporal do domínio, combinado com o pressuposto sobre a natureza puramente epistemológica de qualquer indeterminação nela, o que tem levado leitores ingênuos e/ou não tão ingênuos a acreditar que respostas inequívocas existem, e que a incerteza textualmente inscrita em retronarrativas devem ter resposta à luz da inferência, baseada numa instantânea e exaustiva análise de toda informação textual. (Margolin, 1999, p.149)

Parece-me, por enquanto, que as biografias habituais atendem a um certo escapismo dos biógrafos, que fingem entregar uma história 100% factual, redondinha, com princípio-meio-fim, com verificações facilmente ao alcance, significados totalizantes e coerência global. Enfim, algo semelhante ao esquema escolar de ensino de redação – ou "composição", como diziam minhas professoras (tias) do primário-ginasial.

Esse arredondar cronológico, do tipo "redação escolar", tem uma aparência de complexidade. No fundo, no fundo, é efetivo porque esquemático. Parece-me haver aí uma hipocrisia autoritária. Os biógrafos narram redondinho, certinho, cronológico etc. a fim de evitarem o risco de parecerem ficcionais (romanescos), mas atendo-se a uma suposta demanda de um suposto leitor de romances supostamente ávido por designs narrativos *hollywoodianos*, indiscutíveis, indubitáveis.

Partindo do fato de que o biógrafo conhece de antemão o destino de seu personagem, cuja vida possui vários enredos que correspondem a algumas de suas inúmeras facetas (eus), tentarei oferecer a seguir algumas maneiras diferentes de encarar o tempo biográfico. Para isto, distinguirei duas dimensões: a cronologia íntima do biografado (vivo ou morto), que pode ou não ser acessada; e o tempo da narrativa *na* – dentro da – biografia.

O pressuposto é o de que o tempo efetivamente vivido não é linear, ao contrário do tempo do nosso corpo – o tempo das células, que se encaminham para o envelhecimento, de maneira diferente de indivíduo para indivíduo. Outro aspecto são as dimensões do tempo e dos espaços narrativos: 1. dimensão física, transcorrida no espaço-tempo onde os pés do biografado pisam ou pisaram; 2. a dimensão psicológica individual e coletiva – o tempo interior; 3. a dimensão do contexto, que ocorre fora do alcance físico e que é dependente ou independente da vontade; e a dimensão imprevista – não manifesta.

Assim, a visão de tempo *na* biografia passa a envolver passado, memória e trama, além dos princípios e métodos discutidos nos capítulos anteriores. O tempo *na* biografia poderá ir e vir, desde que o biógrafo teça os enredos. Claro, levarei em conta que uma pessoa não pode, no seu presente, ser afetada ou alterada diretamente por algo que ainda não ocorreu ou por alguém que ainda não conheceu.

Evidentemente, biógrafos que pesquisam anos a fio sobre alguém já sabem a forma geral da história que têm de contar e como ela irá terminar, antes mesmo de escreverem a primeira palavra. E me parece evidente também que uma vida não pode ser escrita semana a semana, para não dizer dia a dia, mesmo que os dados estivessem à disposição de maneira absoluta e se fosse possível evitarmos um tédio intolerável.

O que é possível, porém, é o biógrafo trabalhar com episódios. Episódios construídos em pequenos intervalos de tempo (refiro-me ao tempo usual dos calendários), dentro dos quais se possa evidenciar as quatro dimensões mencionadas anteriormente. Os episódios não precisam ser cronológicos, em uma sequência que vá, por exemplo, do nascimento à morte.

Mas os episódios são "completos" em si mesmos, articuláveis com todos os demais, com uma possibilidade concreta de serem lidos até mesmo aleatoriamente. Algo como um conjunto de perfis que explorem facetas? Talvez. Algo que nos lembra a linguagem de hipertexto? Talvez. O importante é que, à frente do ponto final de cada episódio só existam, de fato, lacunas. Ou seja, uma metabiografia que aplique um princípio geral: "focar para ampliar", em vez de "tudo incluir até dispersar" (este, aliás, é um mal desta nossa época). Tudo isso sustentado pela transparência (ver Capítulo 5).

ALEATORIEDADE. A ALEATORIEDADE torna-se um falso dilema se o biógrafo declara transparentemente a escolha do ponto de partida, ou seja, por onde começa a narrativa biográfica do outro, qual o seu primeiro "capítulo". A partir daí as tramas e ziguezagues fazem aflorar, naturalmente, episódios que revelem "as coisas que mudam".

Virginia Woolf insistia que "estar verdadeiramente vivo é estar constantemente mudando". Por isso a boa biografia, segundo ela, é "o registro das coisas que mudam, em vez das coisas que acontecem". O tempo *na* biografia é um hipertexto. A narrativa não começa com o nascimento, necessariamente, nem termina com a morte, necessariamente. Ela começa por uma crista ou um vale.

Dines não começaria sua autobiografia pela demissão do *Jornal do Brasil*, esse importante episódio que o obrigou a exercer, talvez pela primeira vez em sua vida, uma essência de seu ser: o senso de reconstrução.

Acho que começaria por algum episódio específico da minha infância, talvez sobre o time de futebol de garotos da minha rua, do qual eu era uma espécie de mascote: o Palestina Football Club. Sim, o Palestina Football Club, que depois passou a se chamar Aliados Football Club...

Assim: O Rio de Janeiro era então cosmopolita, sofisticado, lindo, e com uma bonomia totalmente diferente de hoje. Sua primeira liberdade foi o bonde. Ia pra aula, sobretudo no primário, com o ônibus da escola. Só que quando o Brasil entrou na guerra, em 1942, houve racionamento de gasolina. Tentaram usar gasogênio [*aparelho que transforma carvão vegetal ou madeira em gás, por meio de combustão incompleta; gás combustível empregado como substituto da gasolina, segundo o dicionário* Houaiss], mas não deu certo. A escola suspendeu os ônibus. Tive então que aprender a andar de bonde sozinho.

Os bondes já eram elétricos. Eu tomava dois. Eu ia da Tijuca até a Praça Saens Peña, andava um pouquinho e ia para o Andaraí. Era uma aventura: de manhã, tínhamos que chegar à escola na hora certa. Mas, na saída, a gente pegava o bonde e viajava. Esperávamos o Taioba, o de cor marrom, bonde de segunda classe, mais barato. Havia três classes de bonde: o bagageiro, cor verde, em que entravam pessoas com bagagem, lavadeiras levando roupa lavada... O Taioba era misto e menos frequente. E havia o bonde comum. Para um garoto de nove anos, o bonde era um "desmamar".

Nem tudo eram flores. Dines e muitos outros garotos judeus conheciam (e temiam) os camisas-verdes, militantes da Ação Integralista Brasileira,

BIOGRAFISMO 241

movimento político de extrema-direita e inspiração fascista. A situação exigia vigilância. Os envelopes vindos dos países ocupados, àquela altura, recebiam um carimbo com a suástica depois de passarem pela censura. Tudo que se referia à Segunda Guerra me tocava organicamente. Minha avó, mãe de meu pai, estava lá, em Rovno, na Ucrânia. Ela e um dos irmãos de meu pai. Aliás, invejava meus amigos que tinham avôs e avós por perto... Não conheci meus avós, nem maternos nem paternos. Três já haviam falecido e a mãe do meu pai estava lá, na Europa, correndo risco de vida.

Meus pais eram carinhosos, mas a figura mais velha do avô e da avó me fascinava. A guerra, que acompanhei par e passo, nos chegava via *O Jornal*, que era do Assis Chateaubriand, o Chatô. *O Jornal* era um dos melhores matutinos da época. Me lembro daquelas publicações das embaixadas, com a visão, claro, dos respectivos países. Esse material circulava muito pela minha casa, por causa da militância de meu pai, que era do partido Poalei Tsion (Trabalhadores de Sion) no Brasil, de orientação socialista e sionista.

Dines lia essas revistas, recortava-as, montava painéis, criava álbuns sobre a guerra. Na falta da televisão, que ainda não existia no Brasil em 1940, o cinema complementava a cultura literária. Antes dos filmes, a maioria norte-americanos, os garotos se saciavam com dez minutos de jornal internacional, os *newsreels*, de todas as procedências. Nossa condição de vida era confortável mas sem luxos. Nem eu nem um dos meus amigos tinha, por exemplo, trenzinho elétrico. Só vi trenzinho elétrico quando fui comprar para os meus filhos. E eles nem queriam! O consumo era completamente diferente do que é hoje.

Dines é cinco anos mais moço que seu único irmão, Efraim, dentista ainda na ativa. Efraim o carregava para onde fosse. Meio puto da vida, mas levava. Já te contei sobre o nosso time de futebol? Não? Pois é. Isso é fundamental. Uma das ruas que moramos no Andaraí, a rua Senador Muniz Freire, era muito tranquila. Até hoje é. Quase não passava carro. Entre os paralelepípedos nasciam gramíneas. Minha mãe, que tinha um pendor rural, achava isso pitoresco, encantador.

Daí foram morar numa vila, uma vila de três casas. A terceira era do dono, um verdadeiro palacete. Em frente a nós, do outro lado da rua, havia outra vila. Aconteceu que, por coincidência, garotos que Dines e Efraim conheciam do endereço anterior, se mudaram para perto de onde agora moravam.

Uma simples coincidência, mas algo extraordinário. Eu tinha sete anos. O negócio dessa turma era jogar futebol. Éramos uns oito garotos. Não dava para formar um time nem se dividíssemos em dois. Mas meu irmão é um líder. Ele então se aproximou de outros garotos que não eram judeus. A gente jogava peladas em um terreno baldio. Sempre terminava em pancadaria. Como todo mundo sabia que éramos judeus, o negócio de gringo funcionava.

Aliás, uma das palavras que mais incomodam Dines é a palavra gringo. Gringo era uma ofensa das piores. Os moleques os chamavam de gringos o tempo todo. Houve brigas feias por causa disso. Era um preconceito impreciso, mas presente, forte, mesmo entre crianças. Naquele período minha mãe não permitia que a gente saísse no Sábado de Aleluia por causa da malhação do Judas.

Em 1939, Efraim fez *bar mitzvá* (*atingiu maioridade religiosa do judaísmo, que é celebrada aos trezes anos*). Aquela foi a primeira grande festa da minha família. Efraim ganhou de presente duas bolas de futebol. Dentro havia uma bexiga de borracha. Era de praxe irmos ao açougue buscar sebo e ensebar o couro da bola pra evitar que rasgasse ou arrebentasse.

Com a bola, decidimos montar um time. Eu me lembro de ir a uma loja de esportes na rua da Carioca comprar camisas azul-e-brancas. Começamos a jogar futebol. Eu ia como mascote, às vezes entrava em campo. Muitos de nós eram louros, olhos claros, como eu. Compramos também uniformes e escolhemos um nome do nosso time: Palestina Football Club.

Isso é fantástico. Essa história. A Palestina, naquela época, não existia para os árabes. O Império Otomano havia acabado com a Palestina, que foi recriada durante o Mandato Britânico, em função do tratado de Versalhes. Os árabes não reconheciam esse nome. Então, Palestina, para os judeus, tinha um significado mitológico. Hoje reverteu-se. Palestina virou uma nacionalidade árabe. Na época, era apenas um território.

Aí aconteceu um negócio genial, criação do meu irmão, que é muito ativo. Vieram morar na nossa rua, num sobrado muito bonito, dois garotos filhos de emigrantes portugueses bem-estabelecidos. Gente muito fina, com forte sotaque. Eles estudavam no São Bento, que ainda hoje é um dos melhores colégios do Rio, de altíssimo nível.

Quando meu irmão fez treze anos e esses garotos foram convidados para a festa de *bar mitzvá*, eles deram ao meu irmão de presente uma Bíblia, se não me engano uma bíblia protestante. Essa bíblia foi parar nas minhas mãos porque ficou com meu pai, meu irmão não quis, então peguei. Está comigo. É uma bíblia toda indexada, "impressa na Inglaterra" pela Sociedade Bíblica da Grã-Bretanha, que era protestante.

Esses dois garotos portugueses eram muito esportivos e fortes. Eles acabaram se incorporando ao nosso time. Mas surgiu um problema. O nosso clube se chamava Palestina e, como eles não eram judeus, não gostaram do nome. E precisávamos dos dois, principalmente porque eram bons de bola e fortões. Efraim então teve uma sacada: mudar o nome do time de Palestina Football Club para Aliados Football Club. Aliados, na época, eram os que enfrentavam o Eixo (Alemanha, Itália e Japão).

O que é importante no episódio do Palestina Football Club não é a religião, e sim o fato de que o time era um produto nacional e político. A escolha do Palestina era um orgulho nacional, sobretudo numa época em que ser judeu era uma ameaça. Daí um sentido de afirmação, de identidade. A mudança para Aliados foi uma extraordinária alusão ao universal embutido no singular.

O fato de Sr. Israel Dines ter sido um militante contribuiu para que o filho se politizasse desde a infância... Meu pai era assim e isso nos impregnou. Aos 14 anos, eu já estava ligado à juventude do partido dele, que fundou o movimento Dror. Sem falar na vivência política durante o ginásio, com aquela garotada que cantou a Marselhesa, criou as Hortas da Vitória e editou um jornalzinho.

O Brasil entrara na guerra em 1942, e nesse mesmo ano a sociedade brasileira se organizou num esforço de guerra. Foi muito bonito. As pessoas deram joias, panelas para serem recicladas – no Largo da Carioca havia uma pirâmide de panelas que devia ter uns dez andares – enfim, houve realmente um esforço da comunidade como nunca vi no Brasil.

Desabastecimentos ocorreram. Com o perigo dos submarinos alemães rondando, era difícil trazer produtos para o Brasil. Então a LBA lançou uma campanha chamada Hortas da Vitória: escolas e clubes fariam

244 SERGIO VILAS-BOAS

hortinhas para plantar verduras. Foi um tempo muito bom. Como diz o Hobsbawn, todos os tempos são interessantes. Não é porque é passado, não, é porque as pessoas tinham capacidade de se interessar. A guerra ajudou nisso, deu conteúdo. Um episódio da vida de Dines para se abrir e se explorar...

Quando Dines saiu da sala de cirurgia do Hospital Albert Einstein em 21 de dezembro de 2006 com destino ao quarto, depois de uma cirurgia simples no esôfago, o médico já estava lá, esperando-o. Ele me disse: tenho um presente pra você. O que era? O DVD da cirurgia. Norma tem uma amiga dinamarquesa muito divertida, muito engraçadinha. Norma contou a ela a história do DVD. E a amiga da Norma comentou: ôpa, então tá na hora de fazer uma puta festa e chamar os amigos pra assistir ao DVD. (*Risos.*)

Leio a seguinte anotação no meu bloco de notas:

Dar indicações: dos contextos (físico e psicológico) de nossos diálogos e dos episódios narrados; dos conteúdos de nossa bagagem (ancestral e contemporânea); reflexões sobre vivências; episódios da vida de Dines e seus significados; revivências afetivas; suas percepções sobre o passado e o presente; seus (nossos) *turning points...*

Ao longo das dezenas de horas em que ouvi Dines senti que eu não conseguiria encaixar suas palavras. Por mais focais, eram conversas um tanto aleatórias. Paradoxalmente, porém, havia uma ordem no aparente caos. Seus relatos livres não constituíam uma narração completa, claro, mas estavam encadeados segundo um plano mental oculto, um plano que demorei a acessar. Procedendo-se sequencial e sistemicamente, constato, agora, que a narração da "faceta biógrafo (Dines) do biógrafo (Zweig)" se encaminhava para uma construção aceitável.

Aos 74 anos (neste 2006) Dines me parece estar em franco processo de consolidar uma visão sobre seu passado. Consegue ver-se em retrospectiva como fruto de seus anos dourados – especialmente sua infância. Alguns episódios de sua vida lhe parecem "completos" em si mesmos, embora articuláveis com todos os demais.

Do ponto de vista narrativo, eis aí uma possibilidade concreta de concatenarmos as facetas do personagem como um conjunto de perfis em que cada perfil explore uma faceta/episódio diferente da pessoa; e cada faceta seja parcela de um hipertexto.

Estamos entrando em outra era da documentação biográfica, meu caro Sergio. Se for judeu homem tem que mostrar a circuncisão, pro biógrafo ver, no futuro. Sendo assim, o biógrafo no futuro vai ter que começar uma biografia pelas ultrassonografias do feto. Tudo isso visto no contexto de festas familiares animadas. Achei isso interessante dentro do processo da pesquisa biográfica. Um dia vamos chegar nisso.

O comentário de Dines coincide com outra anotação minha:

Longe das inferências teóricas, há o permanente paradoxo do personagem, que quer ser plenamente entendido e apreciado mas não permite que sua privacidade seja invadida. Muitos até se antecipam obsessivamente em tentar evitar em vida qualquer invasão que possa ocorrer na posteridade. É o caso, quem sabe, de futuramente refletirmos sobre o seguinte: as pessoas deveriam ter um biógrafo oficial, assim como têm um médico, um dentista e um contador? Ah, me esqueci de perguntar isto ao Dines. Digressão para o futuro.

Rimos.

REFERÊNCIAS BIBLIOGRÁFICAS

Teóricas (lidas)

ARRIETA, Hernán Díaz (org.). *Arte de la biografia.* Coleção Biblioteca Universal. Cidade do México: Consejo Nacional para la Cultura y las Artes/Editorial Oceano, 1999.

BARROS, A. T. M. Portanova. *Sob o nome de real:* imaginários no jornalismo e no cotidiano. São Paulo: ECA/USP, 2003. Tese.

BENJAMIM, Walter. *O narrador.* São Paulo: Abril, 1983. (Col. Os Pensadores)

BOM MEIHY, José Carlos Sebe. *Manual de história oral.* 2.ed. São Paulo: Loyola, 1998.

BOSI, Ecléa. *Memória e sociedade:* lembranças de velhos. 6.ed. São Paulo: Companhia das Letras, 1998.

_____. *O tempo vivo da memória.* São Paulo: Ateliê, 2003.

BOURDIEU, Pierre. Introdução a uma sociologia reflexiva. *O poder simbólico.* Rio de Janeiro: Bertrand Brasil, 1998.

BURKE, Peter. *A Escola dos Analles:* A Revolução Francesa da historiografia. São Paulo, Unesp, 1991.

_____ (Org.). *A escrita da história.* São Paulo: Unesp, 1992.

BURKHARD, Gudrun. *Bases antroposóficas da metodologia biográfica.* São Paulo: Antroposófica, 2002.

248 SERGIO VILAS-BOAS

CAMPBELL, Joseph. *O herói de mil faces*. São Paulo: Cultrix, 1999.

_____. *O poder do mito* (com Bill Moyers). 21.ed. São Paulo: Palas Athena, 2003.

CANDIDO, Antonio. *A personagem de ficção*. São Paulo: Perspectiva, 1987.

CAPRA, Fritjof. *O tao da física*. São Paulo: Cultrix, 1983.

_____. *O ponto de mutação*. São Paulo: Cultrix, 1997.

CARDOSO DE OLIVEIRA, Roberto. *O trabalho do antropólogo*. 2.ed. São Paulo: Unesp, 1998.

CARR, E.H. *Que é história?* Rio de Janeiro: Paz e Terra, 1989.

CAVALHEIRO, Edgard. *Biografias e biógrafos*. Curitiba: Guaíra, 1943.

CHRISTIANSON, Gale E. *Writing lives is the devil! Essays of a biographer at work*. Hamden: Archon Books, 1993.

CLANDININ, Jean; CONNELLY, F. Michael. *Narrative inquiry: experience and story in qualitative research*. San Francisco: Jossey-Bass, 2000.

CLIFFORD, James Lowry (Org.). *Biography as an art: selected criticism* (1560-1960). New York: Oxford University Press, 1962.

COLE, Ardra; KNOWLES, J. Gary. *Lives in context: the art of life history research*. Walnut Creek: Altamira, 2001.

DENZIN, Norman K. *Intepretive biography*. Newbury Park: Sage Publications, 1989.

EDEL, Leon. *Vidas ajenas: principia biographica*. Buenos Aires/México: Fondo de Cultura Económica, 1990.

ELIAS, Norbert. *Sobre o tempo*. Rio de Janeiro: Jorge Zahar, 1998.

FERREIRA, Marieta de M.; AMADO, Janaína (Orgs.). *Usos e abusos da história oral*. Rio de Janeiro: FGV, 1998.

FRANCE, Peter; ST. CLAIRE, William. *Mapping lives: the uses of biography*. New York: Oxford University Press, 2002.

GALLAGHER, Winifred. *Identidade: a genética e a cultura na formação da personalidade*. São Paulo: Ática, 1998.

GARDNER, Howard. *Mentes extraordinárias*. Rio de Janeiro: Rocco, 1999.

GEERTZ, Clifford. *Works and lives: the anthropologist as author*. Stanford: Stanford University Press, 1988.

_____. *A interpretação das culturas*. Rio de Janeiro: LTC, 1989.

BIOGRAFISMO 249

GOSWAMI, Amit. *O universo autoconsciente*. São Paulo: Rosa dos Tempos, 1998.

GRINBERG, Luiz Paulo. *Jung:* o homem criativo. São Paulo: FTD, 1997.

HAWKINGS, Stephen. *A brief history of time.* New York: Bantam, 1988.

HILLMAN, James. *O código do ser.* Rio de Janeiro: Objetiva, 1997.

HOBSBAWM, Eric. *Sobre história.* São Paulo: Companhia das Letras, 1998.

HOLMES, Richard. *Footsteps:* adventures of a romantic biographer. New York: Vintage Books, 1996.

HUSSERL, Edmund. *A ideia da fenomenologia.* Lisboa: Edições 70, 2000.

HUXLEY, Aldous. *A filosofia perene.* São Paulo: Cultrix, 1995.

KENDALL, Paul Murray. *The art of biography.* New York: Norton, 1965.

KOVACH, B.; ROSENTIEL, T. *Os elementos do jornalismo.* 2.ed. São Paulo: Geração, 2004.

KURZ, Otto; KRIS, Ernst. *Lenda, mito e magia na imagem do artista –* uma experiência histórica. Lisboa: Editorial Presença, 1988.

LEENHARDT, Jacques; e PESAVENTO, Sandra J. (Orgs.). *Discurso histórico & narrativa literária.* Campinas: Editora da Unicamp, 1998.

LE GOFF, Jacques. *História e memória.* 5.ed. Campinas: Editora da Unicamp, 2001.

_____. *História.* Lisboa: Verbete da Enciclopédia Einaudi, v.1, traduzida para o português pela imprensa nacional – Casa da Moeda, 1984, p.158-260.

LINS, Alvaro. *O relógio e o quadrante:* obras, autores e problemas de literatura estrangeira. Coleção Vera Cruz (Literatura Brasileira), v.45. Rio de Janeiro: Civilização Brasileira, 1964.

LINS, Consuelo. *O documentário de Eduardo Coutinho*: televisão, cinema e vídeo. Rio de Janeiro: Jorge Zahar, 2004.

LOWENTHAL, Leo. *Literature, popular culture, and society.* Palo Alto: Pacific Books, 1961.

MAUROIS, André. *Aspects of biography.* New York: Appleton, 1929.

MAY, Rollo. *O homem à procura de si mesmo.* Petrópolis, Vozes, 1998.

MEDINA, Cremilda. *A arte de tecer o presente* – narrativa e cotidiano. São Paulo: Summus, 2003.

_____. *Povo e personagem*. Canoas: Editora da Ulbra, 1996.

_____. *Novo pacto da ciência* – primeiro seminário transdisciplinar: a crise dos paradigmas (anais). São Paulo: ECA, 1991.

_____. *Entrevista, o diálogo possível*. 4.ed. São Paulo: Ática, 2000.

_____; GRECO, Milton (Orgs.). *Saber plural:* o discurso fragmentalista da ciência e a crise de paradigmas. São Paulo: ECA/USP: CNPq, 1994.

MERLEAU-PONTY, Maurice. *Fenomenologia da percepção*. 2.ed. São Paulo: Martins Fontes, 1999.

_____. *A estrutura do comportamento*. Belo Horizonte: Interlivros, 1975.

MEYERS, Jeffrey. *The biographer's art:* new essays. New York: New Amsterdam Books, 1989.

MORIN, Edgar. *Sociologia* – a sociologia do microssocial ao macroplanetário. Lisboa: Europa-América, 1998a.

_____. *Ciência com consciência*. 2.ed. Rio de Janeiro: Bertrand Brasil, 1998b.

_____. *O problema epistemológico da complexidade*. Lisboa: Europa-América, s/d.

NOGARE, Pedro Dalle. *Humanismos e anti-humanismos:* introdução à antropologia filosófica. 13.ed. Petrópolis: Vozes, 1994.

OATES, Stephen B. (Org.). *Biography as high adventure:* life-writers speak on their art. Amherst: University of Massachusetts, 1986.

_____. *Biography as History*. Texas: Marham Press Fund, 1990.

O'CONNOR, Ulick. *Biographers and the art of biography*. Dublin: Wolfhound Press, 1991.

PEREIRA LIMA, Edvaldo. *Páginas ampliadas:* o livro-reportagem como extensão do jornalismo e da literatura. 3.ed. São Paulo: Manole, 2004.

_____. *Páginas ampliadas:* o livro-reportagem como extensão do jornalismo e da literatura. Campinas: Editora da Unicamp, 1993.

_____. *El periodismo impreso y la teoría general de los sistemas*. Cidade do México: Trillas, 1991.

PEREIRA LIMA, Edvaldo. Da vigília ao sonho lúcido. MEDINA,

Cremilda; GRECO, Milton (Orgs.). *Saber Plural* – Novo Pacto da Ciência 3. São Paulo: ECA/USP/CNPq, 1994, p.189-201.

POUILLON, Jean. *O tempo no romance*. São Paulo: Cultrix/Edusp, 1974.

RESTREPO, Luis Carlos. *O direito à ternura*. Petrópolis: Vozes, 1998.

RICOEUR, Paul. *Tempo e narrativa*, São Paulo: Papirus, 1994. v.I.

_____. Narrative time. RICHARDSON, Brian. Narrative dynamics: essays on time, plot, closure, and frames. Columbus: The Ohio University Press, 2002.

RIHEL, Mary, SUCHOFF, David. *The seductions of biography*. New York and London: Routledge, 1996.

SCHMIDT, Benito et al. *O biográfico*: perspectivas interdisciplinares. Santa Cruz do Sul: Edunisc, 2000.

SCHÖN, D.A. *The reflexive practioner:* how professionals think in action. New York: Basic Book, 1983.

SIMS, Norman; KRAMER, Mark (Orgs.). *Literary Journalism*. New York: Ballantine Books, 1995.

SIMS, Norman. *The literary journalists – the new art of personal reportage*. New York: Ballantine, 1984.

TALESE, Gay; LOUNSBERRY, Barbara. *Writing creative nonfiction:* the literature of reality. New York: Harper Collins, 1996.

TEIXEIRA, Francisco Elinaldo et al. *Documentário no Brasil:* tradição e transformação. São Paulo: Summus, 2004.

THOMPSON, Paul. *A voz do passado*. São Paulo: Paz e Terra, 1998.

VEYNE, Paul. *Como se escreve a história e Foucault revoluciona a história*. 4.ed. Brasília: Editora UnB, 1998.

VIANA FILHO, Luiz. *A verdade na biografia*. Rio de Janeiro: Civilização Brasileira, 1945.

VILAS-BOAS, Sergio. *Biografias & biógrafos*. São Paulo: Summus, 2002.

_____. *Perfis*: o mundo dos outros/22 personagens e 1 ensaio. Barueri: Manole, 2014.

WEINBERG, Steve. *Telling the untold story:* how investigative reporters are changing the craft of biography. Columbia: University of Missouri Press, 1992.

WHITTEMORE, Reed. *Pure lives:* the early biographers. Baltimore: John Hopkins University Press, 1988.

WOLFE, Tom. *The new journalism*. New York: Harper & Row, 1973.

252 SERGIO VILAS-BOAS

WOLFE, Tom. *Radical chique e o novo jornalismo.* São Paulo: Companhia das Letras, 2004.

YAGODA, Ben; KERRANE, Kevin (Orgs.). *The art of fact:* a historical anthology of Literary Journalism. New York: Touchstone, 1997.

Teóricas (consultadas)

BECKER, Howard. *Métodos de pesquisa em ciências sociais.* 4.ed. São Paulo: Hucitec, 1999.

BEHAR, R. *The vulnerable observer:* anthropology that breaks your heart. Boston: Beacon Press, 1996.

BERGSON, Henri. *Matéria e memória:* ensaio sobre a relação do corpo com o espírito. Rio de Janeiro: Martins Fontes, 1999.

BERTAUX, D. (Org.). *Biography and society.* Beverly Hills: Sage Publications, 1981.

BRAY, John, et al. *Colaborative inquiry in practice.* Thousand Oaks (Califórnia): Sage Publications, 2000.

GOFFMAN, Erving. *A representação do eu na vida cotidiana.* 9.ed. Petrópolis: Vozes, 2001.

HALBWACHS, Maurice. *A memória coletiva.* São Paulo: Vértice, 1990.

HATCH, J.A.; WISNIEWSKI, R. (Orgs.). *Life history and narrative.* London: Falmer Press, 1995.

HEIDEGGER, Martin. *Ser e tempo.* 10.ed. Petrópolis: Vozes, 2001, 11.

LINTON, Ralph. *O homem:* uma introdução à antropologia. 6.ed. São Paulo: Martins, 1968.

NICOLESCU, Basarab. *O manifesto da transdisciplinaridade.* São Paulo: Trim, 1999.

NICOLSON, Harold George. *The Development of English Biography.* London: Hogarth Press, 1959.

PACHTER, Marc. *Telling Lives – The Biographer's Art.* Philadelphia: University of Pennsylvania Press, 1985.

POIRIER, J.; CLAPIER-VALLADON, S.; RAYBAUT, P. *Histórias de vida:* teoria e prática. São Paulo: Celta, 1995.

RESENDE, Fernando. *Textuações:* ficção e fato no novo Jornalismo de Tom Wolfe. São Paulo: Fapesp-Annablume, 2002.

SEVERINO, Antonio Joaquim. *Metodologia do trabalho científico*. 22.ed. São Paulo: Cortez, 2002.

VARGAS, Raul Osório. *O lugar da fala na pesquisa da reportagensaio*: o homem das areias, um flagrante do diálogo oratura-escritura. São Paulo: ECA/USP, 2003. Tese.

VOVELLE, Michel. *Ideologias e mentalidades*. São Paulo: Brasiliense, 1991.

WEBER, Max. Sobre algumas categorias da sociologia compreensiva. *Metodologia das Ciências Sociais (Parte 2)*. 2.ed. São Paulo: Editora da Unicamp/Cortez, 1995, p.313-48.

Biográficas

BOJUNGA, Cláudio. *JK*: o artista do impossível. Rio de Janeiro: Objetiva, 2001.

CALDEIRA, Jorge. *Mauá*: empresário do Império. São Paulo: Companhia das Letras, 1996.

CAMPOS JR., Celso de. *Adoniran, uma biografia*. São Paulo: Editora Globo, 2003.

CANÇADO, José Maria. *Os sapatos de Orfeu*: uma biografia de Carlos Drummond de Andrade. São Paulo: Scritta, 1993.

CANDIDO, Antonio. *Um funcionário da monarquia*: ensaio sobre o segundo escalão. São Paulo: Ouro Sobre Azul, 2002.

CASTRO, Ruy. *O Anjo pornográfico*: a vida de Nelson Rodrigues. São Paulo: Companhia das Letras, 1993.

_____. *Estrela solitária*, um brasileiro chamado Garrincha. São Paulo: Companhia das Letras, 1996.

CHURCHILL, Winston. *Grandes homens do meu tempo*. Rio de Janeiro: Nova Fronteira, 2004.

CLARKE, Gerad. *Capote, uma biografia*. 2.ed. São Paulo: Globo, 2006.

COUSINEAU, Phil. *A jornada do herói*: vida e obra de Joseph Campbell. São Paulo: Saraiva, 1994.

DINES, Alberto. *Morte no paraíso*: a tragédia de Stefan Zweig. 2.ed. Rio Janeiro: Nova Fronteira, 1982.

_____. *Morte no paraíso*: a tragédia de Stefan Zweig. 3.ed. Rio Janeiro: Rocco, 2004.

254 SERGIO VILAS-BOAS

FINOTTI, Ivan; BARCINSKI, André. *Maldito:* a vida e o cinema de José Mojica Marins. São Paulo: Editora 34, 1998.

FURIATI, Cláudia. *Fidel Castro*, uma biografia consentida. Rio de Janeiro: Revan, 2001. 2 tomos.

GURALNICK, Peter. *Last train to Memphis:* the rise of Elvis Presley. Boston: Back Bay Books, 1994.

HOLMES, Richard. *Footsteps:* adventures of a romantic biographer. New York: Vintage Books, 1996.

MARKUN, Paulo. *Anita Garibaldi.* 5.ed. São Paulo: Senac, 2003.

MARTIN, Peter. *A life of James Boswell.* Londres: Weidelfeld & Nicolson, 1999.

MORAIS, Fernando. *Chatô*, o rei do Brasil. São Paulo: Companhia das Letras, 1994.

NICHOLSON, Stuart. *Ella Fitzgerald:* a biography of the first lady of Jazz. New York: Charles Scribner's Sons, 1993.

PARINI, Jay. *John Steinbeck, uma biografia.* Rio de Janeiro: Record, 1998.

PRADO, Luís André do. *Cacilda Becker, fúria santa.* São Paulo: Geração Editorial, 2002.

RIBEIRO, André. *O fio da esperança:* biografia de Telê Santana. Rio de Janeiro: Gryphus, 2000.

ROBB, Graham. *Victor Hugo,* uma biografia. Rio de Janeiro: Record, 2000.

RODRIGUES, Ernesto. *Ayrton:* o herói revelado. Rio de Janeiro: Objetiva, 2004.

RODRIGUES, João Carlos. *João do Rio, uma biografia.* Rio de Janeiro: Topbooks, 1996.

ROSS, Ian Simpson. *Adam Smith, uma biografia.* Rio de Janeiro: Record, 1999.

SALDIVAR, Dasso. *Viagem à semente* – Gabriel García Marquez: uma biografia. Rio de Janeiro: Record, 2000.

STRACHEY, Lytton. *Eminent Victorians.* London: Chatus and Windus, 1918.

_____. *Rainha Vitória.* Rio de Janeiro: Record, 2001.

STROUSE, Jean. *Morgan:* American Financier. New York, Random House, 1999.

TODD, Olivier. *Albert Camus, uma vida.* Rio de Janeiro: Record, 1998.

BIOGRAFISMO **255**

TARABORRELLI, J. Randy. *Sinatra – Behind The Legend.* Secaucus: Birch Lane Press, 1997.

VAZ, Toninho. *Paulo Leminski, o bandido que sabia latim.* 2.ed. Rio de Janeiro: Record, 2005.

WOODALL, James. *Jorge Luis Borges, o homem no espelho do mundo.* Rio de Janeiro, Bertrand Brasil, 1999.

Livros e/ou depoimentos de (e sobre) Alberto Dines

ABREU, Alzira Alves de; LATTMAN-WELTMAN, Fernando; ROCHA, Dora (Orgs.). *Eles mudaram a imprensa:* depoimentos ao CPDOC. (Depoimentos de Evandro Carlos de Andrade, Alberto Dines, Mino Carta, Roberto Müller Filho, Augusto Nunes e Otávio Frias Filho). Rio de Janeiro: Editora FGV, 2003.

DINES, Alberto; ELEUTÉRIO, Victor. *O judeu em cena:* O prodígio de Amarante, 1.ed. bilíngue e comprovação de autoria. São Paulo: Edusp, 2004.

DINES, Alberto. *Vínculos de fogo, tomo I: Antônio José da Silva,* o Judeu, e outras histórias da Inquisição em Portugal e no Brasil. São Paulo: Companhia das Letras, 1992.

_____. *O baú de Abravanel:* uma crônica de sete séculos até Silvio Santos. 2.ed. São Paulo: Companhia das Letras, 1990.

PINSKY, Carla Bassanezi. *Pássaros da liberdade:* jovens judeus revolucionários no Brasil. São Paulo: Contexto, 2000.

_____. *50 anos de jornalismo.* Museu da Pessoa, São Paulo, 1 fita VHS, colorida, sonora, 2003.

Revista Manguinhos – história, ciência, saúde. "Narrativa documental e literária nas biografias" (Debate com Alberto Dines, Ana Miranda, Fernando Morais, Jorge Caldeira e Roberto Ventura). Rio de Janeiro: Editora Fiocruz, v.II, n.2, jul.-out. 1995.

UM NOME na História: Alberto Dines. Entrevista a Roberto D'Ávila. TV-E, Rio de Janeiro, colorida, sonora, dez. 1981.

Publicações especiais

Revista Estudos Históricos. Brasileira de História (Indivíduo, biografia, história). Rio de Janeiro: CPDOC/FGV, n.19, 1997.

Revista Estudos Históricos. Brasileira de História (Indivíduo, biografia, história). Rio de Janeiro: CPDOC/FGV, n.21, 1998.

Revista Estudos Históricos. Brasileira de História (Indivíduo, biografia, história). Rio de Janeiro: CPDOC/FGV, n.19, 1997.

Revista Estudos Históricos. Brasileira de História (Indivíduo, biografia, história). Rio de Janeiro: CPDOC/FGV, n.19, 1997.

Remate de Males. Revista do Departamento de Teoria Literária IEL/ Unicamp, número especial Antonio Candido, Campinas, 1999.

SOBRE O LIVRO

Formato: 14 x 21 cm
Mancha: 25 x 41 paicas
Tipologia: Horley Old Style 10,5/14
Papel: Offset 75 g/m² (miolo)
Cartão Supremo 250 g/m² (capa)
1ª edição: 2008

EQUIPE DE REALIZAÇÃO

Edição de Texto
Antonio Alves e Adir de Lima (Preparação de Original)
Isabel Baeta e Maria Silva Mourão (Revisão)
Oitava Rima Prod. Editorial (Atualização Ortográfica)

Editoração Eletrônica
Oitava Rima Prod. Editorial

Impressão e Acabamento:

psi7

Printing Solutions & Internet 7 S.A